心理学でわかる
ひとの性格・感情 辞典

渋谷昌三
SHOZO SHIBUYA

朝日新聞出版

はじめに

　「性格」や「感情」という言葉は、日常生活でよく使われています。「性格のいい人ですよ」と紹介されると、その人に好印象をもちます。「感情的になりやすい人ですね」と説明されると要注意人物とみなすことがあります。
　対人場面で強いインパクトをもっている性格と感情とはどのようなものでしょう。
　第1部では、膨大な心理学の研究のなかから重要な話題を取り上げて、性格と感情についての基礎的な知識を紹介し、正しい理解の仕方を解説しています。自分自身を見直したり、身近な人の個性を考えたりするきっかけになります。
　第2部では、日常生活で使われている言葉を広く深く拾い集めて、性格と感情を説明し、理解する工夫をしました。性格と感情は客観的に把握するのが難しい問題です。人の心の中にしまい込まれている深層心理を探り出す手段として言葉が利用されています。質問紙法による性格テストは言葉を使って性格を判定していますが、性格と感情も言葉を通して理解することができます。

　性格と感情についての豊かな知見があっても、対人関係に活かせないと宝の持ち腐れになります。第3部では、人との付き合い方について、実際の場面ではどうすればいいのか、そのスキルについて実践例を紹介しました。性格がよくて感情が穏やかな人でも「友達ができない」「仕事がうまくいかない」といった悩みをもっているかもしれません。自分をアピールし、相手の気持ちを理解するためのスキルや実践経験がないと、新しい人間関係を作り、それを進展させるのが難しいのです。

　本書では、すぐに使える心理学をモットーに、よりよく自分を知り、よりよい対人関係を築く際に必要なエッセンスが一冊にまとめられています。

　自分のことを知り、相手のこともよく知る。この本がコミュニケーションスキルをアップさせる手がかりになればと思います。

渋谷昌三

『心理学でわかる ひとの性格・感情辞典』もくじ

はじめに …… 2　　本書の特徴と使い方 …… 10

第1部　性格・感情とはそもそも何なのか？

1	そもそも性格とは何か？ …… 12
2	パーソナリティーとは？ …… 14
3	キャラクターとは？ …… 16
4	ペルソナ（仮面）をかぶるとは？ …… 18
5	外向型と内向型はどう違う？ …… 20
6	心理テストは信用できるか？ …… 22
7	日本で行われている心理検査① …… 24
8	日本で行われている心理検査② …… 26
9	「自分」とは何なのか？ …… 28
10	いい性格も悪い性格もない …… 30
11	行き詰まったらどうすればいいのか？ …… 32
12	感情と性格は関係しているのか？ …… 34
13	あの人はどう思っている？ …… 36
14	行動・表情はコントロールできる …… 38
15	性格・感情との上手な付き合い方 …… 40

第2部 ひとの性格・感情辞典

あ

愛 …………………………………… 44	意欲／イライラしやすい ………… 56
愛嬌がある／愛想がいい ………… 46	陰険／ウイットに富む …………… 57
あきらめる／あくせくしている … 47	ウソつき …………………………… 58
あけっぴろげ／あこがれ ………… 48	疑い深い／うっとうしい ………… 60
あせり／安心 ……………………… 49	器が大きい／うらみ ……………… 61
怒り ………………………………… 50	おおざっぱ／臆病 ………………… 62
意気地なし／意地汚い …………… 51	怒りっぽい ………………………… 63
意地悪／依存 ……………………… 52	押しが強い／おしゃべり ………… 64
依存的／愛しい …………………… 53	おっとりした／おとなしい ……… 65
威張り散らす／威張る …………… 54	お人好し／思いやり ……………… 66
癒し／いやらしい ………………… 55	温和 ………………………………… 67

か

外向的 ……………………………… 68	頑固／感謝 ………………………… 75
快／がさつ ………………………… 70	感動／寛容 ………………………… 76
喝采願望 …………………………… 71	偽悪的／気さく …………………… 77
がっかり／活発 …………………… 72	傷つきやすい／偽善的 …………… 78
悲しい／ガマン強い ……………… 73	規則に厳しい／期待する ………… 79
がむしゃら／勘が鋭い …………… 74	気立てがいい／几帳面 …………… 80

奇抜／気まぐれ …………… 81	軽蔑／けち ……………… 93
気難しい ………………… 82	下品／好意 ……………… 94
キャラクター／共感 ……… 83	好意の返報性／強引 …… 95
強迫観念／恐怖 …………… 84	後悔／好奇心 …………… 96
協力的／虚栄心 …………… 85	攻撃的／肯定的 ………… 97
距離感がいい ……………… 86	幸福／興奮する ………… 98
嫌い／緊張 ………………… 87	豪放／傲慢 ……………… 99
空気が読めない／空虚感 … 88	誤解されやすい／腰が低い … 100
口うるさい／屈辱 ………… 89	個性的／孤独 …………… 101
屈辱的同調／くどい ……… 90	子どもっぽい／古風 …… 102
クリエイティブ／苦しい … 91	怖い／困惑 ……………… 103
群集心理／迎合 …………… 92	コンプレックス ………… 104

さ

罪悪感／さびしい ………… 106	柔軟 ……………………… 120
ざまあみろ／さめている … 107	執念深い／純真 ………… 121
自意識／自意識過剰 ……… 108	浄化（カタルシス）／消極的 … 122
自己／自己愛 ……………… 109	正直／小心者 …………… 123
思考のくせ／自己開示 …… 110	承認欲求 ………………… 124
自己犠牲／自己顕示欲 …… 111	情にもろい／情熱 ……… 125
自己正当化／自己万能感 … 112	情熱的／上品 …………… 126
自己否定 …………………… 113	所有欲が強い／しらける … 127
自尊感情 …………………… 114	思慮深い／芯が強い …… 128
自信／知ったかぶり ……… 115	親近感／慎重 …………… 129
嫉妬／執拗 ………………… 116	神経質 …………………… 130
自動思考／支配的 ………… 117	信念／信頼 ……………… 131
自罰感情／自分を責める … 118	ストレス ………………… 132
邪悪／従順 ………………… 119	ずぶとい／ズルイ ……… 134

正義感が強い／成功回避動機 ……… 135
責任感／世間体に縛られる ……… 136
積極的／せつない ……… 137
絶望／世話好き ……… 138

繊細／潜在意識 ……… 139
先入観で判断する／想像力豊か
 ……… 140
外面がいい／尊敬する ……… 141

た

楽しい ……… 142
大胆／だらしない ……… 143
だるい／淡白 ……… 144
知的／忠実 ……… 145
慎み深い／強気 ……… 146

照れ屋／天真爛漫 ……… 147
同調圧力 ……… 148
同情／逃避 ……… 149
毒づく／鈍感 ……… 150

な

長いものに巻かれる／流されやすい
 ……… 151
内向的 ……… 152
泣く／生意気 ……… 154
怠け者／ナルシシスト ……… 155

なれなれしい／忍耐強い ……… 156
人間関係が煩わしい ……… 157
抜け目がない／熱血漢 ……… 158
熱しやすく冷めやすい／粘り強い
 ……… 159

は

恥／恥ずかしい ……… 160
八方美人 ……… 161
派手／腹黒い ……… 162
母親依存 ……… 163
反社会的 ……… 164
反抗的／被害者意識が強い ……… 165

悲観的 ……… 166
控えめ／ひがみ ……… 168
卑屈／非常識 ……… 169
引っ込み思案／人あたりがいい
 ……… 170
否定的 ……… 171

ひょうきん／無愛想 …… 172	フラストレーション …… 178
不機嫌／無作法 …… 173	ふしだら／ふてくされる …… 180
不安 …… 174	不満／暴力的 …… 181
プラス思考 …… 176	惚れっぽい／奔放 …… 182

ま

マイペース／前向き …… 183	無神経／無責任 …… 187
マメ／満足 …… 184	無念／名誉心 …… 188
見栄っ張り／未練がましい …… 185	ものぐさ／物事にこだわらない …… 189
無気力／無口 …… 186	物静か／ものわかりがいい …… 190

や

やさぐれる／野心 …… 191	欲望 …… 196
やさしい …… 192	欲求 …… 198
憂うつ／優越感 …… 194	陽気／用心深い …… 200
勇敢／優柔不断 …… 195	喜ぶ／弱気 …… 201

ら

楽観的 …… 202	リラックス／臨機応変 …… 207
利己的 …… 204	礼儀正しい／冷静 …… 208
利他的 …… 205	冷淡 …… 209
理想主義／理不尽 …… 206	恋愛を楽しむ …… 210

わ

わがまま／笑う …… 212

第 **3** 部 心理学でわかる ひととの付き合い方〈実践編〉

引っ込み思案で孤立しがち。
人付き合いをラクにする方法 ……… 214

うちの子は何を考えているの？
人の気持ちに気づく方法 ……… 216

先入観に振り回されて
トラブル発生。
冷静に判断する方法 ……… 218

自分のことばかり話す人と
ストレスなく付き合う方法 ……… 220

初対面の人と打ち解けられない。
簡単に壁を乗り越える方法 ……… 222

こんな自分が大キライ。
過去を手放し自分を肯定する方法 … 224

イライラすることが多い。
ストレスをうまく解消する方法 ……… 226

つい余計なことを言ってしまう。
無理にしゃべらなくても
会話が続く方法 ……… 228

せつない片思い。
好意を見せて
関心をひきつける方法 ……… 230

やたらと頼りにされて困る。
依存体質の人を遠ざける方法 ……… 232

ダメな自分が許せない。
目標を達成し自信をつける方法 …… 234

子どもの成績や部下の業績が悪い。
上手に褒めて伸ばす方法 ……… 236

本書の特徴と使い方

人の性格にはさまざまな種類があり、人が抱く感情も喜怒哀楽と無数にあります。自分や相手の性格や感情がわかれば、よりコミュニケーションがとりやすくなります。本書では、人の性格や感情について、それがどのようなものなのか、どう対処すればよいのかを解説していきます。

第1部 性格・感情とはそもそも何なのか？

まずは、性格・感情のナゾを解き明かしていきます。性格と感情の関係や、心理検査にはどのような種類があるのか、性格・感情との上手な付き合い方などを解説します。

第2部 ひとの性格・感情辞典

性格・感情272種類を解説しています。「この自分の感情は何だろう」「あの人の性格って？」など疑問に思っていたり、興味のある項目から読み進めてもOKです。

第3部 心理学でわかるひととの付き合い方〈実践編〉

第1・2部をもとに、第3部では実際のコミュニケーション術を紹介します。多くの人が抱える対人での悩みを、心理学を使って解決していきます。

性格・感情
詳しく知っておきたい、人の性格・感情をピックアップしています。

解説
感情・性格について簡潔にまとめています。その傾向や対策、トラブル解決法なども記載しています。

ポジティブ度・ネガティブ度
性格によい・悪いはありませんが、ポジティブな印象を与えるものか、ネガティブな印象を与えるものかを3段階で表記しています。

ミニコラム
さらに知っておきたい情報やまめ知識などを紹介しています。

意味・類義語・反対語
単語のもつ意味のほか、似た言葉や反対の意味をもつ言葉を紹介しています。

五十音順
項目は五十音順で掲載しているので、知りたい言葉がすぐに引けます。

第 1 部

性格・感情とは
そもそも何なのか？

「私ってこういう性格だから」「あの人の性格って……」と、多くの人は自分や他人の性格を気にしています。また、人が抱く感情はそれこそ無数にあり、自分でもよくわからない気持ちが湧き上がってきてモヤモヤする、身近な人の態度がいつもと違い不安になる……などの悩みを抱くことは日常茶飯事です。

第1部では、性格・感情とはどのようなものなのかを見ていきましょう。

1 そもそも性格とは何か？

◆Aさんの場合……

紀元前に始まった性格研究の歴史

　私たちが日頃、何気なく「性格」という言葉を口にするとき、そこには「品性」「人柄」というニュアンスが多分に含まれています。そして、それを判断する基準は、**繰り返し行われるその人ならではの言動**です。たとえば、Aさんは誰とでもすぐ友達になる→若い頃からずっとそうだった→Aさんは人なつこくて社交的な性格だ、という具合です。

　しかし、性格そのものには実体がなく、人類は古くから研究を重ねてきました。古代ギリシャの哲学者テオプラストスによる『人さまざま』が、現存する世界最古の文献とされています。また、同時代の医師ヒポクラテスらは、4種類の体液（血液・粘液・黄胆汁・黒胆汁）の量がその人の気質を決定づけるという「四体液説」を唱えました。

　18〜19世紀には、人の顔つきで性格がわかるとする相貌学や、頭蓋骨の形から個性を判断する骨相学がヨーロッパ各地で流行しました。現代では珍説扱いですが、当時は最先端科学としてもてはやされました。書いた文字から性格を読み取る筆跡学も同様です。イギリスではダーウィンの進化論をきっかけに統計学が流行し、性格や気質を数値化しようとする研究が行われました。医学のさかんなドイツでは精神障害や異常人格の研究が進み、**1886年頃にはオーストリアの精神科医フロイトが精神分析を創始しました。**

　科学的根拠の薄い性格学や、精神医学の範疇であった性格研究が心理学の命題として扱われるようになったのは、1900年代に入ってからのことです。

POINT		
	1	「性格」とは、その人の言動から捉えられる
	2	性格の分類には「特性論」と「類型論」がある
	3	現代の心理学では5つの要因による分類(ビッグ・ファイブ)が主流

◆性格判断のひとつ〈体型による分類〉

内胚葉型(躁うつ気質)

全体的に丸みがあり、太っている

落ち着いている、くつろいでいる、穏やか、協力的、温かい、愛想がいい、辛抱強い、親切な、社交的、物静か、情が深い、寛大、心が優しい、など

中胚葉型(粘着気質)

骨太で筋肉質

支配的、ほがらか、自信がある、おしゃべり、競争心が強い、精力的、活動的、怒りっぽい、独断的、冒険好き、勇気がある、威張り散らす、向こう見ず、など

外胚葉型(分裂気質)

長身でやせ型

緊張している、心配している、几帳面、考え深い、冷静、深刻、用心深い、引っ込み思案、感受性が強い、恥ずかしがり、超然とした、など

特性論と類型論

性格心理学は、人の性格を分類しその形成要因を探る学問で、**人格心理学**とも呼ばれます。人格心理学という言葉を初めて用いたアメリカのG・W・オルポートは、何かが起きたときにその人が見せる特徴的な反応に着目し、**複数の要因の組み合わせから性格を捉える「特性論」**を展開しました。

これに対し、**性格をいくつかのタイプに分けて分析するのが「類型論」**です。スイスの心理学者ユングは性格そのものを「内向型」「外向型」の二つに分類、ドイツの心理学者クレッチマーやアメリカの心理学者シェルドンは人の体格や体質といった肉体的特徴によって性格(気質)を3つに分類しました。人気の血液型占いや星占いも類型論のひとつです。

現代の心理学では「**外向性**」「**調和性**」「**誠実性**」「**神経症的傾向**」「**開放性**」の5つを要因とするビッグ・ファイブ(**特性5因子モデル**)など、特性論による分類が主流となっています。

Column
ビッグ・ファイブの考え方

オレゴン大学の心理学者ルイス・ゴールドバーグが提唱した特性論。何気ない行動や好みに特性が表われると考えます。

	傾向と特徴
外向性	興味・関心が外界に向く。人の集まるところが好き
調和性	バランス、協調的な行動を取る。よく歌う、甘いものが好き
誠実性	責任感があり、勤勉。常に腕時計をする、靴をピカピカに磨く
神経症的傾向	感情面・情緒面で不安定。ストレスに弱く、カッとなりやすい
開放性	知的・美的なものや、文化的に新しい経験に開放的。好奇心旺盛

2 パーソナリティーとは？

◆パーソナリティーの定義

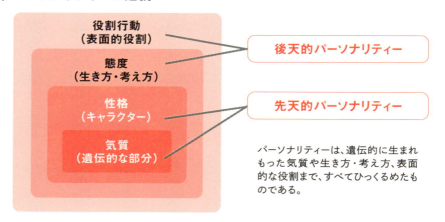

パーソナリティーは、遺伝的に生まれもった気質や生き方・考え方、表面的な役割まで、すべてひっくるめたものである。

社会生活の中で後天的に習得されるもの

　性格とは何かを考えるとき、**大きく分けてパーソナリティーとキャラクター**というふたつの流れがあります。

　パーソナリティーという言葉は、古代ギリシャ演劇で用いられた仮面を意味するラテン語「ペルソナ」が語源で、**そのときどきの立場、役割によって使い分けられる仮面**という意味です。

　人はいろいろな側面をもっています。どこにいるか、誰といるか、何をしているかによって、あるときは会社員、またあるときは主婦、親、友達……というように、多くの役柄を演じています。それらの**ペルソナを全部集めたものがパーソナリティー**と呼ばれるもので、日本語では「人格」と訳されます。

　ペルソナはバラバラに存在しているのではありません。どんな仮面を着けているときも、その人らしさ、すなわち個性がにじみ出てきます。**個性を中心として、その周辺にいろいろなペルソナがあり、それぞれのペルソナに応じた行動を取っているのです。**俳優はそのよい例です。多くの役柄を演じるけれど、見る人には同じ俳優さんがやっていることがわかる。これが「その人らしさ」ということです。

　ただし、パーソナリティー理論では、そこに遺伝や素質を持ち込みません。**人の性格はあくまでも社会的に習得されるものと考えます。**パーソナリティー心理学が生まれたのは1930年代のアメリカで、以来、数多くのペルソナ論が提唱されてきました。

POINT

1. パーソナリティーは、そのときの立場や役割で使い分けられる仮面のようなもの
2. 人はさまざまなペルソナをもっているが、個性はにじみ出ている
3. パーソナリティーという精神的・身体的システムが、個人を特徴づける

◆特性論による性格分類の例
特性の分量の違いから性格の違いがわかる。

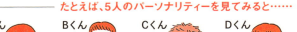

たとえば、5人のパーソナリティーを見てみると……

Aくん	Bくん	Cくん	Dくん	Eくん
外向性10	外向性20	外向性60	外向性20	外向性80
調和性20	調和性50	調和性20	調和性70	調和性70
攻撃性70	攻撃性30	攻撃性80	攻撃性20	攻撃性60

肉食系

Cくん　Eくん
攻撃性または外向性が高い

草食系

Bくん　Dくん
外向性が低く調和性が高い

その他系

Aくん
攻撃性が極端に高い

パーソナリティーの定義

　パーソナリティー心理学の先駆者であるG・W・オールポートは、パーソナリティーを「個人のなかにあって、その人の特徴的な行動と考えとを決定するところの、精神身体的体系の動的組織である」と定義しています（『世界大百科事典』より）。つまり、**パーソナリティーという精神的・身体的なシステムが個人を特徴づけ、その人独自の行動を取らせる**ということです。

　パーソナリティーを表すためにオールポートが辞書から抜き出した形容詞は1800個もありました。オールポートはさらに、人の性格を決定づける特性（→P13）を**個人特性**と**共通特性**に分けました。「親切…5」「積極的…3」というように、共通特性をどのくらいもっているかによって性格を割り出す方法は、性格テストでしばしば使われています。

　なお、社会的なルールや常識からかけ離れた行動をとったり、考えをもつパーソナリティー障害と、性格としてのパーソナリティーとは関係ありません。

Column
パーソナリティー障害とは

　他人や出来事に対する認識や反応、行動パターンが周囲と著しく異なるために、社会生活に支障をきたす状態をパーソナリティー障害といいます（→P164）。症状はさまざまですが、思考が両極端で気分の上下が激しく、暴力、過食、自傷行為など衝動的な行動に走る境界性パーソナリティー障害がよく知られています。

　パーソナリティー障害は人間関係を築くのが苦手ですが、神経症やうつ病などの心の病気とは異なります。

第1部…性格・感情とはそもそも何なのか？

3 キャラクターとは？

◆「先天的な素質」がキャラクター

生まれもった先天的なものに、家庭でのしつけや学校教育、文化などの影響が加えられ最終的にできあがった作品がその人のキャラクター。

先天的な資質に彫刻を施してできたもの

　現在の性格心理学では、パーソナリティー理論が主流を占めていますが、**本来「性格」という言葉は英語の「キャラクター(character)」を訳したもの**です。パーソナリティーとキャラクターはどちらも「性格」という意味で使われることが多いのですが、厳密には違います。

　パーソナリティーが後天的に身につけたものであるとすれば、キャラクターはもって生まれた先天的なものだといわれています。生得的な気質とか「素質」と言い換えることもできるでしょう。パーソナリティー理論はアメリカ中心に発展してきましたが、キャラクター研究は主にヨーロッパ、特にドイツでさかんに行われてきました。

　キャラクターの語源は、ギリシャ語で「刻み込む」または「刻み込むための道具」を意味する「karakter(カラクティー)」からきています。

　キャラクターの意味は彫刻にたとえられます。彫刻は、木や金属などの素材をノミや金槌を使って形を整えていきます。それと同じように、まずはその人がもって生まれた素質があり、家庭でのしつけ、学校での教育、住んでいる国の文化といった生育環境がノミや金槌の役割を果たします。**そうして最終的にできあがった作品が、その人の性格＝キャラクターとなるわけです**。ですから、キャラクター理論では、**性格形成の根幹となる「素質」を重視します**。そこには両親から引き継いだ遺伝的要素も含まれるので、自分の意思で変えたり捨てたりすることはできません。

POINT		
	1	キャラクターはもって生まれた先天的なものといわれている
	2	その人の素質、住んでいる国や生育環境で整えられる
	3	両親から引き継ぐ遺伝的要素も関係する

◆キャラクターとパーソナリティー

そもそもキャラクター（先天的な素質）とパーソナリティー（後天的な特質）は別物であるが、現代は場面によって「キャラ」になりきることも多く、キャラクターとパーソナリティの境界はあいまい。

パーソナリティーとの違い

　キャラクターとは**「その人が生まれてから死ぬまでずっと持ち続ける、不変の特性」**であるということができます。これこそが、着脱可能なペルソナ（仮面）であるパーソナリティーとキャラクターとの最も大きな違いです。

　また、知性・感情・意思のすべてを含むパーソナリティーのうち、**感情と意思（もしくは意思のみ）を指してキャラクターとする考え方もあります。**

　とはいえ、実際のところキャラクターとパーソナリティーとの境界線は非常にあいまいです。最近、子どもや若者の間では学校、家庭、SNSなど場面によって異なる"キャラ"になりきるのが当たり前になっていますし、映画で演じた自滅的なキャラクターを実生活に持ち込んでしまう俳優さんもいます。深く考えればキリがありませんが、日本の心理学界ではどちらもほぼ同じ意味で使われているのが現状です。

Column
血液型占いが好きな日本人

　血液型による性格分類の創始者は、戦前の心理学者・古川竹二氏といわれています。1970年代に、放送作家・編集者の能見正比古氏が古川博士の論文に独自の研究を加えて血液型占いを考案。大ブームを巻き起こしました。

　日本では現在もたいへん人気がありますが、世界的にはほとんど知られていません。血液型は4種類しかなく、あまり面白みがないと感じられるのかもしれませんね。

4 ペルソナ（仮面）をかぶるとは？

◆ペルソナを使う

メイクや服装もペルソナのひとつ

　パーソナリティーを構成するペルソナは、**人が成長する過程のなかで社会に適応するために身につけた人格**のこと。ひとりで家にいるときとは違う、**他人に見せるための顔**です。

　人は誰でもみな、社会的地位や役割、TPOに応じて態度や行動を変えています。会社では会社員らしく、子どもに対しては親らしく、配偶者に対しては夫／妻らしく振る舞っているのです。意識的に行われることもあれば、まったく無意識のうちにやっていることもあります。男性が男らしい行動を、女性が女らしい態度をするのもペルソナで、内面には真逆の側面をもっていることもめずらしくありません。

　ペルソナはもともと演劇用の仮面を意味しています。衣装も同様で、自宅にいるときはスッピン＆ジャージでも、会社に行くときはスーツを着てお化粧をします。デートではお化粧も濃いめ、アクセサリーをつけ、おしゃれなバッグを持って行くかもしれません。会社にいるときでも、休憩中と接客中とでは話し方や態度も変えるでしょう。

　ペルソナは社会に適応するために欠かせないスキルですが、場面によって**あまりにも違いが大きいと、「あの人は裏表がある性格だ」と判断される可能性も**。たとえば、学校ではすごくおとなしい子が家ではわがまま放題だったりします。もっと極端な例を挙げれば、結婚詐欺師などはペルソナ使いの達人といえます。仲間といるときはデタラメでだらしなくても、女性の前では完璧な紳士として振る舞うことができるのです。

POINT		
	1	ペルソナは他人に見せる顔のこと
	2	意識的にペルソナをかぶることもあれば、無意識の場合もある
	3	常に仮面を外せず、ストレスを溜めてしまう人もいる

◆夢に現れるペルソナ

ペルソナは夢に現れる？

　ペルソナの概念を初めて提唱したのは、無意識の研究で知られるスイスの心理学者で「分析心理学」の創始者であるカール・グスタフ・ユングです。

　ユングは"舞台を離れても仮面を外せない人"がいることに気づきました。**支配的な親に抑圧されてつねに優等生を演じている子どもなど**がそれです。本人はほとんど無意識でやっているので、ペルソナの切り替えがうまくできません。このような状況が長く続くと、ストレスで病気になってしまいます。

　ユングによれば、**ペルソナは夢に現れる**といいます。場違いな服やサイズの合わない服、あるいは鎧、あるいは何も着ていない裸など「衣服」の形で現れる場合が多いようです。

　ユングの夢分析は現在もカウンセリング（心理療法）で使われています。

Column
ユングの夢分析とは？

　1900年に『夢判断』を書いたフロイトの夢分析は、1回の夢に出てきたアイテムを個人の性的願望に結びつけました。一方、ユングの夢分析は夢を集合的無意識（個人ではなく多くの人が共有する無意識）からのメッセージと捉え、一連の流れをもった複数の夢から本人が得たイメージを重視しています。

　ちなみに、夢分析と夢占いとは別モノ。素人が夢分析を正確に行うのは、ほぼ不可能です。

第1部…性格・感情とはそもそも何なのか？

5 外向型と内向型はどう違う？

◆8タイプの性格分類

タイプ ＼ 型	外向型	内向型
思考タイプ	理論的で、客観的事実を重視する。情報収集や整理が得意。クールであり、他人に厳しい。	抽象的な思考をもつ。他人との付き合いが苦手で、自分の殻にこもりがち。
感情タイプ	協調性があり、活発。他人との交流が得意。個性に欠ける面もある。	感受性が強い。一見クールで控えめなために目立たないが、内面は豊かな感情をもつ。人付き合いが苦手。
感覚タイプ	現実に起こっていることが理解の中心。「今がよければいい」といった面もある。	芸術家肌。独特な感覚をもっていて、他人から理解されにくいこともある。
直感タイプ	企画力とアイデアにあふれ、新しいものに敏感。ひとつの事柄に落ち着かないこともある。	現実に対して不適応なことがある。自分自身を見つめる夢想家で、神秘的な感覚をもつ。

エネルギーの方向性によるユングのタイプ論

　「外向的」「内向的」という分け方はパーソナリティー心理学の**「類型論」**（→P13）のひとつです。にぎやかな人は外向的、おとなしい人は内向的とイメージされますが、心理学ではもっと具体的な根拠に基づいて外向型と内向型を区別します。

　人の性格を外向型と内向型に分類したのは、ユングです。師匠のフロイトと同僚のアドラーが対立する様子を観察していたユングは、**ふたりのリビドー（心的エネルギー）が異なる方向を向いている**ことに気がつきました。

　リビドーが外側に向かう外向型は、**物事を客観的に捉えるタイプ**。地位や名誉に関心があり、すばやく環境に適応します。行動的で社交的なのも特徴。飽きっぽく、他人の影響を受けやすい面もあります。

　一方、リビドーが内側に向かう内向型は、**物事を主観的に判断**します。他人のことに関心がなく、コツコツした作業が得意です。感受性は強いのですが、思慮深く、感情を表に出さないのが特徴です。行動力に乏しく、社交にはあまり興味がありません。数少ない友達と深く付き合うことを好みます。

　ユングのタイプ論は、**外向型と内向型の2つに「思考」「感情」「感覚」「直感」の心理的機能を組み合わせ、合わせて8タイプの性格に分類**しています。それとは別に、**外的統制型**と**内的統制型**があります。これは、周囲の物事と自分との関係——自分の行動による結果を、どこに帰するか——の違いに基づいた性格分類です。

POINT		
1	外向型は、物事を客観的に捉える	
2	内向型は、物事を主観的に判断する	
3	成功・失敗の捉え方が外向統制型と内向統制型では異なる	

◆外的要因と内的要因

外的統制型と内的統制型では要因の捉え方が異なる。例えば試験に不合格だった場合、次のように考える。

外的要因		内的要因
「不合格は運が悪かった」		「不合格は自分のせい」

	安定的（変えられない）	不安定的（変えられる）
外的要因	課題の難しさ	運
内的要因	能力	努力

（ワイナーらの原因帰属理論に基づく帰属因の分類）

成功・失敗の考え方

外的統制型の人は、成功・失敗の原因を外的要因に求めます。 うまくいってもいかなくても偶然の結果、つまり「自分のせいではない」と思っています。楽観的な人は失敗しても落ち込まず反省もしませんが、悲観的だと「自分は運が悪いんだ」と考え、始める前からやる気をなくしてしまうこともあります。

内的統制型の人は、成功・失敗を自分自身の能力や努力の結果であると考えます。 モチベーションが高く、自分と他人を比較しません。自分の人生は自分で切り拓くタイプです。成功者の多くは内的統制型だといわれますが、何でも自分でやろうとしてストレスを溜めてしまう危険もあります。

どちらがよい悪いということではありません。自分がどちらかに偏りすぎていると思ったら、思考や行動を意識的に変えることで調整することができます。自分にとって心地よいバランスを見つけるようにしましょう。

Column
心理的機能の4タイプ

思考タイプの人は、論理的で理屈っぽく、男性に多いといわれます。感情タイプは、物事を好き嫌いで判断します。女性に多いといわれるタイプです。服を買うときにデザインや色、生地の肌触りを確かめるのは五感が優れた感覚タイプ。一目惚れで即決するのは直感タイプです。

誰でもこれら4機能すべてを備えていますが、人によって強く働くものとそうでないものがあり、さまざまな個性を生み出しています。

6　心理テストは信用できるか？

◆ロールシャッハ・テスト

左右対称のインク・ブロットでできた10枚の図版を使う。無彩色、赤と黒の2色、複数の色彩を用いたものがあり、それぞれの図版が何に見えるかを口頭で述べる。

気軽な心理テスト、本格的な心理検査

　人間には「自分のことを知りたい」という自己認知欲求があり、多くの人が自分の性格に関心をもっています。最初に「どうやら私は〇〇な性格であるらしい」と自分ひとりで考え、次に、身近な人たちが自分をどう見ているかを確認します。しかし、納得できないことを言われると「本当かな？」と心配になり、性格診断に頼ろうとします。

　性格診断には、**本や雑誌、ネットの無料診断などの「心理テスト」と、専門家による「心理検査」**があります。心理テストも基本的には心理学者がつくっていますが、質問項目が本当に妥当だという絶対的な保証はありません。科学的に正しいと言い切ることはできないものの、それほど大きく外れることもないでしょう。このような心理テストには**「自分で自分がよくわからない」という不安（自己不確実感）を拭い去り、心を落ち着かせる効果**があります。

　遊び感覚の心理テストに比べ、心理検査は本格的です。教育、医療、産業など多くの分野で導入されており、信頼性・妥当性・有用性が確かめられています。検査目的によって**①知能検査②作業能力検査③性格検査（人格検査）**などの種類があります。

　性格検査はその人の性格的な傾向や心理状態を知るための検査で、**「投影法」**と**「質問紙法」**の2種類に分けられます。投影法は深層心理を探るためのテストです。精神科の治療やカウンセリングでおなじみですが、物理的な判断基準がないため、医師やカウンセラーの感覚・経験によって分析結果が異なる場合があります。

POINT		
	1	性格診断には、「心理テスト」と「心理検査」の2種類がある
	2	心理検査は、信頼性・妥当性・有用性が認められている
	3	心理テストには、不安を拭い去り、心を落ち着かせる効果がある

◆バウムテスト

A4の用紙に「実のなる木を1本」鉛筆で描かせ、その絵を評定する。描かれた木には、描き手の自己像が投影されていると考えられている。

投影法と質問紙法

　投影法の代表的な検査には、ロールシャッハ・テスト、絵画統覚検査、描画テストなど**図形や絵を用いるもの**と、文章完成テストのように**文字を用いるもの**などがあります。

　もうひとつの質問紙法は、**アンケート形式で質問に答えていくもの**です。「はい」「いいえ」「どちらでもない」などで回答を数値化、分析します。この方法はたいへん便利でよく使われますが、回答者の自己評価に委ねられるので客観性に欠けるという一面も。そのため、しばしば面接と併用されます。

　質問紙法の例としてよく挙げられるのが、矢田部＝ギルフォード検査（120項目・3段階回答）です。そのほか、ミネソタ多面人格目録（550項目）、コーネル・メディカル・インデックス健康調査票（およそ200項目）、ペンシルベニア大学ポジティブ心理学センターのVIA－IS（240項目）など、数多くあります（→P26）。

Column
夢に心理は現れる？

　私たちが寝たときに見ている夢。オーストリアの精神科医フロイトは、抑圧された潜在的願望が夢に表現されると考えました。夢を分析することで、自分の心理状態を分析します。また、フロイトの弟子であるユングは、夢はさまざまな願望を解放し、人は日常生活と欲望のバランスをうまくとっていると考えました。

　夢を解釈することは難しいのですが、夢を見ることで気持ちがすっきりするという浄化作用があります。怖い夢や悲しい夢も、心の健康の維持に役立っているのです。

第1部…性格・感情とはそもそも何なのか？

7 日本で行われている心理検査①

◆絵画統覚検査(TAT)

投影法の心理検査とは

　心理検査には「投影法」と「質問紙法」の二つの方法があることは先に述べました。まず、投影法の代表例には次のようなものがあります。

①ロールシャッハ・テスト
　インクのしみで作った左右対称の10種類の図版を被験者に見せ、何に見えるかを自由に想像してもらいます。図版のどこに、何が、どういう理由でそう見えるかを説明してもらい、**その言語表現（言葉の使い方）から深層心理を分析**します。
　スイスの精神科医ヘルマン・ロールシャッハが考案しました。インクのしみによる図版は誰でも簡単に作れるものですが、検査ではロールシャッハ自身が作成した10枚の図版を使います。正しい分析を行うには、**検査官の経験と実力**が問われます。

②絵画統覚検査(TAT)
　ハーバード大学のマレーとモルガンが1935年に発表した論文『空想研究の一方法』をもとに開発されました。日常生活における葛藤の場面を描いた31枚の絵カード（刺激図版と呼ばれる）を使います。被験者はカードに描かれている人物の性格・感情を自由に空想し、過去・現在・未来のストーリーを作ります。
　物語のなかで**主人公が感じる欲求や圧力**が、主な分析対象となります。一度の検査に用いるカードは約20枚、1枚につき5分程度です。**犯罪学や文化人類学など心理学以外の分野**でも広く活用されています。

POINT
1. ロールシャッハ・テストでは、言語表現から深層心理を分析する
2. 絵画統覚検査では、自分の欲求や感じている圧力を分析する
3. 描画テストは、絵の構図や説明から心理を探る

◆絵を描いて心理を知る

絵を描くタイプの検査

③描画テスト
被験者に絵を描かせ、絵の構図や説明から本人の心理を探るテストです。

●バウムテスト
バウムとはドイツ語で樹木のこと。被験者に画用紙を渡し、果実のなる木を1本描いてもらいます。**「樹木＝無意識にもっている自己像」**と仮定したうえで、樹木の形、葉の茂り方、枝の方向、根の形状、筆圧などを詳細に分析します。スイスの心理学者で産業カウンセラーでもあったカール・コッホが考案しました。

●総合HTP
1枚の紙に家屋、樹木、人物像を描かせ、64項目の質問をします。

●DAPパーソナリティー検査
正反対の性格をもつ二人の人物の全身を描かせます。**子どもの知能検査**として開発されました。

Column
リュッシャーのカラーテスト

1947年にスイスの医師リュッシャーが発表した色彩心理テストは、青・緑・赤・黄・茶・紫・黒・灰の8色から好きな色を選ぶテストで、投影法のひとつです。「青が好きな人は温和で従順」「赤が好きな人は負けず嫌いで積極的」「黄が好きな人は明朗快活」のように、好きな色からその人の性格や心理状態を探ります。

このカラーテストは世界各国で翻訳され、企業の広告戦略などにも応用されています。

第1部 … 性格・感情とはそもそも何なのか？

8 日本で行われている心理検査②

◆Y-Gテスト　　120の質問に答えて、特性を測定する。

	はい	わからない	いいえ
●気分にムラがある	●	○	○
●充実感がある	○	●	○
●小さいことでもなかなか決断できない	●	○	○
●人前で話すことが苦痛ではない	○	○	●

6つの種類がある質問紙法

　投影法には、前ページで紹介したものの他に、欲求不満の場面を描いた24枚の絵の空白部分にセリフを入れてもらう**絵画-欲求不満テスト（P-Fスタディ）**や、書きかけの文の続きを自由に書かせる**文章完成テスト（SCT）**のように文字を使ったものもあります。また、質問紙法の代表例は次の通りです。

①矢田部＝ギルフォード検査（Y-Gテスト）

　日本で最もよく知られている心理検査。120項目の質問に「はい」「いいえ」「わからない」で答えてもらい、**12の性格特性**を測定します。その特性はさらに平均型、不安定・不適応・積極型、安定・適応・消極型、安定・積極型、不安定・不適応・消極型の5つに分類されます。

②ミネソタ多面人格目録（MMPI）

　ミネソタ大学の心理学者ハサウェイと精神科医マッキンレーが開発しました。嘘や不自然な回答がないかどうか調べる設問**（妥当性尺度）**が入っているのが特徴です。分析結果は心気症、抑うつ性、ヒステリー、精神衰弱など10の特徴に分類されます。質問項目が550とたいへん多いため、時間がかかるのが難点。

③顕在性不安検査（MAS）

　MMPIから不安に関する質問項目を抽出したもので、TPIとも呼ばれます。身体的・精神的な兆候として表れる**慢性的な不安の程度**を測定します。

POINT		
	1	質問紙法の代表的なものには6つの種類がある
	2	質問紙法は選択技などから回答を選ぶ方式
	3	質問紙法より投影法の方が自由度がある

◆心理検査を開発した主な心理学者

検査では健康状態も分析できる

④**モーズレイ人格目録（MPI）**

ロンドン大学精神医学研究所の教授アイゼンクが1959年に考案。モーズレイは彼が心理学部長を務めていた病院の名前です。日本版は80項目の質問に「はい」「どちらともいえない」「いいえ」の三択で答えてもらい、**神経症傾向と外向性・内向性の2特性**を測定します。

⑤**東大式エゴグラム（TEG-Ⅱ）**

人間には「批判的な親」「養育的な親」「大人」「自由な子ども」「順応した子ども」という**5つの心（自我）**があるという考えをもとに、それぞれの度合いを数値化し、棒グラフで表します。

⑥**コーネル・メディカル・インデックス（CMI健康調査票）**

身体的な苦痛や精神的な疲労、緊張などの自覚症状を確認します。男性は211、女性は213項目の質問に三択で回答します。

Column
色彩が心理に及ぼす影響

色彩は心にどのような影響を与えるのでしょう。アメリカやスウェーデンの刑務所では、壁をピンク色に塗り替えたら、囚人同士の争いが減ったという実例があります。ロンドンでは自殺の名所だった黒い橋を緑色に変えたところ、自殺者が1／3に減ったといわれます。

また、ケネディ大統領は紺色スーツと赤いネクタイで好感度アップに成功。それ以来、歴代大統領のイメージ戦略に色彩は欠かせないものとなっています。

第1部…性格・感情とはそもそも何なのか？

9 「自分」とは何なのか？

◆自我の形成

生まれた瞬間から始まる自我の形成

　人は誰でも「自分で自分のことがよくわからない」という自己不確実感をもっており、自分がどんな人間なのかいつも知りたいと願っています。自分の性格を知ることも自分探しのうちに含まれますが、性格イコール自分（自己、自我）かどうかはよくわかっていません。ただ、自分の特徴を意識するという意味では関係が深いと考えられます。

　人間は生まれた直後から思春期にかけて、段階的に自己を認識し、完成させていきます。最初のステップは、赤ちゃんと母親との触れ合い。サルを観察した実験では、母親とのスキンシップが少ない子どもは協調性に欠け、攻撃的になる傾向がみられました。人間も同じで、**幼い頃に母親不在を体験すると、強い猜疑心・嫉妬心、残忍、盗癖や虚言癖などの"歪んだ"性格（アフェクションレス・キャラクター）**になることがあります。

　次のステップは2歳ごろといわれ、**鏡に映った姿と自分との違いがわかる、つまり、自己を認識できるようになります。**そして2〜3歳の俗にイヤイヤ期といわれる時期に、急速に自我が発達します。この頃に、周囲の大人からどう評価され、どう扱われるかが、その後の自我の形成に大きく影響してきます。周囲の大人、他者からの評価は、生まれたときから始まっています。いろいろな人がいろいろなことをいいますが、「明るい」「元気がいい」など、大人から見て好ましい性質を備えている子どもは褒められることが多く、自尊感情（→P114）が高まります。一方で「神経質」「手がかかる」など好ましくない性質を咎められることが多いと、自尊感情は低くなります。

POINT		
	1	人は生まれてから思春期にかけて、自己を完成させていく
	2	思春期は、自尊感情や自己価値観を高める大切な時期
	3	反抗期は、他者との比較によって自分の価値が決められることに反発する

◆サルを観察した触れ合いの実験

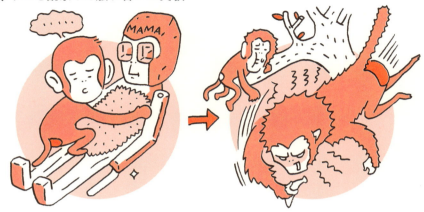

思春期は自己確立のとき

　家族構成も自我の形成に大きく影響します。例として「お兄ちゃんなんだからガマンしなさい」「お姉ちゃんはあなたより成績がよかった」といった親の言葉や接し方が挙げられます。思春期（反抗期）になると、このように**他者との比較によって自分の価値を決められることに反発し、本当の自分とは何か、自分探しが始まります**。自己、自我というものはおそらくこの時期に確立されます。

　このときに、もともとあった自尊感情や自己価値感が関連してきます。思春期までに充分褒められたことがなかったり、いじめや虐待で自分の存在を否定され続けてきた場合、自己嫌悪に苦しんだり、病的な自己愛（→P109）に陥ってしまいます。

　反抗期を通過せず「いい子」のままで成人すると、伸び伸びと自分らしく振る舞うことができず、人生を楽しむことができません。実際、そのために苦しんでいる人は少なくないのです。

Column
サルを観察した代理母実験

　生まれたばかりのサルを2グループに分け、本物の母ザルに近い布製の代理母と、針金で作った代理母を与えます。その結果、針金製の代理母に育てられた子ザルは協調性がなく攻撃的で、サル社会に馴染むことができませんでした。

　この実験は、乳幼児と母親とのスキンシップがいかに重要であるかを示しています。また、赤ちゃんとの触れ合いが多いほど母親の母性が高まることも知られています。

第1部…性格・感情とはそもそも何なのか？

10 いい性格も悪い性格もない

◆"悪い"のではなく"気にくわない"

態度が悪い＝性格が悪い？

　インターネットで「性格が悪い」を検索すると「会社に性格の悪い人がいて、みんなに嫌われている」といった記述が目につきます。具体的にどういう人が"性格が悪い"のかというと、**陰で人の悪口を言う人や異性におもねるような態度をとる人**が多いようです。また、会ったこともないタレントを「あの人は性格が悪い」と断言するような書き込みも見受けられます。

　これはどういうことかというと、**相手の言動や態度が"気にくわない"**ということ。自分の価値観に合わないことをするから性格が悪いに違いないという先入観です。

　そもそも、性格によいも悪いもありません。**人の性格はひとつではなく、他者の目に映るのは、その人がもっているいくつものパーソナリティーのごく一部にすぎない**のです。

　入試の面接やエントリーシートなどで、自分の「長所」「短所」を書かされることがありますが、ではなぜそれが長所あるいは短所であるのか、根拠はまったくありません。あえていえば、**その学校なり会社なりにとって望ましい性質が長所、望ましくない性質が短所**ということになるでしょう。

　人間をとりまく経済構造・社会構造にうまく適応する人を「性格がいい」と言っているだけ。エントリーシートでは「社交的」とか「積極的」ということが長所とみなされ、実際に社交的な人や積極的な人が得をすることが多いのも確かです。しかし、もしそんな長所をもつ人だけが集まった組織や集団があったとしたら、どうなるでしょうか？

POINT		
	1	「性格が悪い」とは、自分の価値観に合わない言動や態度
	2	いろいろな性格の人がいるとグループはうまくいく
	3	他人の性格は変えられない。自分の着眼点を変える

◆いろいろな性格の人の集まり

グループにはいろいろな人がいたほうがいい

いろいろあるからうまくいく

　たとえば「積極的に自己主張ができる」は長所と考えられますが、会社の会議で全員が自己主張ばかりしていたら、永遠に意見はまとまりません。「協調性がある」も長所といえるでしょうが、野球チームが試合に勝つためには、多少強引でもみんなの先頭に立ってチーム全体を引っ張っていくリーダーが必要です。

　このように、似た者同士ばかりで成り立つグループは、うまくいきません。家族の中で親と子がぶつかることが多いのは、性格が遺伝しているからともいえます。似た者同士だけでなく、いろいろな長所短所をもつ人たちがいた方が、かえってケンカにならないのです。

　他人の気に入らないところに注目するのをやめましょう。他人の性格を変えようとするより、自分の着眼点を変える方がずっと簡単です。

Column
「なんかムカつく人」とは?

　特に理由はないのに、なぜか好きになれない人がいます。それはもしかすると、相手の行動や態度のなかにシャドウ（影）と呼ばれる自分自身の嫌いなところ、見たくない部分を感じ取っているからかもしれません。こうした心の働きを心理学で「投影」といいます。

　一方、女性がよく言う「生理的にイヤ」というのは、服装がだらしない、不潔な感じがするなど、身体的な感覚によるところが大きいようです。

第1部…性格・感情とはそもそも何なのか？

11 行き詰まったらどうすればいいのか?

◆LEAD法の流れ

L（LISTEN=聞く）
自分を見つめ直し、問題点を探る。何が問題か書き出したり、まわりの人に意見を聞いたりする。

E（EXPLORE=掘り下げる）
問題がわかったら、解決方法を考える。ノートに書き出してみる。

A（ANALYZE=分析する）
問題点と解決策を冷静に分析する。自分が次にとるべきアクションを検討する。

D（DO=行動する）
解決策であるアクションを実行する。うまくいかない場合は、別の解決策を考える。

逆境を乗り越えるメソッド「LEAD法」

　何かうまくいかないことがあると「私の性格に問題があるではないか」と考えてしまう人がいます。**自分自身に原因を求める内的要因型（→P21）**には特にその傾向が見られます。

　組織コミュニケーションや組織発展の研究者ポール・G・ストルツ博士は、人は1日に大小合わせて23回も逆境に立たされているといいます。彼は自ら考案したAQ（逆境指数）によって、人が困難にぶつかったときの精神的な強さを5段階に分けました。

レベル1　逃避（Escape）…問題から逃げようとする
レベル2　サバイブ（Survive）…何とかやりすごそうとする
レベル3　対処（Cope）…とりあえず対処しようとする
レベル4　管理（Manage）…問題を管理し解決しようとする
レベル5　滋養（Harness）…逆境を栄養源としてさらなる飛躍を目指す

　ストルツによると、物事がうまくいかないときにやるべきことは4つです。
①聞き取り（Listen）…相手の話を聞き、自分の心の声を聞き、現状を把握する
②探索（Explore）…経緯を振り返り、情報を探し、何が問題なのかを突き止める
③分析（Analyze）…問題の原因を分析し、対処法を検討する
④行動（Do）…検討結果を実行に移す

　このアプローチは、それぞれの頭文字をとって**LEAD法**と呼ばれています。

POINT		
	1	人は1日に23回も逆境に立たされているという
	2	物事がうまくいかないときは、LEAD法を行う
	3	訓練を行うことで、心のコントロールができるようになる

◆ストップ法

「ストップ！」と叫びながら壁や机を叩く＆両手を打ち合わせる。人目が気になるときは、手首につけた輪ゴムを引っ張って離す（パチンと弾く）方法もある。

不安を止める「ストップ法」

　LEAD法はビジネスで用いられることが多く、クレーム処理などに成果を上げています。実践する際には、**頭で考えるだけでなく、紙に書くことをおすすめします**。思考を文字にすることで自分の姿を客観的に捉え、必要に応じて調整するのがたやすくなります（セルフ・モニタリング）。

　問題の本質を追求してみると、出来事そのものよりむしろ、それに付随する不安や心配が苦しみを生んでいることに気づくかもしれません。そんなときには、やはりストルツの考案による「ストップ法」が役立ちます。

　やり方はとても簡単です。**不安な気持ちや悲観的な思考が湧き上がってきたら、大きな声で「ストップ！」と叫ぶだけです**。このとき同時に壁などを叩いたり、両手を強く打ち合わせたりするとさらに効果が上がります。この方法を続けていると、心の中でストップと言うだけで同じ効果が得られるようになります。

Column
IQ、EQ、そしてAQ

　AQとは、Adversity Quotientの略で、個人や組織が逆境に陥った時のストレス耐性や心の強さを表す指数です。AQ（逆境指数）と似た言葉に、IQ（知能指数）とEQ（感情指数）があります。IQは言語的機能や数学的機能など知能の程度を示すものです。心の知能指数とも呼ばれるEQは、対人関係や状況処理の能力といった社会的知性の高さを測ります。

　AQは日本ではまだ馴染みが薄いですが、今後アメリカ型の実力主義と同時に広まる可能性があります。

第1部 … 性格・感情とはそもそも何なのか？

12 感情と性格は関係しているのか？

◆脳と感情

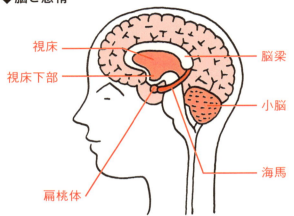

恐怖や驚き、快、不快、喜び、悲しみといった原始的な一過性の感情を情動という。情動の中枢は大脳辺縁系の一部である扁桃体。大脳辺縁系は情動のほか、食欲や性欲などの本能的行動や、嗅覚、記憶を担当する。

感情は脳が勝手に発生させるもの

　「気が短くて怒りっぽい」のように、性格と感情を結びつけて考えることがあります。クレッチマーの体格類型論（→P12～13）では、粘着気質の人は怒りを爆発させやすく、分裂気質の人は感情を表に出さないとされています。性格と感情との間にまったく関連がないとは言い切れないようです。

　感情とは、**人が他人や物事に対して抱く気持ち**のことです。喜怒哀楽のほか、驚き、あきらめ、恐怖、嫌悪、希望など数多くあります。

　感情研究の歴史は性格研究のそれより古く、紀元前のギリシャでも行われていました。というのも、つかみどころのない性格に比べて、感情はわかりやすいから。哲学者プラトンは、感情と理性を馬と御者にたとえました。勝手気ままに動こうとする感情を、理性でコントロールしようというのです。

　実際、**感情は自分の意思に関わらず勝手に発生します**。些細なことで瞬間的に激しい怒りが湧くこともあれば、悲しいはずのお葬式でなぜか笑いが込み上げてきて困ったなどという体験談を聞いたこともあるでしょう。

　感情のスイッチを入れたり切ったりしているのは、脳の真ん中にある大脳辺縁系です。哺乳類で最も古くから発達した部分で、「原始脳」「太古の脳」とも呼ばれます。大脳辺縁系のもともとの働きは、危険が迫ってきたときに恐怖を感じること。怖がることで、逃げるなり戦うなりの行動を誘発し、身を守るのが目的でした。

POINT	**1**	感情とは、人が他人や物事に対して抱く気持ちのこと
	2	意志にかかわらず発生するのが感情である
	3	感情と性格がまったく関係ないとは言い切れない

◆ポジティブ感情とネガティブ感情

ポジティブ感情	ネガティブ感情
面白い／愉快／畏敬の念を感じる／驚く／感謝／ありがたい／希望を感じる／勇気が出る／高揚感を感じる／元気づけられる／好奇心をもつ／強い関心をもつ／うれしい／幸せ／親しみを感じる／信頼／自信をもつ／自分を信頼する／安心する／平穏を感じる　など	イラ立つ／不愉快／屈辱的／軽蔑／見下す気持ち／嫌悪を感じる／不快／恥ずかしい／人目を気にする／後悔／自責の念にかられる／憎しみを感じる／悲しい／がっかりする／怖い／不安／ストレスを感じる／緊張する　など

感覚・思考・感情

　感情発生のメカニズムをもう少し詳しく見てみましょう。大脳辺縁系には「扁桃体」という小さなアーモンド型の器官があり、視覚・聴覚・触覚などの感覚情報を受け取り、快不快（好き嫌い）を判断します。扁桃体の隣にはタツノオトシゴのような形をした「海馬」があります。海馬は扁桃体から快不快の感情を受け取って記憶に蓄えます。そのため、過去の出来事を回想すると、そのとき感じた感情も一緒に思い出されるのです。

　感情は、思考とも深く関わっています。**感覚・思考・感情の3つは互いに切り離せない関係**です。人は1日に6万回思考するといわれますが、その大部分は無意識に行われるので自分では気がつきません。感情はそんな思考を知るためのヒントになります。幸せを感じるときは幸せなことを考えています。無性にイライラするときは、何かよからぬことを考えているのかもしれません。

Column
右脳と左脳

　一般に右脳は感情をつかさどり、左脳は理論をつかさどるといわれています。では、左脳は一切感情に関わりがないのかというと、そうではありません。

　右脳は空間認識・想像・直感を、左脳は言語認識・計算・分析を担当しています。自分を苦しめる感情を論理的に説明しようとするのが左脳派、芸術作品に昇華しようとするのが右脳派。どちらの脳を使って感情を処理するかの違いなのです。

第1部…性格・感情とはそもそも何なのか？

13 あの人はどう思っている?

◆感情についての判断率(%)

次のイラストを見せたとき、どのような感情を表しているか、判断してもらった。

感情の種類	(·)	😀	😐	😊	😟	😠	😆	😣	😕	😄	😞
得意な				3		3			3		
幸せな		11	33	81						36	
中性	83	38	39						6		
悲しい			8		42			3	50		61
怒った		22			13	58		53			
激怒した						17	3	33			
楽しい			3	8		3				19	
気弱な		6	3		3				3	35	
ふざけた		6				11	16			6	
残忍な				8		3	75	11	3		
沈んだ					17	3			8	8	24
心配な		6	6		19				22	12	6
恐ろしい			3			3			3		6
ぞっとした	3					3					
その他	6	11	3			3			6		3

(S. Thayer & W. Shiff, 1969)

基本的な感情は顔を見ればわかる

　人の感情は体に表れますが、なかでも特にわかりやすいのが、顔の表情です。

　感情の分類は古代から行われていましたが、感情と表情との関係を初めて本格的に研究したのは、19世紀イギリスの自然科学者チャールズ・ダーウィンでした。ダーウィンはさまざまな表情の写真を撮り、文化の異なる世界各地の人々に送って、どんな感情を表していると思うか聞きました。その結果、**悲しみ・幸福・怒り・軽蔑・嫌悪・恐怖・驚きの7つの感情は、どの文化圏でも同じ表情で示される**ことがわかったのです。

　1969年には、アメリカの著名な心理学者ポール・エクマン(ミステリードラマ『ライ・トゥ・ミー　嘘は真実を語る』で容疑者のわずかな表情から次々と嘘を見抜く主人公のモデルになった)が、ダーウィンの研究をさらに推し進め、幸福・驚き・恐れ・悲しみ・怒り・嫌悪の6つの基本感情が人類共通であることを発表しています。

　体の動きや表情で気持ちを表すことを心理用語で**「符号化(エンコーディング)」**といい、それを読み取ることを**「解読(デコーディング)」**といいます。機種の違う携帯電話で絵文字を送るようなもので、**コードを受け取る側に解読能力がないと"文字化け"してしまいます。**

　喜びや怒りのような基本的感情は符号化がわかりやすいのですが、悩んでいる・困っているなどの微妙な感情は符号化することも解読することも難しいので、顔を見ただけで通じることはあまりありません。

POINT		
	1	人の感情を読み取りやすいのが顔の表情
	2	目とまぶたは恐怖・悲しみ、鼻と頬と口は幸福感、額と眉は驚きを表す
	3	顔の左半分の方が表情が表れやすい

◆ポール・エクマンとダライ・ラマの感情地図

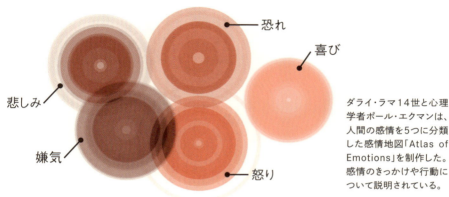

ダライ・ラマ14世と心理学者ポール・エクマンは、人間の感情を5つに分類した感情地図「Atlas of Emotions」を制作した。感情のきっかけや行動について説明されている。

(出典：http://atlasofemotions.org/)

どの感情がどう表れるか

　では、人は顔のどの部分を見て感情を判断しているのでしょうか？　ごく単純な顔のイラストを使った実験では、口の形と眉の角度の違いで感情を判断することがわかります。顔を3つの部位に分けて感情の表れ方を調べた実験では **①目とまぶた→恐怖・悲しみ　②鼻と頬と口→幸福感　③額と眉→驚き** という結果が得られました。また、顔の右半分と左半分の表情を比べると、**左半分のほうがハッキリ**しています(バートとペレットによる顔の左右印象の実験より)。

　感情は顔色にも影響を与えます。一般に、顔が赤くなるのは恥ずかしさか怒り、青くなるのは激しい怒りか恐怖が原因と考えられます。

　感情をまったく表に出さないことを、ポーカーフェイスといいます。もとはトランプのポーカーで自分の持ち札を相手に悟らせないために平静を装うことですが、**精神的・肉体的な疲労が原因で無表情になる**こともあります。

Column
古代～現代の感情分類

　中国の陰陽五行説では喜・怒・哀・楽・怨または欲を「五情」と呼びます。

　17世紀フランスの哲学者デカルトは驚き・愛・憎み・欲望・喜び・悲しみの6つを基本情念とし、オランダの哲学者スピノザは48種類の分類をしました。最近ではチベットのダライ・ラマ14世がエクマンと協力し、楽しみ・嫌気・悲しみ・恐れ・怒りを5大感情とする「感情地図」を作成、公開しています。

第1部…性格・感情とはそもそも何なのか？

14 行動・表情はコントロールできる

◆アンガーマネジメントの手順

怒りの暴走を防ぐアンガーマネジメント

　以前、秘書に腹を立てた国会議員が怒り狂う様子をおさめた録音テープが公開され、話題になりました。

　怒りを爆発させて問題を起こす例は日常でもしばしば見られます。イライラしてゴミ箱を蹴飛ばすぐらいならいいですが、他人に危害を加えてしまうこともあります。この手の暴力事件が頻繁に起こるアメリカでは、1970年代から「アンガーマネジメント」がさかんに行われています。歌手のジャスティン・ビーバー、俳優のチャーリー・シーンなど、事件を起こして裁判所からアンガーマネジメント講習の受講を命じられたお騒がせセレブも大勢います。日本では、テニスの錦織圭選手がアンガーマネジメントを取り入れて成績を伸ばしたといわれ、注目を集めています。

　アンガーは怒り、マネジメントは管理という意味です。ごく簡単に説明すると、**怒りをそのまま爆発させるのではなく、いったん冷静になって、より穏やかな行動を選べるようになるためのトレーニング**です。アンガーマネジメントでは、怒りの原因を調べ、思考パターンを変える方法や、6秒間待つ、10まで数えるなど、心を落ち着かせて反射的な行動を制御するテクニックを教えています。

　これは、怒りを消すとか抑え込むということではありません。34ページで述べたように、**感情を自分の意思でコントロール（支配）することはできない**からです。

POINT		
1	アンガーマネジメントは、怒りをいったん冷静に捉え、より穏やかな行動を選ぶトレーニング	
2	怒りを消したり、抑え込むことはできない	
3	表情筋を使い、感情を演じることはできる	

◆怒りをコントロールするアンガーマネジメントの種類

方法1　怒りを6秒だけこらえる
方法2　"I"メッセージで伝える
方法3　アンガー記録をつける

主なアンガーマネジメントの方法

　怒りを静める方法として、まずは怒りを6秒だけこらえる方法があります。怒りのピークは長くても6秒といわれており、その時間をやり過ごす、といったものです。6秒数えたり、深呼吸をしたり、近くにあるものを見つめて意識をそちらに向けるなどしてみましょう。

　次に、相手にIメッセージを伝えるという方法があります。Iメッセージとは、話すときの主語を自分にするというテクニック。例えば、待ち合わせに遅れてきた人に対して、「どうしてあなたは遅れてきたの！」と相手を責めるのではなく、「約束を忘れられたのかと思い、悲しい気持ちになったよ」と自分の気持ちを伝えます。

　最後に、イラッとするたびにアンガー記録をつけるという方法もあります。自分が何に怒ったのかを記しておくことで、どのようなことに怒りやすいのか、自分を客観的に見つめることができます。

Column　表情で感情を表す

　感情そのものを制御することはできませんが、表情のコントロールはできます。顔の筋肉（表情筋）を意識的に動かすことで、どんな表情も自在につくれます。

　欧米人のストレートな感情表現に比べると、日本人の表情は繊細で本音がわかりにくいといわれますが、それだけ表情筋のコントロールがうまいということもできます。特に、嫌悪感・怒り・不快感などのネガティブ感情を顔に出さない技術は、世界的にもトップレベルといえるでしょう。

第1部…性格・感情とはそもそも何なのか？

15 性格・感情との上手な付き合い方

◆ジョハリの窓　対人関係における気づきのグラフモデル。自分も知っていて、相手も知っている領域「開かれた領域」が広がっていくと、お互いに相手のことが理解できるようになり、合意形成が図りやすくなる。その結果、共通理解に基づく行動が起こせる。

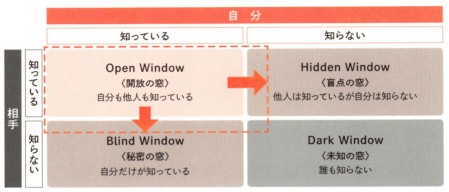

他人の性格が気になるときには心理学を

　自分や他人の性格や感情が気になるのは、物事がうまくいかずに悩んでいるときです。アドラー心理学では**「人間の悩みはすべて対人関係の悩みである」**と断言しています。確かに、「子どもが何を考えているかわからない」「あの上司はなぜ私を目の敵にするのだろうか」など、人生に訪れる苦しみの多くは、他人との関わりのなかから生じているといえるでしょう。しかし、他人の性格を自分の好きなように"変える"ことはできません。**私たちにできるのは"理解する"ことだけです。**

　そのために役立つのが、心理学の知識です。心理学は、体の動きや表情など「目に見える行動」から、**目には見えない「心の動き」を"推測"するもの**。ですから、誰かを理解したいと思うなら、まずは目に見えるところをしっかりと見る必要があります。

　「こいつはひどい性格だ」と結論づける前に、何か見落としているところはないか、探してみましょう。そして、そんなときに役立つのが心理学です。相手はどんな性格なのか、どんな思いでいるかがわかることによって、ベストな対処法が見つかることがあります。第2部で解説している性格・感情をもとに相手の心を読み解くことは、生きていくうえでとても役立ちます。

　相手を観察して理解を深めた結果、仲良くなれるならそれでいいし、問題があるなら先に紹介したLEAD法(→P32)などを使って、話し合うなり距離を置くなり、自分にとって最善の解決策を実行すればいい。恋愛関係、家族関係にも同じことがいえます。

POINT		
	1	他人の性格を理解するために役立つのが、心の動きを推測する心理学
	2	自分の性格に悩んだときが、自分を理解するチャンスと考える
	3	性格・感情は変えるのではなく、認めることが大切

自分自身の性格の悩み

　問題を他人のせいにする人がいる一方で、自分を責める人もいます。第三者から見たら全然ダメではないかもしれないのに「私がダメだからいけないんだ」と信じている。自分自身への理解が不足しているのです。

　性格に悩んだときは、自分が知らない自分に気づくチャンスです。そのために役立つのが「ジョハリの窓」といわれるグラフモデルです。これによると、ひとの心には次の4つの領域があります。

A　開放の窓＝自分も他人も知っている
B　盲点の窓＝他人は知っているが自分は知らない
C　秘密の窓＝自分だけが知っている
D　未知の窓＝誰も知らない（隠れた才能など）

　Aの面積を広げて他の領域を減らすと、自分自身への理解が深まり、対人関係も円滑になります。そのためには、できるだけ隠しごとをせず周囲の声に耳を傾けることが必要です。

Column
自責と他責は表裏一体!?

　部下を叱ったら泣いてしまい、直後に「自分が言いすぎた。悪いことをした」と思うのですが、後になって「何も泣くことはないだろう！」と腹が立った……そんな経験はありませんか？

　これは、自分がしたことの罪悪感に耐えられず、かえって相手への憎悪を強めてしまう心の働き、俗に「逆ギレ」といわれます。正しくは「自責の念による反応増幅仮説」といい、ドイツの心理学者カッツの実験が有名です。

◆隠れた感情が潜んでいる

ひとつの感情の裏には、いくつもの感情が隠れている。

ネガティブ感情とうまく付き合う

　怒りなどのネガティブ感情に振り回されて失敗しないためにも、やはり**「気づき」が重要**になってきます。
　感情は単体で存在するのではなく、ひとつの感情の裏に別のいくつもの感情が隠されている場合がほとんどです。たとえばパートナーに浮気されて怒っているとき、怒りのほかにも悲しみ、悔しさ、不安、嫉妬など多くの感情が入り混じっています。表面的な怒りにだけ焦点を当てていると「離婚してやる！」と思うかもしれませんが、その奥にある感情を見つめ直すと「経済的な負い目を感じていた」「もっと話を聞いてほしい」など、自分でもわかっていなかった本当の思いが見えてきます。怒りにまかせて離婚してから後悔するより、ずっといいのではないでしょうか。
　ネガティブ感情は悪いものではなく、「ここに何かあるよ」という合図です。信頼できる友達やカウンセラーに話してもいいし、紙に書き出すのもたいへん有効です（→P33「セルフ・モニタリング」）。とにかく洗いざらい出しきることがポイントです。
　感情も性格も無理に変える必要はありません。必要なのは、**ただありのままに知覚する**こと。その結果、自分の言動が変わり、周囲の反応が変わります。「最近明るくなったね」と言われ、「自分でもそう思うよ」と、新たなキャラクターが刻み込まれます。また、まわりの人の性格や感情を理解することで、他人とのかかわりも変わってくるでしょう。
　性格や感情と上手に付き合って、新しい自分との出会いを楽しみましょう！

第 2 部

ひとの性格・感情辞典

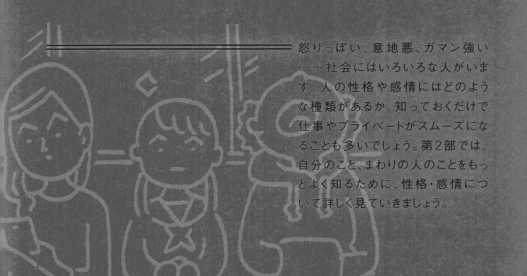

怒りっぽい、意地悪、ガマン強い……社会にはいろいろな人がいます。人の性格や感情にはどのような種類があるか、知っておくだけで仕事やプライベートがスムーズになることも多いでしょう。第2部では、自分のこと、まわりの人のことをもっとよく知るために、性格・感情について詳しく見ていきましょう。

意　味	特定の人やものを好きでたまらない気持ちのこと
類義語	恋愛感情／好意／慕わしい／愛しい／執着／独占欲／熱情
反対語	憎しみ／憎悪／反感／拒絶／軽蔑／あわれみ／うらみ

ポジティブ度：★★★　　ネガティブ度：☆☆☆

恋愛感情が生まれるのは心が不安定なときが多く、**安定や均衡を求めようとする**。ちょっとしたきっかけがあれば、人を好きになることが多いのだ。それを証明する実験を2つ紹介する。

●不安なときほど親しくなりたい？

ひとつ目はアメリカの心理学者、シャクターの「不安と親和欲求の関係」を証明した**実験である。親和欲求とは、気の置けない相手と一緒にいたい、交流を深めたいという欲求**のこと。シャクターは被験者を2つのグループに分けて、電気ショックを与える装置がある部屋に入ってもらう実験を行った。Aのグループには「電気ショックは、かなり痛いかもしれない」、Bのグループには「電気ショックは弱く、くすぐったくなる程度」と伝えた。

実験を説明した後、「実験の準備のため、10分ほど待っていてください。待機する部屋は個室がいいですか、それとも大部屋で他の人と一緒に待つほうがいいですか」と聞いたところ、Aのグループの多くは大部屋を望んだのに対し、Bのグループは「どちらでもよい」と答える人が多かった。つまり、**不安な気持ち＝不安定になったときは他の人と一緒にいたいという親和欲求が強くなった**のである。

●頼んだ相手に好意をもつ

二つ目はアメリカの心理学者、ジェッカーとランディの「人を助けると、助けた相手を好きになる」ことを証明した実験である。被験者は問題を解いて正解すると、お金をもらえ、最終的には60セントか、3ドルのどちらかを手にする。被験者が帰ろうとしたとき、「この実験は研究資金が不足していて、実はポケットマネーを使っています。あなたが手に入れたお金を返してくれませんか」と要請した。このとき、実験の責任者が直接依頼したグループと事務員が依頼したグループ、返金を依頼しなかったグループの3つのグループがある。

後日、被験者にアンケートしたところ、責任者から返金を依頼されたグループが責

任者に対して一番好意を感じているという結果が出た。しかも、60セントと3ドルを受け取った人では返金額が多かった人のほうが、より責任者に対して好意を感じていた。頼まれごとに応えることで、頼んだ相手に好意を抱くようになったと考えられる。

人は自分の行動に矛盾がある（認知的不協和）と、その矛盾を心の中で解消しようとする。つまり「頼まれごとに応えてあげたいけど、返金はしたくない」という心理的に不安定な状態を嫌い、「私が返金したのは実験の責任者に好意を抱いているからだ」と考え、認知的不協和を解消したわけだ。

この2つの例から考えると、**相手が不安を抱いたり、心理的に不安定な状態になったりしたときに積極的にアプローチすれば、相手の好意（愛）を得やすいことがわかる。**

●恋愛以外の愛

愛には恋愛感情以外にも家族愛、子どもに対する愛、師弟愛、同志愛、郷土愛、母校愛など、さまざまなものがある。対象に対する執着、強く引きつけられる気持ちであることに違いはないが、恋愛感情が嫉妬や専有欲、独占欲、支配欲、卑屈、依存など負の感情を伴いやすいのに対し、その他の愛は「いたわる心」「いつくしむ心」が強く、慈愛や慈悲に通じる崇高な感情と考えられる。もっとも恋愛感情と同様、執着の度合いが強くなりすぎると、いろいろと弊害が生じる。

●愛を表す言葉「エロス」「フィリア」「ストルゲー」「アガペー」

古代ギリシアでは愛を示す言葉として恋愛感情を表すエロスのほか、友情や友愛に近いフィリア、家族愛や兄弟愛と考えられるストルゲー、アガペーが使われた。

アガペーは自己犠牲を伴う愛で、後にキリスト教に採り入れられ、神の愛へと発展する。エロスはギリシア神話の愛の神で（ラテン語ではクピド。英語ではキューピッド）、エロティシズムの語源となり、主に性愛を意味するようになった。現在の日本でも「エロティック」「エロい」など日常用語として使われている。フィリアに少年愛のニュアンスが含まれることからもわかるように、古代ギリシアには多種多様な愛が存在し、それを古代ギリシア人たちは、ありのままに受け止めた。ダイバーシティ（多様性）尊重の先駆者といえるかもしれない。

「愛」は恋愛だけでなく、さまざまな対象に使われるものである。相手に好かれようと思ったら、相手が不安を抱いたり、心理的に不安定な状態になったりしたときに積極的にアプローチすること。執着が強いと、トラブルになることも。

愛嬌がある
あい きょう

意味	にこやかで、かわいらしいこと
類義語	かわいらしさ／愛想がいい／チャーミング／キュート
反対語	無愛想／ぶっきらぼう／不機嫌／素っ気ない

ポジティブ度：★★★　ネガティブ度：☆☆☆

愛嬌は、言葉やしぐさなど、外に現れた様子が明るく愛らしい感じを意味する。「嬌」は艶っぽい、なまめかしいを意味している。愛嬌のある人は、いつもにこやかで、言葉やしぐさはかわいく、意図しなくてもそこにいるだけで周囲を明るくしてくれる存在である。

「口もとに愛嬌がある」というふうに、顔や体のパーツを取り上げる際にも使われる。このような人は、**性格は外向型（→P68）で、人付き合いを苦にしない傾向がある。聞き上手で、さらに空気を読むのが得意な人が多い**。集団にひとりいると、人間関係を円満にしてくれるだろう。

> 自尊感情と他人への関心のバランスがとれているので、周囲から愛されやすく、人間関係の潤滑油的な人になる。

愛想がいい
あい そ

意味	言葉やしぐさが相手に親しみを感じさせる
類義語	厚情／ホスピタリティー／丁重／お調子者
反対語	無愛想／ぶっきらぼう／わざとらしい

ポジティブ度：★★★　ネガティブ度：★☆☆

愛想がいい人は基本的に笑顔で、いつも相手の気持ちを考え、周囲を不快にさせる言葉を発したり、態度・行動をとったりしない。むしろ、積極的に相手を喜ばせ、気持ちがよくなるように努める。自分の考え・意見よりも人間関係や場の空気を大事にし、盛り上げ役を務める。

ただ、やや迎合的なので、笑顔で相手を褒める言葉を発しても、お世辞やセールストークと受け取られ、「底が浅い」「お調子者」「愛想笑い」と、かえって反感を買う場合もある。実際は他人に対して強い関心があるわけではないので、褒め方が通り一遍のものになりがち。**誰にでも同じ褒め方をするのではなく、よく観察してその人に合った褒め方をしなければならない。**

> 話し上手でノリがいいので、相手を喜ばせ、周囲を明るくするが、お世辞や迎合行動と受け取られ、反感を買う場合もある。

あきらめる

意　味	していることや願っていることを途中で断念する
類義語	断念／ギブアップ／ふんぎりをつける／割り切る
反対語	往生際が悪い／ネバーギブアップ／執念

ポジティブ度：★☆☆　ネガティブ度：★★☆

もともとは「物事を明らかに見ること」を意味した言葉だった。自分のしていること、やろうとしていることを明らかに見たら、とうてい達成できそうもないことがわかり、継続・達成を断念することをいう。

ちょっと問題にぶつかると、すぐに断念してしまう性格は問題だが、未練を残したり、「あきらめきれない」と**勝算はないのに頑張り続けることにも大きな問題がある**。あきらめない人は、本来は未来のことを考えなければいけない時間を、執着して過去のことに使っているからである。あきらめのいい性格がよいかどうかは、場合によって異なるだろう。

> 続けるか、やめるか迷ったときは、他の人の客観的な意見に耳を傾けてみるのもひとつの方法。過去にこだわるより、すっぱりとあきらめることも大事と心得る。

あくせくしている

意　味	時間がないと感じ、せわしなく行動する
類義語	忙しい／ひまがない／あわただしい／時間が足りない
反対語	ゆとりがある／のんびりしている

ポジティブ度：☆☆☆　ネガティブ度：★★★

余裕をもってこなすだけの時間がなく、ストレスとプレッシャーを感じている状態をいう。本当に物理的な時間がない場合と時間はあるのに精神的に追い詰められ、せわしなく行動している場合がある。

どちらの状態であっても、空回りしていることが多く、動いている割には成果が上がっていない。テンパっていると（いっぱいいっぱいの状態では）効率はよくない。上司や友人から「いったん落ち着け」という言葉が飛んでくることも。

こういうときは、**やらなければいけないこと（仕事）を小さく分解し、順番を決め、ひとつずつ片づけていく**こと。仕事がきちんと進行しているという実感が得られれば、あくせくした気持ちが消える。

> 時間に追われて動いていると成果が上がりづらい。あとになってあくせくしないためにも、どれだけの時間がかかるかを見積もってから仕事にとりかかる。

あけっぴろげ

意味	開放的な性格／自分の心情や考えを包み隠さず、明らかにすること
類義語	ざっくばらん／さばさばした／包容力がある
反対語	人見知り／羞恥心が強い

ポジティブ度：★★☆　ネガティブ度：★★☆

自分の心情や考えを隠さない、あけっぴろげな性格の持ち主は周囲からいったん認知されれば好感をもたれやすい。ただし、相手や周囲の欠点や短所も遠慮なく口にするので、敬遠されたり、憎まれたりすることもある。若いときや内集団（自分が帰属しているコミュニティ・組織）にいるときはまだいいが、大人になったり、外部のコミュニティと接したりしたときには、いつのまにか周囲は敵だらけといった状態になりかねない。**誰とどこにいるのか、どんな状況かを考え、場合によってはあけっぴろげな性格を出さないほうがいい。**

特殊な場合を除いて欠点や短所を指摘されて喜ぶ人はいないので、よほど親しくないかぎり、相手の欠点や短所は口にしないほうがいい。

> 遠慮なく相手の欠点を口にする傾向があるが、TPO（時間・場所・場合）に応じて自分の性格（行動パターン）にカギをかける必要がある。

あこがれ

意味	対象に思い焦がれること
類義語	憧憬／覇気／野心／大望／理想
反対語	嫉妬／足を引っ張る／ねたむ／陥れる

ポジティブ度：★★★　ネガティブ度：☆☆☆

「あこがれの先輩」「あこがれのパイロット」「名声にあこがれる」など、自分よりポジションが高い人物や地位に思い焦がれること。「先輩と同じ学校に入りたい」と勉強に励んだり、「富と名声を得たい」と懸命に努力したり、あこがれの対象に少しでも近づこうと努力する「きっかけ・原動力」になるので、**自分や周囲にとってプラスの効果が大きい。意識的に、その人の行動や行動パターンをマネることで、徐々にその人のレベルに近づいていく。**

反対語である嫉妬（→P116）は、自分よりポジションが高い人物を憎み、引きずり落とそうとする心理なので、自分や周囲にマイナスに働く。

> あこがれは自分を変えるチャンスとなる。あこがれの人物の行動をマネることで、その人に近づいていくことになる。

あせり

意味	物事がうまく進まず、落ち着きを失っていること
類義語	焦燥にかられる／自暴自棄になる
反対語	落ち着き／余裕

ポジティブ度：★☆☆　ネガティブ度：★★☆

心理学者のアルフレッド・アドラーによれば、**あせりは期待と現状の差から生まれる**。たとえば、有名大学への進学を目指しているのに模擬試験の成績では、とうてい難しい場合、有名大学合格という期待と模試の成績という現状が乖離し、イライラして落ち着きを失ってしまう。**あせりは空回りにつながるので、いったん落ち着く必要がある。**

その方法は、あせりの対象を分解して考えること。期待と現状が乖離しても、英語、国語、数学など教科によって、乖離度は異なる。しかも、教科ごとに自分が比較的強い分野と弱い分野がある。強い分野を伸ばすのか、弱い分野を鍛えるのか、方針を決めて実行することで、あせりは消える。

> あせりは期待と現状の差から生まれる。そういうときは、物事をおおまかに見るのではなく、細部に注目し手を打つことが重要。

安心（あんしん）

意味	不安や恐怖がなく、心が安定していること
類義語	悠々／泰然自若
反対語	不安／恐怖／傷つきやすい

ポジティブ度：★★☆　ネガティブ度：☆☆☆

ともとは「安心」は仏教用語で、**心を集中させ、何が起こってもビクともしない、不動の境地に立つこと**。生きている以上、心配ごとや悩み、先行きの不透明さ、リスクはつきものだが、そうしたことに不安や恐怖を感じるか、逆に多少の問題や危険はあったとしても最終的には解決できると信じ、悠然と構えるかは人によって異なるものだ。

この違いは自己評価の高さに関係しているともいえる。自分を評価することで、安定的な気持ちをもてるかどうか、自分の人生を楽しめるかどうかが決まる。自分を高く評価する人は、何ごとにも前向きで、問題や試練も自分を高めるチャンスと捉え、厳しい状況であっても安心感を抱きやすい。

> 自分に対する評価が高い人は多少の問題や危険はあったとしても安定的な気持ちをもてる。対して自己評価が低い人は不安や恐怖にさいなまれやすい。

怒り(いかり)

意　味	腹を立てること
類義語	叱咤／叱る／立腹／憤り／逆上／はらわたが煮えくり返る
反対語	温厚／温和／おだやか／平静／熟慮／理性的

ポジティブ度：★★☆　ネガティブ度：★★★☆

怒りは複雑な感情だ。自尊感情(→114)や承認欲求(→124)と一体になっており、屈辱を受けたり、軽んじられたり、メンツをつぶされたりしたときには怒りの感情がわき起こる。愛情や嫉妬、不安、無力感、孤独、ストレス、イライラ、欲求不満、支配・服従欲求、防衛機制などとも密接に関連しており、怒りを抜きにして人間心理は語れない。しかも、怒りは好ましくない感情の筆頭で、**肉体的・心理的な暴力につながりやすく、心理学や精神分析学では怒りをコントロール・管理することが大きな課題**となっている。

特に注意しなければいけないのは怒りには**他人に向けられる「外的怒り」**と**自身に向けられる「内的怒り」**があること。外的怒りは敵意というかたちで表れ、内的怒りは自罰感情と結びつくと容赦なく自分を追い込んでしまうことになる。自罰感情とは自分で自分を処罰しようとする感情のことで、自分への追い込みが激しくなると「自分には取り柄がない」「生きていても仕方ない」と考えるようになり、うつ病などを発症する危険性すらある。

ただし、**怒りの感情は善悪に通じる**。不正や差別、理不尽な攻撃などに対して怒りを表わさないと、それらを認めていると受け取られ、不正や差別、理不尽な攻撃がやむことはなく、かえってエスカレートしかねない。**暴力に訴えるのは論外だが、悪質な行為には言葉や行動で断固として反撃しなければいけないときがある。**

> 怒りはコントロールすべきだが、怒りの感情は善悪に通じる。不正や差別、理不尽な攻撃などに対しては、きちんと怒りを表わさないと、それらを認めていると受けとめられる可能性がある。

ミニコラム　怒りをコントロールする　自己説得法

怒りをコントロールする方法はいくつかあり、そのひとつが自己説得法である。これは、冷静なもう一人の自分を設定し、怒りで感情的になっている自分と理性的に話し合う、怒りを抑える手法である。具体的には次の手順をとる。

①自分の置かれている状況を把握する　→　②自分の怒りが正当かどうか検証する　→　③怒りにもっともな理由がある場合、どのようにすれば怒りが解消できるか考え、自分を説得する　→　④怒りにもっともな理由がなければ、見当違いな怒りであることを示し、怒りを捨てるよう自分を説得する

意気地なし

意味	物事をやり遂げようとしない／頑張りぬく気力がない
類義語	挫折／卑怯／臆病者
反対語	気丈／勇敢

ポジティブ度：☆☆☆　ネガティブ度：★★☆

意気地とは、**やり遂げようという気力のこと**。それがないので、物事を始めても途中でほっぽり出したり、困難があると理由をつけてやめてしまったりする。

途中で投げ出すことが続くと、やり遂げた体験がないために、自分に自信がもてなくなり、周囲からも「意気地なし」というレッテルを張られることになる。それを防ぐためには毎日早起きをする、元気にあいさつするといった小さな目標を立てて、それを実行する。やり遂げて「やった」という達成感が得られると、自信につながり、次の行動を起こすためのやる気が引き出される。いきなり難しいことにチャレンジするのではなく、**小さな目標を設定することがポイント**。

> 物事をやり遂げられない人は、まずは達成できそうな小さな目標を設定する。それをやり遂げると、自信につながり、次の行動を起こすためのやる気が引き出される。

意地汚い

意味	物欲、特に食欲が旺盛で、がつがつしていること
類義語	貪欲／下劣な／下品な
反対語	上品な／育ちのいい／品格のある

ポジティブ度：☆☆☆　ネガティブ度：★★★

割り勘のとき、姿を隠して自分だけ会計しなかったり、バーゲンセールで他の人を押しのけて商品を独占したり、他人のものを黙って失敬したり……と、意地汚い性格の人は欲望、特に食欲・物欲に忠実で、他の人へ迷惑をかけることも厭わない。**自分の利益が第一なので、ウソをついたり、ルールや約束ごとを守らなかったり**することも。評判はよくないが、どのように思われようとも、たいして気にしない。

目の前の利益には敏感だが、長期的な視野に欠けるため、「安物買いの銭失い」となることも多い。本当に利益を得たいのであれば、**目の前のことだけでなく長期的に見ていく必要**があるが、意地汚い人はそれに気づかない。

> 食欲や物質欲が強く、欲望を満たすためにルールや約束ごとを守らないことも、しばしばある。目の前のことにとらわれ、先々が見えていないことも多い。

意地悪 (いじわる)

意味	意地が悪いこと／周囲を困らせてやろう、貶めてやろうと考えている人
類義語	いじめ／冷たい／あまのじゃく／ひねくれ者
反対語	お人好し／温厚／親切／素直

ポジティブ度：☆☆☆　ネガティブ度：★★★

陰険が表面に出にくいのに対し、意地悪は周囲にもはっきりわかる行為。意地悪する人は**悪口や暴言、嫌がらせ、仲間外れなどを好み、他人を攻撃して自分が相手より優れていることを確認している**。ただ、意地悪された人からの報復手段が多様になってきた現在、露骨な意地悪はリスクが高いうえ、周囲から敬遠され、評価も低くなる。

意地悪をされる側は意地悪を甘受していてはいけない。相手が上司や力のある人物であっても、社内のパワハラ相談室を利用するなど対抗する手段はある。どうしようもない場合は、**その場から逃げ出すのも選択肢のひとつ**。また、相手に対して意地悪な態度をとっても、最終的にデメリットしかない。

> 意地悪は凝りかたまった性格なので直すのは困難だが、デメリットの大きさを考えると早急に改めたほうがいい。

依存 (いぞん)

意味	特定の行動や対象、刺激などを常に欲し、そこから離れられない
類義語	執着／粘着／ストーキング
反対語	独立／孤独／自由

ポジティブ度：★☆☆　ネガティブ度：★★☆

依存は嗜癖（アディクション）ともいい、特定の行動や対象、刺激が欲しくてたまらなくなる精神状態をいう。寝食を忘れてオンラインゲームにハマったり、ギャンブルから抜け出せずに大金を失ったり、ショッピングで買い物しすぎてしまったり、ある人に執着したり、**四六時中そのことが頭から離れず、容易に抜け出せなくなっていたら、依存の疑いがある**。

依存の対象によって、物質嗜癖（薬物やアルコール、ニコチン、食べ物など）、プロセス嗜癖（ギャンブルやゲーム、インターネット、恋愛などの行為）、人間関係嗜癖（特定の相手）の3つに分類できる。身のまわりにある、ありとあらゆるものが依存の対象であるといってよい。

> 四六時中、特定のことが頭から離れず、容易に抜け出せなくなっていたら、依存の疑いあり。依存の対象から距離をとる必要がある。

依存的(いぞんてき)

意味	特定の人物に依存すること
類義語	共依存／母親コンプレックス
反対語	自立／親離れ

ポジティブ度：★☆☆　ネガティブ度：★★☆

特定の相手に依存する人間関係嗜癖の一種で、母親コンプレックス（→P105）や占い師依存などを指す。

食事の支度から洗濯、身のまわりの世話から進学、就職、結婚といった人生の重要な決定までを母親に任せっぱなしにしている人は、いつまでたっても母性（子どもを生み、育てる性質）を求め、母親から離れられない心理状態になっており、これを**母親コンプレックス**という。母親コンプレックスは子どもが母親に依存しているだけでなく、母親も子どもに依存し、**共依存の関係**をつくりあげている。

依存から抜け出すため、子どもが自立し、親の保護を離れる「親離れ」と親が保護者としての役割をやめ、自立した個人として子どもを尊重する「子離れ」を同時に進める。

> 特定の人物に依存すると、独立した個人として振る舞えなくなり、重要な意思決定も依存した相手に任せることが多くなる。

愛しい(いとしい)

意味	好き／かわいいと思うこと
類義語	愛／情愛／溺愛
反対語	憎い／憎たらしい／軽蔑する

ポジティブ度：★★★　ネガティブ度：☆☆☆

愛と同様、対象への執着を意味する言葉だが、「愛しいわが子」「愛しいペット」など**恋愛感情を抱いていない相手・物事にも使う**。執着が強くなると、愛と同じように対象以外に目がいかなくなり、溺愛したり、偏愛したりするなどして対象への依存が強くなる。

どちらかといえば、**自分より弱い存在、ポジションが低い人物に対する感情**で、対象が人間の場合、「自分は相手よりも優れた人間なのだ」という自尊感情（自尊心）が見え隠れしていることも。「相手を守ってあげなければいけない」と考え、必要以上に世話を焼いたり、「自分の言うことに従うべきだ」と考え、相手をコントロールしようとしたりする。

> 対象への共感と執着を意味する言葉。執着が強くなると、必要以上に世話を焼いたり、自分の支配下に置こうとしたりする。

威張り散らす
（いばりちらす）

意　味	むやみやたらに威張ること
類義語	天狗／高慢ちき
反対語	へりくだる／おもねる

ポジティブ度：☆☆☆　ネガティブ度：★★★

　自分の周囲に対して、むやみやたらに威張ること。政治家や、ある程度の権力をもっている者によく見られる。周囲は辟易していることが多く、いつのまにか「はだかの王さま」になっている。**威張り散らす人はコミュニケーション能力が不足し、周囲と円滑なコミュニケーションをとれないことが多い。**

　自分の喜びや怒り、悲しみ、楽しさなどをコントロールして感情に流されないようにする感情調整、自分が言いたいことや思っていること、感じていることなどを相手に理解してもらう自己表現、相手が何を言いたいのか、どんなことを考えているのかを言葉や表情、しぐさなどから読み取る他者理解といった**ソーシャルスキルを身につける必要**がある。

> 周囲に対して、むやみやたらに威張っていると、敬遠されたり反発されたりするので、円滑にコミュニケーションするスキルを身につけるべきである。

威張る
（いばる）

意　味	虚勢を張って、偉そうに振る舞うこと
類義語	傲慢／居丈高（いたけだか）／高飛車／横柄
反対語	卑下する／謙虚

ポジティブ度：☆☆☆　ネガティブ度：★★★

　威張るは、人間関係のポジションに関係する言葉。本来の自分のポジションよりも上位に見せたいという欲求があり、横柄な態度をとることが習い性になっている。**周囲にいる人を怒鳴ったり、叱ったりすることが多い。**

　人より勝りたい、偉く思われたいという「勝他の気持ち」が根底にある。外罰型－内罰型の枠組みでいうと外罰型が多く、失敗やミスをしても、その原因を他人や環境に求めるため、決して「自分の責任だ」とは言わない。むしろ、失敗やミスがあると積極的に他人を責めることから、敵をつくりやすく、反発されがちである。**威張るのは百害あって一利もない。**

　威張る相手には、距離をとって対応する。

> 自分を上位に見せたいという欲求の表れだが、威張ったところで周囲や相手が尊敬してくれるわけではない。むしろマイナスが大きい。

癒し（いやし）

意味	肉体的・精神的なつらさや苦しさ、悩みを取り除いたり、やわらげたりする
類義語	治癒／励まし／心がなごむ／ヒーリング／リラックスする・させる／なぐさめる
反対語	傷つける／負荷を与える／傷口をえぐる／苦しめる／苦痛を与える

ポジティブ度：★★★　ネガティブ度：☆☆☆

癒しとは、苦しみやつらさを取り除き、楽しみや喜びを与えること。癒しという言葉そのものは意外に新しいが、**癒しを与える行為は大昔からあった**。仏典にはインドの王妃、勝鬘（しょうまん）夫人が「私は孤独な人や自由を奪われている人、病気に悩んでいる人、災難に苦しんでいる人、貧しい人を見たなら、決して見捨てません。必ず、その人々を安穏にし、豊かにしていきます」と誓ったとある。夫人は誓いを果たすために苦しんでいる人たちを思いやりのある言葉で励まし、他人のために尽くすことを率先して実行した。癒しは、その対象が自分であっても他人であっても、**思いやりのある肯定的な言葉をかけることから始まる。**

身近な例では、ペットなどの存在が癒しの対象としてあてはまる。

> 自分も含めて肉体的・精神的に苦しんでいる人には励ましが大事。思いやりのある肯定的な言葉をかけることから始まる。

いやらしい

意味	感じが悪く、周囲を不快にさせること／セクハラまがいのことをしたりすること
類義語	いやみ／ずるい／下品／淫猥（いんわい）
反対語	誠実／好感がもてる

ポジティブ度：☆☆☆　ネガティブ度：★★☆

態度や行動が陰湿で、堂々としていないこと。同時に、**性的な興味・関心を隠さず、下ネタをいったり、セクハラまがいのことをしたりすることも指す**。こういうタイプは、いやらしさを自覚していることが多く、評判の悪さとひきかえに、実利やメリットが得られれば、それでよいと思っている。自分にとっては不利益になることが多い相手となるだろう。

それが性格・習い性となっているので、いやらしさによって不利益を被ることになっても容易に方針転換できず、**自分の所属しているグループやコミュニティから、はじき出される危険性**がつきまとう。まれに「一筋縄ではいかない、用意周到な計画・行動」を形容する、ほめ言葉として使われることもある。

> 下品で狡猾な人間と思われがちだが、目的達成のためには手段を選ばない功利的な人物であるとも考えられる。

意欲
（いよく）

意　味	進んで成し遂げようとする意志／積極的に取り組もうとする心の働き
類義語	衝動／意志／希望／意気込み／熱意
反対語	気力がわかない／無気力／怠惰／逃避／忌避

ポジティブ度：★★★　ネガティブ度：☆☆☆

意欲とは、何かを成し遂げようとするときに不可欠な心の働き。意志と欲望を組み合わせた言葉で、**目的・理想・ビジョンと、十分な報酬が意欲を駆り立てる条件**である。意欲がなかなかわかない人は心理学的には達成動機が弱い人といえる。達成動機とは、課題や目標をできるだけ早く達成しようとする気持ちのことで、達成動機が弱い人は課題が与えられても、すぐに手をつけようとしない。

怠惰が習い性になっている人は達成動機を強くする必要がある。ひとつは**「何のために（目的）」を明確にすること**、もうひとつは**小さな目標を達成するたびに自分や周囲の人が、何らかのごほうびを与える**ことである。

> 意欲がなかなかわかない人は目的を明らかにし、小さな目標を達成するたびに、何らかのごほうびを自分に与えればいい。

イライラしやすい

意　味	思い通りにならない、不快なことが起こるなど、いらだたしく思っている状態
類義語	八つ当たり／しゃくにさわる
反対語	落ち着いている／平静／平常心

ポジティブ度：☆☆☆　ネガティブ度：★★★

イラとは、植物のとげのこと。とげが刺さり、チクチクとした痛みがある不快な状態を示す言葉が転じて、物事がうまくいかず、じりじりしている状態を意味するようになった。イライラしやすい人は周囲に当たってしまったり、怒りをぶつけたりすることになりがちなので、不快や怒りをコントロールする方法を学ぶ必要がある。

組織コミュニケーション論の研究で有名なストルツが考案した「ストップ法」は、**怒りや攻撃的な感情が湧き上がってきたら、自分で「ストップ」と叫ぶ方法（→P33）**。意外に効果があり、「ストップ」と叫ぶだけでイヤな思考が中断し、心が落ち着く。自分で声を出せない場合、家族など身近な人にタイミングを見て「ストップ」と声をかけてもらうのも有効である。

> イライラしていると周囲の反発を買いやすいので、怒りをコントロールする方法を学ぶべき。そのひとつ「ストップ法」は簡単だが、意外に効果がある。

陰険

意　　味	表面的には普通の人だが心の中に悪意を隠し、それが現れることもある
類 義 語	性悪／卑劣／こすい／ズルい／狡猾
反 対 語	温和／篤実／忠実／公明正大

ポジティブ度：☆☆☆　　ネガティブ度：★★★

陰険の意味は幅広い。陰口や悪口を言ったり、人の足を引っ張ったり、周囲を陥れようとしたり、悪意に満ちた言動が特徴。主に嫉妬（→P116）から生じるもので、**他人の評価を落とすことに喜びを感じている。**

意地悪（→P52）とは違い、陰に隠れて実行することが多く、なかなか正体が明らかにならない。ただ、時間が経つと、陰険な性格であることがバレるので、敬遠されたり、反発されたりすることが多い。他人を貶める行為は長い目で見ると自分に不利益をもたらす。ところが、陰険な人は自分の感情を優先して合理的な判断ができないので、**周囲を引きずり落とすことに力を注ぐ。**

「陰険な目つき」「陰険な口もと」など体のパーツに言及するときにも使われる。

> 心の中に悪意を隠し、何気なく人と接しているが、長い目で見ると隠しきれず、周囲から敬遠されたり、反発されたりすることが多い。

ウイットに富む

意　　味	場に応じて、飛び出す鋭い知恵・アイデアのこと／意表をつく見方・考え方
類 義 語	機知に富む／頓知／ひらめき／機転／才気
反 対 語	平凡／あたりさわりのない／つまらない／皮肉／嫌味

ポジティブ度：★★☆　　ネガティブ度：☆☆☆

パーティーなどの席にウイットに富んだ人がひとりでもいると、場が盛り上がる。会話のトーンが落ちたときや場が沈んだときに気の利いた言葉で雰囲気を一変させる。ウイットとは英語で知性や機知を意味する言葉。**ユーモアをともない、ひとこと発するだけで場をわかせる。**自尊感情は強く、自分に自信をもっているが、それ以上に協調性が高く、「自分が、自分が」という自分中心の発言はしない。ただし、お人好しではなく、皮肉や嫌味をいわれたら、ユーモアのある、辛辣なひとことで切り返すことができる。

アイデアマンで仕事やチームプレーでも力を発揮し、**課題を解決するアイデアを出したり、方向性やキーワードを示したりするなど頼りになる存在。**

> ウイットに富んだ人がいると、職場や飲み会などでも気の利いた言葉を発し、その場が大いに盛り上がる。独自のアイデアで仕事でも活躍する。

ウソつき

意味	頻繁にウソをつく人／重大なウソをついても平気な人
類義語	詐欺／虚栄心／見栄っぱり／飾り気
反対語	正直／誠実／篤実／正々堂々

ポジティブ度：★☆☆　　ネガティブ度：★★☆

　ウソつきとは四六時中ウソをついたり、自分の経歴を偽るなど重大なウソをついたりする人のこと。ウソをつくことで**尊敬や愛情、同情、共感、庇護、援助行動、金銭などの利益（利得）やメリット**を得ようとしている。ウソが常習化し、虚言癖、虚偽性障害など、ウソをつかずにはいられない症状に陥る人もいる。

　虚栄心（→P85）や見栄を満足させるために簡単にウソをつく人も少なくない。自分を実際以上に優れた人物や影響力のある人物に見せたいという欲求は誰しももっているが、ウソつきは欲求を満たすために周囲をだましたり、偽りの情報を与えたり、法やモラルに反した行為をしたりする。

　ほほえましいウソもあるが、重大なウソもある。ウソつきを信用したことで大金をだましとられたケース、結婚詐欺や信用詐欺なども多い。自分を守るためには、こうした人たちにだまされないよう、相手のウソを見破る必要がある。

　ウソをついている人は、外見やしぐさに変化が見られる。手で鼻や口など顔に触れる、髪の毛を触る、手や指を頻繁に動かす、しきりに脚を組み替えたり貧乏揺すりをしたりすることが挙げられる。このようなしぐさなどから、話の真意を読み取る。

　一方で、ついウソをついてしまうという人は、**ウソをつこうとした相手の顔を思い浮かべてみる**。相手を意識することで、案外ウソはつけなくなるものだ。

ウソつきのシグナル

手の動きを隠したがる	顔や頭部に不自然に触る	表現力が乏しくなる	相手の目をじっと見る
動揺は手に表れやすい。手をポケットに入れるなど、隠したがる。	ウソをついている口元をカバーするため、口や顔の一部を手でおおったり、頭や髪の毛をいじる。	ヘタなことをいってウソがばれないように、表情や言葉などの表現力が乏しくなる。	異性間の場合は相手の目を見つめる。

態度がそわそわしている	せっかちに話を進める	返事が短くなる
その場から早く立ち去りたいという気持ちから、腰を浮かせたり足をしょっちゅう組み替えたりする。	早くこの話を終わらせたいがために、話の展開がせっかちになる。	質問しても返答しなかったり、答えが短くなったりする。

> 世の中には虚栄心や見栄のために簡単にウソをつく人が少なくない。だまされると金銭などを失う可能性もあり、ウソを見破るスキルを磨く必要がある。

ウソつき〔ネット世界〕

意　味	ネット上で自分を大きく見せ、常習的にウソをつく人
類義語	虚偽／虚像／虚妄／妄想
反対語	誠実／謙虚／真面目／几帳面

ポジティブ度：★☆☆　　ネガティブ度：★★☆

インターネットやSNSの世界では、時にウソの情報が飛び交っている。異性のふりをしたり、年齢や職業を偽ったり、さまざまなウソや演出があふれているといってもよい。なかには社会的に重要な地位にあるように見せかけたり、芸能人や政治家など著名な人物とのつながりを自慢したりする人もいる。

そうした人たちは真偽を織り交ぜて書いているので、見抜きにくい。ネットの世界では情報が限られているため、**実社会より巧妙に自分を大きく見せることができる**。

ネットの世界では現実の世界以上に、自分は何でもできるという自己万能感（→P112）がつくられやすい。常習的にウソをついているうちに自己万能感が肥大し、自身のウソを信じてしまい、自分を過大に評価するようになる。「自分以外はバカだ」と周囲を見下すようになり、よい人間関係をつくるのが難しくなる。

ネットのウソにだまされない、翻弄されないためには、その内容について**身近な人と情報交換や情報共有**をしてみる。そして、その話題について改めて話してみると、本当かウソかがわかるようになるだろう。**自分の書き込みにウソや誇張が増えたら、自己万能感が高まりすぎている印である**。少しネットから距離を置き、現実の人間関係の中で他人に共感する能力を高めていこう。

> ネット社会では実社会以上にウソや誇張した情報が飛び交っている。自分の書き込みにウソが多くなってきたら、実社会で他者への共感能力を養うように心がけよう。

ミニコラム　「ネットの私」は匿名性の原則？

ネット上で過激な発言をしたり、ウソをついたりしてしまうのには「匿名性の原則」という考え方があてはまる。これは、周囲に本来の自分とわからない状態で、いつもと違う行動をとること。匿名状態だと、「いつもの自分と別の顔の自分」が表れやすくなる。

アメリカの心理学者であるジンバルドーは、匿名性に関する実験を行った。ある実験のため、女性に電気ショックを与える役が必要という設定をグループに伝えた。顔を隠して行うグループと顔を隠さず行うグループがあり、グループごとにボックスに入り、電気ショックを与えるボタンを押してもらった。実験を行う女性には痛がる演技をするよう依頼した。ボックスからはその様子が見え、「気の毒だ」と思えばボタンから手を離すこともできる。実験の結果、顔を隠したグループのほうが長くボタンを押していた。このように、自分が誰だかわからない状態であれば、本来の自分より攻撃的になるという一面があるのだ。

疑（うたぐ）り深（ぶか）い

意　味	周囲を信用できず、まかせることができない
類義語	猜疑心（さいぎしん）が強い／邪推／用心深い／疑心暗鬼
反対語	信頼／盲信／確信／素直／純心／お人好し

ポジティブ度：★☆☆　　ネガティブ度：★★☆

　実社会やネット社会には悪意をもった人物やすぐにウソをつく人物、詐欺を働こうという人物が、あふれている。大金をだましとられたり、結婚詐欺にあったり、人生を左右するような大事件の被害者になったりする可能性もある。そういう意味では疑り深い性格は**危機管理能力が高い**といえる。

　心理学ではウソをついている人、これからウソをつこうとしている人の言葉やしぐさを明らかにした。たとえば、ウソをつこうとする人物は自分の髪の毛や顔、くちびるを手で触ることが多い。これを自己親密性といい、ウソをつく人は不安になるため、**自分の体の一部に触れることで安心感を得ようとする（→P58）**。気が小さく、緊張しやすいタイプに多く見られる。

> 疑り深い性格は、詐欺やウソが横行する実社会、ネット社会を上手に生き抜くために大きなプラスになる。簡単に人を信用してはいけない。

うっとうしい

意　味	気分が重く、晴れない／邪魔になって、煩わしい
類義語	憂うつ／湿っぽい／ウザい／邪魔くさい／ムシが好かない
反対語	晴れ晴れした／快活

ポジティブ度：☆☆☆　　ネガティブ度：★★★

　あまり交流したくない人が絡んできたり、ムシの好かない相手と一緒に行動しなければいけなくなったりしたとき、また「髪の毛が伸びてうっとうしい」などの邪魔な事柄にも使われる。家族など、身近な存在であるほど、うっとうしく感じることもあるだろう。

　友人関係なら距離を置くことも考える。しかし、うっとうしい相手でも、仕事で同じチームになったときなどは、いつまでも敬遠しているわけにもいかない。うっとうしいと思っている相手を、いきなり好きになることは難しいので、**相手の意見や主張を合理的に判断し、共感できることがあれば同意するところから始めてみる**。また、仕事の分担を決めて個別に仕事をするようにし、接触頻度を減らす工夫も考えられる。

> うっとうしい相手と付き合わなければいけないときは、主張や意見に耳を傾け、納得・共感できる点に賛同することで距離を縮める。

器が大きい

意味	多少のことでは動揺しないこと／小さなことを、いちいち気にしないこと
類義語	心に余裕がある／視野が広い／度量が大きい／胆力がある／大物
反対語	器量が小さい／せせこましい／うじうじしている／未練がましい

ポジティブ度：★★★　ネガティブ度：★☆☆

自分に自信をもっており、失敗やミスは取り返せると思っているので、どんなにたいへんな状況であっても嘆いたり、他人を責めたり、過去を引きずったりすることはない。器の大きい人は堂々としていても、どこかに謙虚さを併せもっていて、**他人に力を貸してもらったり、他人の行為を称賛したりもする**。小さなことは気にせず、さらに自分にできることは、率先して協力しようとする。近くにいると楽しいので、自然に周囲に人が集まる。ただし、**「お人好し」と紙一重**であり、軽く見られないよう、注意が必要。

対して、傲慢（→P99）な人は一見似ているように見える部分もあるが、あくまでその考えや行動は自分が中心になっている。さらに、人を頼ったり、素直に感謝したりすることが苦手である。

> 器が大きな人は心が広く、堂々としている。さらに謙虚さをもっているので他人への感謝を忘れない。

うらみ

意味	相手から受けた仕打ちに対して抱く深い憎しみ・憤り
類義語	怨恨／遺恨／呪い／憎悪／憤怒／復讐心／ルサンチマン
反対語	感謝／恩返し／恩に報いる

ポジティブ度：☆☆☆　ネガティブ度：★★☆

うらみは身近な人に対して生じやすい。その理由は心理学の**カタストロフィー理論**で説明できる。

永遠の愛を誓った恋人であっても、ケンカ別れしてしまうと、相手の人生をめちゃめちゃにしてやりたいほどの憎しみと憤りを抱く。**愛が憎しみという正反対の感情に変わる心理的なメカニズムをカタストロフィーと呼ぶ。**

心理学者アドラーは心を許した人や親しい人に対する強い怒りは「裏切られた」という感情から生まれると述べた。相手に対する深い愛情があればあるほど、「自分をわかってもらえなかった」という失望感や挫折感が強くなり、それが憎しみと憤りの感情を増幅する。

> うらみは「裏切られた」という感情から生じやすい。相手に愛情を注げば注ぐほど、裏切られたときの反動も大きく、憎しみの感情は大きくなってしまう。

おおざっぱ

意味	おおまかで細部の詰めが甘いこと
類義語	ぞんざい／アバウト／粗放／粗雑／あらっぽい
反対語	繊細／緻密／スキがない／計画的

ポジティブ度：★☆☆　ネガティブ度：★★☆

おおざっぱな性格の人が計画を立てると、大局的な視点はもっているが、細部まで詰めきれないので、そのまま実行に移すと失敗する可能性が高い。チームで動くときは細部の詰めは他の人に任せればいいが、ひとりのときは計画を具体化して手順に落とすプロセスを省かないことだ。**計画→実行**ではなく、**計画→手順化→実行**という流れにする。

手順化とは、しなければいけない作業や仕事の順番を決めること。買い物の場合、①買い物リストを作り、②その品物をどこで買うか決め、③店を回る最短のルートを探り、④交通機関を調べ、⑤必要な財布や携帯品をもち、⑥買い物を実行するといった作業からなっている。こうした手順を明確にすることでヌケやモレを防ぐことができる。

> おおざっぱな人は大局的な視点に優れているので、大局を細部に落とす手順化・プロセス化のスキルを獲得すれば鬼に金棒となる。

臆病（おくびょう）

意味	勇気が欠けており、前に踏み出せないこと
類義語	弱気／気弱／小心／意気地なし／ふがいない／腰抜け
反対語	勇気／勇敢／大胆／豪放／強気

ポジティブ度：★☆☆　ネガティブ度：★★☆

臆病な人はリスクや危険に対する感覚は鋭い。「石橋を叩いて渡る」タイプが多いので、**チームで何かを計画・実行するときは臆病な人がいると安全性が高まる**。ただし、いざ実行するとなると前に出るのを恐れてしまい、足を引っ張る可能性がある。人と対立してまで自分の意見を押し通すことはないので、扱いやすいメンバーともいえる。

臆病な人は、いざというときに前に踏み出せず、チャンスを逃す可能性が高い。一歩踏み出すことが苦手であれば、日頃から親しい友人や知人と情報交換し、**チャンスがやってきたときの後押しを頼んでおく**と前進しやすくなるので、機会を逃さずに済むだろう。

> 臆病な人は前に出る勇気が欠けているが、チャンスを逃さないために、日頃から親しい友人や知人にいざというときの後押しを頼んでおくとよい。

怒(おこ)りっぽい

意　味	しょっちゅう腹を立てていること
類義語	短気／かんしゃくもち／気が短い／こらえ性がない／キレやすい
反対語	おだやか／温厚／ものごしがやわらか／人あたりがいい

ポジティブ度：☆☆☆　ネガティブ度：★★★

　しょっちゅう怒っていると、怒り(→P50)の感情が行動パターン化し、怒りっぽい性格の人と見られるようになる。怒りに流されると自分の言動を冷静に見ることができなくなり、周囲に不快感や精神的な痛みを与え、**怒りっぽい人がひとりいるだけでチームワークや団結力が損なわれる**。しまいには自分の周囲から近しい人も去ってしまい、孤独を囲うようになる。男性優先社会では怒りっぽい家長や上司にも居場所はあったが、現在は家庭でも企業でも怒りっぽい人は敬遠される存在になった。怒りっぽい性格は自分にとっても、周囲にとっても、いいところはひとつもない。

　なお、「怒(おこ)る」と「怒(いか)る」は、ほぼ同じことを表しているが、一般的に「おこる」が身近な人や状況に限定されている一方、「いかる」は「テロリストに対して激しい怒りを抱く」などのように、公的・抽象的な人や状況に対しても使われるという違いがある。

●怒りをコントロールする

　怒りっぽい性格は直したほうがいい。そのためには**怒りをぶつける前に、ひと呼吸おいて、怒りをぶつけたほうが得かどうか考える**ことだ。怒りが自分にとっても相手にとってもマイナスになると判断すれば、56ページで紹介した自己説得法やストップ法などを使って怒りをコントロールするようにしたい。ただし、相手の弱さや臆病をなくすためにはタイミングを逃さず、きちんと叱らなければならない。

　また、怒りっぽい相手に対しては、「火に油を注ぐ」ことをしてみる。つまり、**一緒に怒る(同調・同意する)**のである。そうすることで相手も落ち着いたり、白けた気持ちになったりするので、怒りの炎が早めにおさまる。

怒りっぽい性格は自分にとっても周囲にとっても不愉快な結果を招きやすいので注意。怒りをコントロールする方法を学び、損になる場合は怒りの表出を抑えよう。

押しが強い

意味	自分の意志や主張を貫くために、強引に物事を進めようとすること
類義語	あつかましい／ゴリ押し／大胆／しつこい／グイグイ
反対語	気弱／つつましい／慎重

ポジティブ度：★★☆　ネガティブ度：★☆☆

「あの人は押しが強くて苦手」などと言われるが、人生を力強く生きていくためには多少の押しの強さをもっていたほうがいい。押しの強さとは**自分の主張・欲求を相手に認めさせる能力のひとつ**。自分の意見や主張、ちょっとしたクレームなどを相手が受け入れてくれなければ、たいていの場合、大きなストレスになる。ストレスとは心身に負荷がかかった状態のことで、その状態が続くと体調を崩したり、精神的にまいったりしかねない。

ストレスを溜めない秘訣は自分の思った通りに生きること。自分の考えや意見に賛成していない相手を説得する際、押しの強さは大きな力を発揮する。特に仕事や恋愛の場では押しが弱いと大きな成果を得にくい。

> 仕事、恋愛など、あらゆる場面で「説得」の必要がある以上、周囲のひんしゅくを買ったとしても押しが強いことは大きな武器になる。

おしゃべり

意味	うわさや情報を集め、さかんに吹聴すること
類義語	多弁／ゴシップ好き／うわさ好き／情報通／事情通
反対語	口が堅い／無口／口が重い／寡黙／むっつり

ポジティブ度：★★☆　ネガティブ度：★★☆

おしゃべりな人は著名人や身近な人のゴシップやうわさ話を大量に仕入れ、大勢の人に吹聴してまわる。話題提供者としては重宝されるが、その場の雰囲気や話の内容を考慮しないので、周囲からは「空気が読めない人」と思われがちになる。基本的に自尊感情（→P114）が強く、（ゴシップ好きではあるが）他の人には興味がなく、**常に自分に注目を集めたいと考えている**。

多弁ではあるが、中身がないので、真剣な場に参加すると周囲から浮くこともある。しかも、自分を客観視できないので、自分が会話のおもしろさや議論の展開、その場の雰囲気などを壊していることに気がつかない。重要な話なら、おしゃべりな人に話すのは控えたほうがよいだろう。

> おしゃべりな人は自尊感情が強く、ゴシップ好きの割に他人に対して興味がない。そもそも重要な話はこのような人にしないほうがよい。

064

おっとりした

意　味	おだやかで、落ち着いていること
類義語	たおやか／優雅／物腰のやわらかな／のん気な
反対語	気短な／せかせかしている／せっかち／性急／あせる

ポジティブ度：★★☆　　ネガティブ度：★☆☆

おとなしいがよいイメージだけでないのに対し、「おっとりした」は上品さを感じさせるせいか、比較的よいイメージで捉えられている。ただ、万事にスピードが優先される時代ゆえ、おっとりした人は「のろい」「足を引っ張る」「決断が遅い」「のん気すぎる」などと非難され、お荷物と見なされる危険性もある。集団やグループの中での居場所の確保が大きな課題だ。

いったん「おっとりした人」というポジションが認められると、自分のペースを崩す必要はなくなる。むしろ、属している集団やグループがテンパってしまい、うわすべりになりそうなとき、**こうしたタイプがひとりでもいると全体が冷静さを取り戻し、再スタートすることができる。**

> おっとりした人は自分のペースを崩して周囲に合わせるよりも、周囲に自分の性格をわかってもらい、独自のポジションを確立すべきだ。

おとなしい

意　味	おだやかで、つつしみ深いこと
類義語	控えめ／温厚／消極的／従順／慎重
反対語	おしゃべり／やかましい／荒々しい／積極的／目立ちたがり

ポジティブ度：★★☆　　ネガティブ度：★☆☆

やさしい口調で話し、ガマン強いタイプである。性格にも好まれる性格と好まれない性格があり、性別や時代、局面によって変わる。「おとなしい」は、その典型。以前は性役割の価値観があり、男性には威勢のよさが求められ、女性は従順でつつしみ深い性格が好まれた。ただ、反意語の「おしゃべり」「やかましい」「荒々しい」「目立ちたがり」などは、あまり好まれない性格といえ、おとなしい性格が求められていた時代のなごりかもしれない。

今でも集団や組織、グループへの同調行動が求められる場面では不平・不満をいわず、いわれたことを黙々と実行する、おとなしい性格が好まれる。おとなしくても、**まわりに流されすぎない**ように気をつけたい。

> おとなしい性格の人は大勢に流されやすいが、自分なりの価値観を確立し、意に沿わないことに対してはノーといえる勇気をもちたい。

お人好し(ひとよ)

意味	気立てがよく、やさしいこと
類義語	善人／素朴／単純／純粋
反対語	疑い深い／猜疑心(さいぎしん)が強い／意地悪／ひとくせある

ポジティブ度:★☆☆　ネガティブ度:★★☆

お人好しは他人を簡単に信じるので、利用されたり、だまされたりすることが多い。深く考えてはいないが、人の本性は善であるという性善説に立っているので、善人に対しても悪人に対しても一様に信頼を寄せる。利用されていることに気がつかないケースも少なくなく、詐欺に遭いやすい。ただ、**物事をよいほうへと考える楽観的なタイプであることが多く、悪いことやショックな出来事があっても立ち直りは早い**。うまくいかなかったことを長々と悩むこともない。

長い目で見れば相手が善人であるか、悪人であるかは判別できるので、時間をかけて心を許せる友人をつくり、自分が置かれた状況や人間関係についてアドバイスをもらうようにすれば、だまされる危険性を減らすことができる。

> お人好しと自覚している人は、利用されたり、だまされたりしないために、客観的な視野に立てる親しい友人をつくり、相談することを意識してみよう。

思いやり(おも)

意味	他人を気づかい、勇気づけたり、もてなしたりすること
類義語	心づかい／配慮／同情／愛情／気配り／いたわり
反対語	冷淡／冷たい／素っ気ない／非情

ポジティブ度:★★★　ネガティブ度:☆☆☆

思いやりのある人は観察眼が鋭く、他人に対する共感能力が高いといえる。観察眼が鋭くなければ、相手の何気ない言葉やしぐさから、何を望んでいるか、何に困っているかなどを素早く察知することはできないし、共感能力が高くなければ、そうした相手の欲求に応えた行動や言葉、サービスなどを与えることができない。もともとの素質もあるが、ホテルや旅館などのおもてなしの心やサービス精神、ホスピタリティー(歓待の精神)などを見れば、**訓練や教育によって身につけられることがわかる**。

観察眼と共感能力を高めるためには周囲に対して、ねぎらいや賞賛の言葉を惜しまないこと。特に苦手な知人や同僚のよいところを見つけて、ほめることで、そうした能力が培われる。

> 思いやりのある人になるために、苦手な知人や同僚のよいところを見つけて、ほめることを意識してみよう。観察眼と共感能力が高められる。

温和(おんわ)

意　味	物腰がやわらかで、人柄が温かいこと
類義語	おだやか／やさしい／人あたりのいい
反対語	激情／熱情／冷酷／冷淡

ポジティブ度：★★☆　ネガティブ度：★☆☆

　性格を表現する際、「情熱」「冷酷」「冷たい」「熱くなりやすい」「温かい」といった温度を示す単語がよく使われる。どちらかといえば、「熱」が感情優先で合理的な判断力が欠けているタイプ、「冷」が理性優先で情に欠けているタイプに見られやすいのに対し、「温」は両者の中間で、情に流されず、理にも偏らず、ちょうどいい性格のように見える。温かい性格は、誰にでも受け入れられ、敵をつくらない。

　「おとなしい」「お人好し」と同様、自分にとって苦しい状況になっても、それを受け入れてしまい、「ノー」と声を出せない弱さがある。「長いものには巻かれろ」「智に働けば角が立つ」と他人に嫌われたくない、人間関係を乱したくないという感情・意識が先に立つのである。

　現実社会もネット社会も悪意や嫉妬にあふれており、不正が横行したり、理不尽な攻撃を受けたり、悪口をいわれたり、足を引っ張られたりといったことが避けられない。温和な性格の人は対立やいさかいを恐れ、そうしたことに目をつぶりがちだが、声をあげないと（時には行動を起こさないと）不正が改善されたり、理不尽な攻撃がおさまったり、悪口がやんだりすることはない。温和な性格の人はふだんから怒りの感情を抑えるようにしていることが多いが、**不正や理不尽な攻撃、不当な悪口などに対しては怒りを爆発させ、抗議の姿勢を明確に示すべき**である。

> 現実もネットの世界も悪意や嫉妬にあふれ、温和な性格の人にとって生きづらい世の中になった。明らかな不正や悪意に対しては抗議の声をあげる必要がある。

ミニコラム　本当の自分がわかる20答法

アメリカの心理学者クーニとマックパーランドが考案したテストは、「私は」で始まる文章を20文ほど、制限時間5分で作成する。最初は年齢や性別などの変えようのないプロフィールのものが並ぶだろう。次第に生育歴や何がしたいかなどの自分自身の深い部分が出てくる。最後のほうには、ふだんは意識していないような悩みや欲求などの無意識に近い内容が出てくる。これは投影法（→P22）という性格テストの一種で、回答者の自由な発想が表れやすい。

1. 私は女性である	11. 私は
2. 私は25歳だ	12. 私は
3. 私は東京在住	13. 私は
4. 私は	14. 私は
5. 私は	15. 私は
6. 私は	16. 私は
7. 私は	17. 私は
8. 私は	18. 私は
9. 私は	19. 私は
10. 私は	20. 私は

外向的
がいこうてき

意味	人付き合いがよく、人と交流することを好む
類義語	社交的／世話好き／他人依存的
反対語	内向的／消極的／内省的／遠慮深い

ポジティブ度：★★★　ネガティブ度：★☆☆

　パーティーなどの席上で、初対面の人やよく知らない人とも、あっという間に打ち解け深い会話ができる人もいれば、なかなか場に馴染めず、ポツンと孤立している人もいる。**人付き合いがよい人は積極的に人の輪に飛び込み、男女問わず新しい交友を結んでいる。**

　スイスの分析心理学者ユングは、精神分析学の祖であるフロイトが「性衝動を生み出すエネルギー」として示したリビドーの考え方を応用し、リビドーが自分の外側に向かっている人を外向型、内側に向かっている人を内向型と定めた。それぞれを外向的な性格、内向的な性格と言い換えることができる。

●外向的な性格と内向的な性格

　一般的に、外向型の人が成功しやすく、内向型の人は損をしやすいと考えられているが、一概にそうとはいえない。確かに外向的な人は**何ごとにもアグレッシブ、社交的で交際範囲も広く、世話好きとして知られている。**また、周囲の変化や相手の心情に敏感で、常に周囲との調和を心がけている。決断するときも周囲の意見に耳を傾け、独断でことを運ぶことはない。一見、非のうちどころがないように見えるが、実は他人の言動に左右されやすく、トラブルや問題、悩みに弱い、小さなことでも落ち込みやすいといった欠点ももっている。

　外向的な性格の人が、ややうわついた性格であるのに対し、内向的（→P152）な性格の人は慎重で、じっくり考えるタイプであることが多い。外向的な性格、内向的な性格にも一長一短があり、どちらがよい・悪いとは、一概にいえない。

●外向的な人の注意点

特に、外向的な性格の人が陥りやすい落とし穴が、いくつかある。

第一に、交友関係が広いせいで、一人ひとりを深く理解することができず、**ミスラベリングしてしまう可能性があること**。ラベリングとは対象や人を簡単な言葉で説明することで、要するにレッテルを貼ってしまうことを指す。たとえば、人を評価するとき、「あの人はおっちょこちょい」「彼女は几帳面」「彼は打算的」といった短い言葉で決めつけることをいう。間違ったラベルを貼ることをミスラベリングといい、ミスラベリングによって、いろいろな誤解が生まれ、とんちんかんな行動をしてしまうことも少なくない。

第二に、「浅く広く」が基本となるので、深い交友関係を結ぶのが難しくなる。交友や恋愛には、ある程度の時間が必要で、むやみに交友を広げていくと、すべてが表面的な人間関係で終わってしまう可能性がある。本人が「お調子者」「女たらし」といったレッテルを貼られ、誤解を解くために苦労しなければいけないケースも多い。

それを防ぐためには、他人の話に耳を傾ける聞き上手になる必要がある。外向的な性格の人は雄弁で他人の話を聞くことは少ないが、聞き上手になることで相互理解が生まれる。

> 外向的な性格の人は一方的に自分の話ばかりするのではなく、相手の話に耳を傾ける聞き上手になることで相互理解が進んでいく。

ミニコラム　度胸をつけるにはどうしたらいい？

度胸とは、物事に動じない気力のこと。そもそも、度胸がある・ないは生まれつきのものではない。度胸の出し方を覚えておけばいいのだ。そのときにおすすめなのが「度胸のマニュアル」を作っておくこと。今の自分に関係がなさそうなことでも、とりあえず首を突っ込んで経験を積む。この経験が、さまざまな場面に遭遇したときにも、いつもどおりの精神状態でいられるようになる。

また、何かひとつ得意なものをやってみて、それをやり遂げた自信で弾みをつける方法もある。今まで無理に思えたことも、自信がついたことで踏み出す度胸ができ、うまくいきやすくなる。これを積み重ねていくことで得意分野ができ、さらに自信や度胸もつく。これを「自信移転の原則」と呼ぶ。

快 かい

意味	心地よく感じること
類義語	楽しい／喜び／快楽／歓喜／慎重
反対語	不快／気持ち悪い／気色悪い／受けつけない／苦痛

ポジティブ度：★★★　ネガティブ度：☆☆☆

　快・不快は喜びや楽しみ、悲しみ、苦しみなどの主な感情のもととなる感覚。一般的に人は快をもたらすものを求め、不快をもたらすものを避けようとする。ただ、**一時的には不快に感じても、それを突破することが大きな快をもたらす場合はガマンして不快なことに取り組むことができる。**

　たとえば、大学受験や資格取得のための勉強は一般的には決して楽しいものではないが、最終的に目標を達成したときの喜びは大きい。不快なことであっても、対価として大きな快や利益、称賛、家族や集団の防御、社会に貢献しているという実感などが得られるのであれば耐え忍ぶことができる。その後の心地よさ、喜びなど快に変わることを思えば、行動につながってくるのである。

> 快・不快は主な感情のもととなる感覚。人は快をもたらすものを求めるが、将来得られる利益、称賛などのために現在の不快をガマンすることも。

がさつ

意味	品がなく、おおざっぱな性格
類義語	粗野／下品／あらっぽい／武骨な／ぶっきらぼう
反対語	上品／気品がある／神経が行き届いている／きめ細かい

ポジティブ度：★☆☆　ネガティブ度：★★☆

　言動は粗野で、遠慮なくズバズバと人の欠点をついてくるので、煙たがれることも多い。しかも下品なので、繊細な人からすると、ガマンがならないタイプ。ただ、がさつな人は行動が積極的で、見栄や虚栄心もないことから批判や悪口も平気で、周囲の影響を受けにくいという長所がある。よくいえば猪突猛進で、一見不可能なことでも、やり遂げてしまうパワーを持っている。悪くいえば、万事がおおざっぱで、ヌケやモレが多く、几帳面な人が補佐・チェックする必要がある。

　がさつな人が周囲に対する賞賛やねぎらい、感謝の言葉を口にできるようになれば、もともとパワーはあるので、**人間関係が好転し、仕事もプライベートも今まで以上にスムーズに回るようになる。**

> がさつな人は一見不可能なことも、やり遂げるパワーがある。周囲に対する賞賛やねぎらい、感謝の言葉を口にすれば仕事もプライベートもうまく回る。

喝采願望
かっさいがんぼう

意 味	周囲や社会から褒められたい、称賛をあびたいという強い欲求のこと
類義語	目立ちたがり／優越感／ヒーロー願望
反対語	卑下／謙遜(けんそん)／謙虚

ポジティブ度：★☆☆ ｜ ネガティブ度：★★☆

喝采願望は自己顕示欲(→P111)と密接に関わっている。自己顕示欲とは自分を目立たせたい、人より優れている・抜きんでていると思われたいという強い欲求のこと。カラオケなどで周囲の目を引くような派手なパフォーマンスを行い、拍手喝采されるのを喜ぶことも自己顕示欲の表れといってよい。強弱はあるものの、どんな人でももっており、それ自体は別段、悪いことではない。ただ、あまりにエスカレートすると喝采願望が生まれる。

喝采願望とは文字通り、喝采を得たいという強い欲求のことで、自分の容姿や経歴、家系、キャリア、話などに大きな関心を示してくれたり、仕事や勉強、趣味、スポーツなどで優秀な成績を収めて称賛されたり、社会的な地位が高くなって尊敬の目を向けられたりしたいと欲していることで、それらが達成されると大きな快感が得られる。

●願望のため、ウソをつくようになると危険

喝采願望を満足させるためには**常に周囲や相手の注目を集め、とりこにするような話題やパフォーマンスが求められる**。ただ、普通の人は、そうした話題を続けては提供できない。あまりに喝采願望が強くなり、自分を飾るためにウソをついたり、経歴をいつわったり、知り合いでもない有名人や芸能人との交流を自慢したりするようになると、危険領域に達している。ウソが露呈したときのリスクやウソの功罪を列挙し、ウソをつき続けてもいいものかどうか、冷静に判断すべきだ。

●豚もおだてりゃ木に登る

また、喝采願望が強い人はおだてると利用しやすい人物といえる。逆に、自分の地位や立場を利用されることもあるので、その点は注意したい。

> 自己顕示欲が強くなると、周囲や相手から称賛されたいという喝采願望が生まれる。自分を飾るために頻繁にウソをつくようになると危険領域に達している。

がっかり

意　味	期待した成果や報酬などが得られず、気落ちしたときの様子
類義語	落胆／がっくり／失意／失望／意気消沈／しょんぼり／暗澹とした
反対語	有頂天／天にも昇る／満願成就／得意の絶頂

ポジティブ度：☆☆☆　　ネガティブ度：★★★

がっかりの類義語に「がっくり」「がっくし」「しょんぼり」などがある。いずれも期待や目標がかなえられなかったとき落胆して体が折れ曲がった様子を表した擬態語（しぐさ、物事の様子を言葉で表現したもの）だ。**期待（目標）と結果（現実）との落差が大きいほど、がっかりの度合いも大きい。**

ポイントは**周囲にもわかるように落胆や失望を表現していること。**「話を聞いてほしい」「なぐさめてほしい」というメッセージが込められていることが多く、家族や親しい人は積極的に声をかけたい。失望や苦しみ、悩みなどを言葉にして吐き出すことで浄化作用が働き、心と体がラクになるからだ。浄化作用とはストレスや負の感情を解放し、心と体の緊張を解きほぐすことをいう。

> 期待がかなわず、落胆・失望した人は周囲にもわかるような「がっかり」した様子を示すことが多い。家族や親しい人は積極的に共感の言葉をかける。

活発（かっぱつ）

意　味	気力とエネルギーがみなぎり、意欲的・能動的に活動すること
類義語	ダイナミック／エネルギッシュ／精力的／はつらつ／生き生きした
反対語	停滞／迷走／静的／陰気／やる気がない

ポジティブ度：★★★　　ネガティブ度：★☆☆

「前向き」「エネルギッシュ」「活力がある」といわれる人は、何ごとにも積極的で、仕事でもプライベートでも仲間を引っ張り、多少難しい課題であっても見事にやり遂げる。一見、そつがないように見えるが、米国の精神科医ローゼンとフリードマンはこうしたタイプに共通した行動パターンを分析、タイプAと名づけ、必ずしもよい性格ではないことを指摘した。

タイプAはたいへんな野心家で、目的を達成しようとする意欲が強く、疲労や不安を感じにくい。非常に有能で、いろいろな仕事を任されるので、いつも時間に追われており、慢性的にイラ立ちやストレスを抱えている。それらが心臓をむしばみ、心筋梗塞や心筋症などを発症しやすいことが明らかになった。

> 活発なタイプAの人は、何ごとにも積極的で仕事もできる。ただ、仕事を抱え込みすぎて、慢性的なストレスを抱えているので、身をいたわる工夫を。

悲(かな)しい

意　味	不幸や苦痛、悩みなどをもたらす出来事があり、悲嘆にくれている
類義語	苦しい／つらい／切ない／悲哀／(悲しくて)涙を流す
反対語	うれしい／楽しい／喜び／前途洋々／希望に満ちた

ポジティブ度：☆☆☆　ネガティブ度：★★★

単に苦しく、つらいだけでなく、**大事な人やものをなくしてしまった喪失感、孤独感と密接に関連しているのが悲しいという感情**。家族の死に直面したときや愛する人と別れなければならなくなったとき、大きな目標を達成できなかったときなどに、誰かの支えや励ましがないと悲しみがつのるばかりだ。

しかも、精神的に深い傷を負うと、周囲の呼びかけや励ましにも「ほっといて」と拒否反応を示してしまう。拒絶されると周囲は通常、そのまま引き下がるが、なかには**拒絶されてもなお、いたわりの言葉と励ましを送る人もいる**。拒絶反応の背後にある不安感や喪失感、孤独感に気づき、「そばにいてほしい」という本当の気持ちをくみとるからだ。

> 悲しいという感情は喪失感や孤独感と密接に関連している。本人が拒否しても近くに寄り添い、励ましの言葉を送る人がいれば悲しみは軽減される。

ガマン強(づよ)い

意　味	イヤなことや苦しいことがあっても継続すること
類義語	辛抱強い／忍耐強い／粘り強い／あきらめない／しつこい／執念
反対語	あきらめやすい／断念／諦観／愚痴っぽい／弱々しい

ポジティブ度：★☆☆　ネガティブ度：★★☆

ガマン強い性格は長所に思われるかも知れないが、「がむしゃら」とは反対の意味で、落とし穴に陥りやすい。それはサンクコストの呪縛にとらわれている可能性があるからだ。サンクコスト(すでに支払ったお金)の呪縛とは、**いったん始めたことは費用やデメリットが大きくなっても、なかなかやめられないことを意味する**。かけた時間や労力、お金などが大きく、メンツなどを守るために、やめるにやめられないのだ。

たとえば、話題の作品を映画館で観始めたが、開始5分でつまらないことがわかったのに、入場料金がもったいなくて観続けてしまうのも、この呪縛にとらわれているからといえる。限られた時間・労力を有効に使うためには今やっていることを、さっさとやめたほうがいい場合がある。

> ガマン強さは美徳のように思われているが、サンクコストの呪縛にとらわれてしまい、時間や労力を有効に使っていない可能性もある。

がむしゃら

意味	目的達成に向かって一心不乱に集中している様子
類義語	ひたむき／集中／一生懸命／熱心／必死／わき目もふらない／しゃにむに
反対語	無気力／虚脱感／気がのらない／雑念がわく／現実逃避

ポジティブ度：★★☆　ネガティブ度：★★☆

目標達成に向けて集中力が最も高まっている状態を示す言葉。目標達成のためには理想的な状態だが、いくつかの欠点がある。ひとつ目は、**やや視野が狭くなる**こと。たとえば、受験勉強でも選択と集中が大事で、入学試験に出ない範囲を、いくら懸命にやっても効果は少ない。自分が取り組んでいることが効果的・効率的なやり方なのかどうか、常に検証していく必要がある。

二つ目は、**がむしゃらに頑張る時間は長続きしないということ**。途方もないエネルギーが出ていることは確かなので、このときにこそ苦手な分野の克服など難易度が高いことにチャレンジしたい。三つ目は、がむしゃらな時間が2年も3年も続くようなら、自分がタイプA（→P72）ではないかと疑うべきだ。

> 集中力が高まっている状態だが、いつまでも続くわけではない。このときこそ苦手な分野の克服など難易度の高いことにチャレンジしたい。

勘が鋭い（かんがするどい）

意味	直観的な知覚や認識が適切であること
類義語	勘が働く／勘がいい／勘があたる
反対語	的外れ／とんちんかん／無関係／誤謬（ごびゅう）／ピント外れ／場違い

ポジティブ度：★★★　ネガティブ度：☆☆☆

浮気性の人にとって配偶者や恋人の勘が鋭いと少々困った立場に追い込まれる。勘は五感から得た情報を総合的に判断し、何が起こっているかを的確につかむ能力のこと。いろいろな考え方があるが、勘が鋭い人は言葉だけでなく表情や視線、しぐさなどから隠れたメッセージを読みとく**ノンバーバル（非言語）・コミュニケーションの能力が優れている**とも考えられる。

ペンシルバニア大学のコミュニケーション学者バードウィステルの調査では、言葉によって伝えられるメッセージは全体の35％にすぎず、残りの65％は身振りやしぐさ、声色、表情、目の動きなどで伝えられる。「目は口ほどにものをいう」という言葉もあるように、相手から隠したい事実も目の動きやしぐさから読み取られているのかもしれない。

> 勘が鋭い人は言語以外のメッセージを読み取るノンバーバル・コミュニケーションの能力に優れているとも考えられる。

頑固（がんこ）

意味	強いこだわりがあって融通がきかないこと
類義語	かたくな／頭が固い／意固地／やせガマン／不変／伝統主義
反対語	柔軟／フレキシブル／臨機応変／変幻自在／適応／応用力がある

ポジティブ度：★☆☆　ネガティブ度：★★★

環境が変化している以上、柔軟な対応が欠かせないが、頑固な人はどんなに状況が変わっても、**自分の行動パターンを変えようとしない**。自尊感情が強く、自分の行動パターンを変えたり、周囲の意見に従ったりすることを自分という存在が否定されたと受け取るからだ。

しかも「頑固」といわれることを、褒め言葉だと解釈している可能性がある。他の人に迷惑がかからなければ、融通がきかない性格もさして問題ではないが、職場やプライベートな人間関係でチームプレーが必要とされているときに頑固を貫いてしまうと**目標達成の足を引っ張りかねない**。状況に応じて集団の一員として何をすべきかを考えていかないと、最終的には、その集団から排除されかねない。

> 頑固な人は協調性を重視せず、自分のこだわりに従う。集団の団結を乱したり、目標達成の足を引っ張ったりしている可能性がある。

感謝（かんしゃ）

意味	他の人が自分のためにした行為に対して、ありがたく思うこと
類義語	恩に着る／報恩／お礼／ありがとう／ねぎらう
反対語	怨み／怨念／非礼／憎悪／不遜

ポジティブ度：★★★　ネガティブ度：☆☆☆

仲違いしてしまった親しい人と、関係を修復するためにも感謝の言葉を欠かさないことが大切だ。たとえば、夫婦間でも食事が終わったら、前の日にケンカしていたとしても、「今日のご飯は特別おいしかったよ」などと言えば、料理をつくった人はうれしいもの。本来は、**親しければ親しいほど感謝の言葉を惜しむべきではない**。たとえ、お世辞だとわかったとしても、感謝の言葉を述べられたほうは、いい気持ちになるからだ。

感謝や称賛の言葉は**人間関係を好転させる魔法の言葉**といってもよい。しかも好意には好意が返ってくるという「返報性の原理」（→P95）があるので、やがて相手も、ふたたび心を許すようになる。

> 人間関係を好転させたいときは、相手に対して感謝の言葉を欠かさないように心がけよう。

感動(かんどう)

意味	ある物事や行為に大きく心が揺さぶられること
類義語	感激／感心／感銘／体がふるえる／魂が揺さぶられる
反対語	平静／落胆／失望／つまらない／凡庸

ポジティブ度：★★★　ネガティブ度：☆☆☆

ある物事に**激しく心が揺さぶられる**ことをいう。難しいプロジェクトを成功させて感激したり、映画の名作やスポーツの好試合を見て興奮したり、苦難を乗り越えた話に涙したり、感動のきっかけは**自分に由来する場合と自分以外に由来する場合**がある。自分に由来する場合は達成感、自己実現、創造性、自分以外に由来する場合は感情移入、愛情、共感と密接な関連がある。

いずれにせよ、不快な情動が劇的に快の情動に変わったとき、感動をおぼえることが多い。受験勉強がいい例だ。受験勉強の最中は重圧がかかり、重苦しい気持ちになるが、志望校に合格した瞬間、苦しみがパッと消えて歓喜が訪れる。感動にはストレスなどで**傷ついた心を癒す効果**もある。

> 苦しい気持ちが続いており、それを乗り越えたときに心が揺さぶられる。ストレスが溜まっているときには読書や映画鑑賞などで感動するのもいい。

寛容(かんよう)

意味	器量が大きく、小さなことにはこだわらない
類義語	寛大／おおらか／包容力／器がでかい／太っ腹
反対語	いじめ／視野が狭い／排他意識が強い／差別

ポジティブ度：★★★　ネガティブ度：☆☆☆

あなたが職場や友人関係の中でリーダーか、影響力の大きい位置にいるなら、寛容な姿勢をもつべきである。寛容とは、端的にいえば**異論や反対意見を認める勇気**。一般的に人は相手の好意を得ようとして、いろいろな働きかけを行う。そのうち、力をもった相手にすり寄る試みを心理学では「取り入り」と呼ぶ。力のある人の意見に賛成したり、「自分は、あなたの役に立てる」というメッセージを送ったり、相手にとって脅威ではなく、味方であることをアピールする。

その人の好意を得ようとして自分の意見を捨てることも珍しくない。ゆえに、**力のある人が寛容な姿勢を貫かないと**、異論や反対意見が出ない**不健全な集団や人間関係**になってしまう。

> リーダーや力のある人が寛容な姿勢を貫き、それをアピールすることで、誰もが意見しやすい環境をつくることができる。

偽悪的(ぎあくてき)

意味	何らかの意図をもって、あえて悪人のふりをすること
類義語	悪ぶる／悪人のふりをする
反対語	偽善的

ポジティブ度：☆☆☆　ネガティブ度：★★★

あえてワルぶっている人は、大きく3つのケースに分けられる。ひとつ目は人間関係が苦手で、周囲と深い関わりをもちたくないから、偽悪的に振る舞って人を寄せつけないケース。二つ目は逆に自己顕示欲が強く、周囲の関心・興味を引きつけたいがために、あえてワルぶっているケース。こうした異性に引きつけられる人も一定数いるのも事実だ。

三つ目は自分の本当の性格を知られたくないので、ペルソナとして偽悪的な自分を演じているケース。ペルソナとはギリシャ古典劇の仮面の意で、心理学者のユングは、この言葉を借りて表に出ている外観・性格をペルソナと名づけた。**本当は控えめな性格なのに偽悪的な自分を演じているうちに大胆な性格に変わることも少なくない。**

> 偽悪的な自分を演じることで、ふだんとは異なる人間関係が生まれ、本来の性格から離れた新しい自分が表れることもある。

気さく(き)

意味	さっぱりして、うちとけやすいこと
類義語	くだけた／庶民的／あけっぴろげな／飾り気がない／気どらない
反対語	腹黒い／腹に一物ある／うさんくさい／気どった／陰気

ポジティブ度：★★★　ネガティブ度：☆☆☆

地位や気ぐらいが高い人のふところにも**簡単に飛び込み、相手を魅了する**のが気さくな人の特徴。特徴として、コミュニケーション能力が高く、相手との距離（間合い）の詰め方に長けている。コミュニケーションと距離は密接に関係している。アメリカの文化人類学者エドワード・ホールによると、恋人や夫婦など関係が深い人同士は45cm以内に近づくが、単なる知り合いの場合は120〜350cmの距離を置く（→P86）。逆にいえば、**相手と一歩間合いを詰めるだけで、肯定的な印象をもってもらえる可能性がある**。実際、見知らぬ人同士で60cmか240cmの距離で話し合ってもらったところ、相手が近くにいるときのほうが好印象をもつことがわかった。コミュニケーションが得意でない人は、もう一歩だけ相手に接近してみよう。

> 気さくな人は相手との距離（間合い）の詰め方にも表れる。コミュニケーションが苦手な人は相手との距離を一歩詰めてみると関係が変わるかもしれない。

傷つきやすい

意　味	精神的にもろく、ちょっとしたことでも深いダメージを負う
類義語	繊細／こわれやすい／デリケート／ナイーブ／線が細い／感受性が豊か
反対語	たくましい／大胆／豪気／悠々とした／平気／平然

ポジティブ度：☆☆☆　　ネガティブ度：★★☆

一般的に傷つきやすい人は自己評価が低い。**仕事やプライベートで、何かうまくいかないことがあったら、すぐに落ち込んでしまい、なかなか立ち直れない**傾向がある。自己評価とは文字通り自分で自分を評価することで、それによって人生を楽しめるかどうかが決まる。

一気に自己評価を高めるのは難しいが、気をつけたい点がいくつかある。ひとつは必要以上に過去にこだわらないこと。過去をいくら悔いたとしても時間を巻き戻すことはできない。視線を未来に向けて「これから、どうしたらいいか」を真剣に考えたほうがいい。もうひとつは、一度や二度失敗しただけで、自分のすべてを否定しないほうがいいということ。**挽回のチャンスは無限といっていいほどある。**

> 傷つきやすい人は自己評価が低く、一度や二度の失敗から「自分はダメなやつ」と烙印を押してしまう。過去や失敗に、いつまでもこだわらないのが肝心。

偽善的

意　味	周囲からよく思われたい、自己満足を得たいために善人を演じること
類義語	善人ぶっている／うさんくさい／独善
反対語	偽悪的

ポジティブ度：☆☆☆　　ネガティブ度：★★★

偽悪的と違って、偽善的は評判が悪い。衣の下から、うさんくささが垣間見えるからだ。やはり、いくつかのケースがある。

ひとつ目は自己顕示欲・喝采願望が強く、周囲から賞賛を得たいがために善人を演じているケース。二つ目は信仰上の理由などで自己満足を得るために善人のペルソナ（仮面）をかぶっているケース。三つ目は権力志向が強く攻撃的な性格で、他の人を責めたり、支配したり、影響力を及ぼしたりしたいために善人のふりをしているケース。絶対的な善を掲げて、相手が間違っていると糾弾する。

ただ、**人は演じているうちに演じている自分に近づいていくので**、本当の善人になることもある。

> 偽善家を演じているうちに本当に善人になってしまうこともあるが、その場合でも個人差や態度（考え方）の違いなどに寛容でなければ人は寄ってこない。

規則(きそく)に厳(きび)しい

意　味	杓子定規で、周囲に規則の順守を求める
類義語	厳格／厳密に適用する／規則に忠実／四角四面／例外を認めない
反対語	ルーズ／ゆるい／いいかげん／柔軟／臨機応変な対応

ポジティブ度：☆☆☆　　ネガティブ度：★☆☆

規則(ルール)に厳しい人には几帳面(→P80)な性格の人が多い。やや性格が固く、柔軟性に欠け、人間関係のトラブルを招きやすい。原因のひとつは**「～しなければならない」と考え、それをルール化し、自分にも他人にも押しつける**から。現状には柔軟に対応する必要があるが、あくまでルールを優先し、状況に適応しようとする人が間違っていると感じてしまう。

　二つ目は、ある種の完全主義者で、**他人のミスや失敗、怠惰が許せない**から。規則に厳しい人は自分を厳しく律することができるので、他人にも、それを求める。多くの人は、いろいろな失敗やミスを犯すし、すぐに行動に移せないときもある。また、それをいつまでも責め続けるのでトラブルになりやすいことも。

> 規則に厳しい人は几帳面な性格が多く、自分を厳しく律するのはもちろん、他人にも、それを求めるので、人間関係のトラブルを招きやすい。

期待(きたい)する

意　味	自分の願望がかなえられることを強く意識すること
類義語	夢見る／望む／焦がれる／願う／求める／待望する
反対語	失望する／落胆する／期待外れ／挫折する

ポジティブ度：★★☆　　ネガティブ度：☆☆☆

「期待する」は2つに分類できる。ひとつは**自分がコントロールできることの好結果を望むこと**で、たとえば入学試験や資格試験合格など努力すればかなえられる成果を得たいと思うこと。思いが強ければ強いほど目標達成につながりやすい。もうひとつは**自分がコントロールできないことを望むこと**で、例えば宝くじの大当たりや奇跡の実現を待ち望むことをいう。ニュアンスは「夢見る」に近い。

　合理的な人はコントロールできることだけに集中し、コントロールできないことなど、放っておけばいいと考えるが、コントロールできないことに期待することを一概に否定はできない。不安やおびえなどのマイナスの感情から自分の心を守るために期待を膨らませているかもしれないからである。これも防衛機制の一種と考えられる。

> 「期待する」には自分がコントロールできることの好結果を得たい場合と、コントロールできないことの実現を願う場合がある。

気立てがいい

意味	誰にでも分け隔てなく接し、細かなところにもよく気がつく
類義語	気が利く／性格がいい／気づかいのできる／思いやりがある／やさしい
反対語	根性が悪い／品がない／いやみ／心がねじれている

ポジティブ度：★★★　ネガティブ度：☆☆☆

アメリカの心理学者アンダーソンは100人の学生を対象に「好まれる性格・好まれない性格」のアンケート調査を行った。好まれる性格のトップ3は**「誠実な人」「正直な人」「理解のある人」**だった（好まれない性格のトップ3は「ウソつき」「いかさま師」「下品な人」）。

気立てがいい人とは、この3つの性格を兼ね備えた人のこと。誠実・正直で天真爛漫（→P147）なだけではダメで、相手の立場になって気づかい・心配りができる人でないと気立てがいいとはいえない。しかも、**気立てがいい人は気立てがいい人と結ばれやすい**。似通った人といると喜びや楽しみ、好みなどを共有でき、大きな心理的報酬が得られることから、相手への好意が、いっそうつのるのである。

> 気立てがいい人は誠実・正直なだけでなく、相手の立場になって細かな気づかい・心配りができるので、周囲から愛され、支持される。

几帳面

意味	手順を間違えないで、一つひとつ着実に実行していくこと
類義語	繊細／緻密／計画的／微に入り細をうがつ／細かい
反対語	おおざっぱ／アバウト／大局的／あらっぽい

ポジティブ度：★★☆　ネガティブ度：☆☆☆

几帳面な人はスキのない性格で、物事の手順化・スケジュール化に優れ、計画したことを着実に実行する行動力ももっている。着実に進めていくため、ミスやモレも少ない。ただ、大局的な視点に欠けていることが多く、細かく詰めすぎて「木を見て森を見ず」という失敗を犯すこともある。自分なりのルールを定め、周囲にも、それに従うように促すので、敬遠されがちで、実力の割には高い評価が得られていない場合もある。

几帳面な性格は、なかなか変わらないので（変える必要もないので）、**仕事でもプライベートでもおおざっぱな性格の人（→P62）とコンビを組むといい。正反対な互いの長所が生かせ、実力を発揮しやすくなる。**

> 几帳面な人は手順化・スケジュール化に優れ、計画したことを着実に実行する行動力ももつ。大局観のある人とコンビを組めば、互いの長所を生かせる。

奇抜(きばつ)

意味	型破りで、一風変わっている
類義語	奇妙／エキセントリック／個性的／オリジナリティ／ユニーク
反対語	普通／常識／平凡／スタンダード

ポジティブ度：★☆☆　ネガティブ度：★☆☆

奇抜な人は天才肌で、目立ちたがり屋が多く、服装も派手であることが多い。コミュニケーションが下手で、会話をうまく行えない場合があるが、ひとつは身体像境界がはっきりしていないせいだと考えられる。身体像とは自分が思っている体のイメージのことで、身体像境界とは自分と外部を区別する境。**人と付き合ったり、会話したりできるのは自分と外部との境界がはっきりしており、相手と適切な距離がとれるからだ。**

ところが、中には身体像境界が不明瞭で自分と対象との距離がうまくつかめず、相手の心にズケズケと踏み込んだり、逆に相手を遠ざけて普通の会話ができなかったりする場合がある。コミュニケーションが下手でありながら、身体像境界をはっきりさせたいという思いが、奇抜な服装に表れていると考えられる。

> 奇抜な人は派手な服装をすることが多い。個性的ともいえるが、コミュニケーションをとるのが苦手な面をもつこともある。

気まぐれ(き)

意味	感情のおもむくまま、次から次へと思いつきで行動すること
類義語	軽挙／妄動／移り気／浮気性／気のむくまま／あきっぽい
反対語	熟慮／反省／合理的／首尾一貫した／信念に貫かれている

ポジティブ度：★☆☆　ネガティブ度：★☆☆

気まぐれな人は「考えてから動け」「上っ調子」「思いつきで行動するな」と何かと批判されやすい。ただ、組織や集団、グループにあっては、なくてはならない存在だ。文化人類学や民俗学でいうトリックスター(道化師・予定調和を破壊する者)の役割を担っており、組織や秩序、決まりごとなどを、かき乱す働きをするからである。**組織やプロジェクトが硬直化したり、マンネリに陥ったり、壁にぶちあたったりしたとき**、そうした状態を打破し、突破口を開くのは気まぐれな人であることが多い。

プロジェクトチームを組んだり、サークルをつくったりするときは、生真面目な人や協調性の高い人だけを集めると行き詰まってしまうことがあるので、気まぐれの人がいれば雰囲気がガラッと変わることもある。

> 組織や人間関係の中では軽んじられるが、マンネリに陥ったり、行き詰まったりしたときに突破口を開くのは気まぐれな人であることが多い。

気難(きむずか)しい

意味	我が強く、不機嫌で扱いにくいこと
類義語	不遜／不機嫌／不愉快／イライラしている
反対語	気やすい／フランク／率直／友好的／気のおけない／気さく

ポジティブ度：☆☆☆　ネガティブ度：★★★

気難しい人は嫌われやすい。基本的に、その場の感情が優先するので、首尾一貫していないからである。たとえば、気難しい人がリーダーで、一方では「どんな細かなことでも報告するように」といいながら、一方では「いちいち上司に聞かず、自分で判断しなさい」と命じると、部下はどうしたらいいかわからなくなる。しかも、**往々にして不機嫌で、周囲の人を叱ったり、小言を言ったりすることが多く、一緒にいても楽しくない**。

こうしたタイプは自分を認めてもらいたい、尊敬してもらいたいという自己承認欲求が強いのだが、それがかなえられることはない。気難しい人との人間関係を好転させるためには、叱責や小言ではなく、ねぎらいや賞賛の言葉を積極的にかけていくことだ。

> 気難しい人はいつも不機嫌で、周囲を叱ったり、小言を言ったりすることが多い。気難しい人とうまく付き合うには、認めるようにねぎらいや賞賛の言葉をかけることが有効。

ミニコラム　相手に反論されないための法則を活用する

仕事での会議などで、ことを上手く運びたいということがあるだろう。反対意見が出そうな雰囲気をあらかじめ調整できたらどうだろうか。アメリカの心理学者スティンザーは、会議時に起こりやすい状況を3つの法則にまとめた。

1. 対立相手は対立する相手の正面に座りたがる
2. 反論は意見を言った直後に出やすい
3. まとめ役のリーダーシップが強いと隣同士の私語が多くなり、リーダーシップが弱いと向かいの人との私語が多くなる

これを利用して、対立しそうな相手がいる場合は、その相手の正面には座らないようにするなど、なるべく対立感情を和らげるようにしてみよう。

キャラクター

意　味	性格・性質を指すが、ここでは演じている自分の意味で用いる
類義語	演技／役割／仮面（ペルソナ）／演劇的人間
反対語	ありのままの自分／本性／本質

ポジティブ度：★★☆　　ネガティブ度：★★☆

　人は、**ある役割が与えられると、自分のもともとの性格から離れ、その役になりきろう
とする**ことがアメリカの心理学者ジンバルトのスタンフォード監獄実験で明らかに
なった。模擬刑務所を舞台に選び、一般公募された男性を囚人役と看守役に分け
て、実験を始めたところ、まもなく看守役は高飛車な態度になり、いかにも看守らしく振
る舞うようになる。囚人役は看守に迎合したり、無気力になったり、反抗的になったり
した。看守による暴力事件が起こり、実験は中止されたが、人は与えられた役を演じ
ているうちに性格や内面まで変化することがわかった。つまり、**自分がなりたいと思う
キャラクターを演じているうちに、性格すら変えることができるのだ**（キャラクターについ
ての詳しい解説はP16も参考に）。

> 性格は不変のものではない。なりたい自分をイメージし、そのキャラクターを演
> じているうちに性格や嗜好、内面すら変化することがある。

共感（きょうかん）

意　味	他の人の心情に寄り添い、一緒に悲しんだり、喜んだりすること
類義語	利他的／包容力のある／愛情深い／手を差し伸べる／なぐさめる
反対語	拒絶／冷酷／非情／突き放す／利己的

ポジティブ度：★★★　　ネガティブ度：☆☆☆

　相手に寄り添い、相手が喜んでいるときは一緒に喜び、悲しんでいるときは一緒に
悲しむことを共感という。共感力が高い人は自然に利他行動（→P205）が多くな
る。利他とは「他を利する」の意味で、自分の得失を考えず、他人を助ける行動をい
う。**自分のことしか頭になく、周囲や相手のことを考えない利己的な人は一様に共感力
が低い。**

　ただ、共感はコミュニケーションの基本で、相手の立場になって考えることができな
いと、会話ひとつ満足に行えない。共感力に欠けているという自覚がある人は「困って
いる人を助ければ、将来自分が困ったときに助けてもらえる」と打算的に考え、他人を
助けてみてはどうだろう。これを「返報性の原理」といい、好意には好意が返ってくる。

> 共感力が低いと自覚している人は「他人を助ければ、将来自分が助けられ
> る」と打算的に考えてでもいいから、他人を助けることをしてみよう。

強迫観念
きょうはくかんねん

意 味	不安感をともなう特定の考えに執着し、頭から除去できないこと
類義語	執着／心配性／依存／ジンクス／くせ
反対語	自由奔放／気まま／柔軟な／しばられない／身軽な

ポジティブ度：☆☆☆　ネガティブ度：★★★

あなたはカギを閉めたかどうか、火を消したかどうかが気になって途中で帰宅したことはないだろうか。**抑えようとしても抑えられないイメージ・考えを強迫観念、それによって感じる不安を消そうとして繰り返す行為のことを強迫行為という。**

　手の汚れが気になって何度も手を洗ったり、たいして意味のないことを繰り返し質問したり（質問ぐせ）といった、いろいろな強迫観念・行為がある。誰しもカギを閉めたかどうかが気になったことがあるだろうが、それを確認するために何度も帰宅するようになると、やや病的といえる。初期の段階なら、チェックシートをつくり、カギを閉めたり、火を消したりしたらチェックを入れることで、出勤中や外出途中での帰宅を防止できる。

> 強迫観念の特徴は不安感・不快感をともなうこと。それらを消すために同じ行為を繰り返してしまうので、チェックシートなどをつくって対処する。

恐怖
きょうふ

意 味	恐れおののくこと
類義語	おそれ／畏怖／不安／疑心暗鬼／動揺／予期できない／リスクが大きい
反対語	安心／自信／不動心／揺るがない／楽しい／心地よい／快楽

ポジティブ度：★☆☆　ネガティブ度：★★☆

初デートのとき、どんなデートコースを選べばいいか。カナダの心理学者アロンとダットンのつり橋実験が参考になる。深い渓谷にかかっているつり橋と高さ3mの頑丈な橋を使い、橋の中央に女子学生を立たせて若い男性にアンケートをとった。「結果が知りたければ、自分のところへ電話してほしい」と電話番号を書いたメモを渡したところ、つり橋の男性の多くから電話がかかってきたのに対し、固定橋の男性からは、ほとんど電話がかかってこなかった。

　不安定なつり橋を渡っていたときに女性に会ったので、「自分がドキドキしているのは、この女性に惹かれているからだ」と考えたのだ。 最初のデートコースは相手が恐怖感をおぼえる場所、お化け屋敷やジェットコースターにするという手もある。

> 恐怖を感じてドキドキすると、「自分がドキドキしているのは、この人に惹かれているから」と考え、一緒にいる人に恋が芽生えることもある。

協力的(きょうりょくてき)

意　味	物事がうまく進むように他人に力を貸すこと
類義語	共同で／コラボレーション／連携／団結／提携
反対語	足を引っ張る／邪魔をする／静観する／お手並み拝見／反発する

ポジティブ度：★★☆　ネガティブ度：☆☆☆

協力的だからといって、一概に共感力が高いわけではない。人は、いろいろな理由で困っている人、苦しんでいる人に手を差し伸べる。ひとつは「返報性の原理」（→P95）によって、困っている人を助ければ、いつか自分が助けてもらえると思っている場合。「情けは人のためならず」の本来の意味で、利他行動は、めぐりめぐって自分も助けると思っているから、他人を援助する。

さらに、**人助けは自分が不快感をおぼえないために実践する利己行動**だとするアメリカの心理学者チャルディーニらの見方がある。社会的学習理論によれば、**人に協力することは社会的責任を果たすためとする考え方**や、**見返りなしに人を助けようとする文字通りの利他行動**とするものもある。

> 協力的だからといって利他行動とは限らない。打算的な意図で協力する場合もあるし、利己的な行動そのものの場合もある。

虚栄心(きょえいしん)

意　味	自分が大きくて力のある存在だと思われたいという欲求
類義語	詐欺／ウソつき／見栄っ張り／演技／誇大妄想／派手
反対語	ありのまま／正直／素直／偽らない／飾り気がない

ポジティブ度：☆☆☆　ネガティブ度：★★☆

自分の容姿や能力を過信し、周囲に誇示・自慢したいという強い欲求。誰しも自分をよく見せたいという気持ちはあるが、虚栄心が強い人は、**その欲求が限りなく肥大している**。思い描く自分の姿と現状との落差が激しく、自分を大きく見せるためにウソや誇張が避けられなくなる。頭がよく、真偽とりまぜて巧妙に語るので、ウソを見抜くのは難しい。

ただ、**自分の能力を過大に評価すると自己万能感（→P112）が強くなり、他人を蔑視するようになる**。周囲との協力関係を築くのが難しくなるのである。「自分以外はバカ」と心の奥で思っていてもいいが、誰かの協力がないと、うまく世渡りすることはできない。本音は抑えて、周囲の人を巧妙に、褒めていくとよいだろう。

> 虚栄心が強い人は自分の能力を過大に評価する一方、他人を蔑視するようになる。うまく世渡りするためには本音を抑え、巧妙に相手を褒めるべき。

距離感がいい

意味	相手（対象）との適切な間合いのこと
類義語	パーソナルスペース／阿吽の呼吸／以心伝心
反対語	距離感がつかめない／人間関係が苦手／コミュニケーションがとりづらい

ポジティブ度：★★★　ネガティブ度：☆☆☆

文化人類学者エドワード・ホールは、人と人との距離を、すぐに相手に触れられる密接距離（0～45cm）、手を伸ばせば相手に触れられる個体距離（45～120cm）、仕事で同僚と話す場合などの社会距離（120～350cm）、個人的なやりとりは成立しにくい公共距離（350cm以上）の4つに分類した。

個体距離をとるべきときに社会距離をとると、相手はよそよそしく感じる。逆に、なれなれしく密接距離で接近すると、人によっては失礼だと思うかもしれない。ただ、距離がありすぎると親しくはなれないので、**失礼と思われるリスクはあるが、できるだけ相手に近づけるように工夫してみよう。**

> 距離感がつかめない人は個体距離をとるべきときに、相手がよそよそしいと感じる社会距離をとるケースが多い。親しくなりたい場合は相手に近づく勇気が必要である。

◆パーソナルスペースと相手の心理

密接距離（近接相） 0～15cm	かなり親しい2人の距離。愛撫や格闘、保護、慰めなどが目的。言葉より身体を触れ合うコミュニケーションが多い。
密接距離（遠接相） 15～45cm	手が届くくらいの親しい2人の距離。しかし、電車などで他人とこの距離まで近づくとストレスを感じる。
個体距離（近接相） 45～75cm	手を伸ばせば届くくらいの距離。恋人や夫婦の自然な距離だが、それ以外の異性がこの距離に入ると誤解を生じやすい。
個体距離（遠接相） 75～120cm	お互いが手を伸ばせば届くくらいの距離。個人的な用件を伝えるような場合に使う。
社会距離（近接相） 120～200cm	身体的な接触が難しい距離。仕事の仲間との距離としてふさわしい。
社会距離（遠接相） 210～350cm	改まった仕事のときに使われる距離。相手を気にすることなく作業ができる。
公衆距離（近接相） 350～700cm	簡単なコミュニケーションをとるのに不便はない距離。表情の変化は捉えにくいが、質疑応答もできる。
公衆距離（遠接相） 700cm以上	大衆に向けた講演や演説に使われる距離。身振りなどのコミュニケーションが必要。

嫌い（きらい）

意味	相手のことが好きになれず、拒否・反発する感情のこと
類義語	憎む／毛嫌い／無視する／相手にしない／距離を置く
反対語	好き／愛する／愛情を注ぐ／尊敬する

ポジティブ度：☆☆☆　ネガティブ度：★★★

「嫌い」は感情なので、合理的な根拠があるわけではない。嫌いな人でも、よくよく話し合ってみたら、いい人だったり、自分に利益をもたらしてくれる人だったりすることもある。たいして話もしていない人をイヤな人と思い込むのは先入観に惑わされているのかもしれない。アメリカの心理学者アッシュは、その人を紹介する言葉の順番で、その人に対する印象が変わることを明らかにした。**「知的→勤勉な→衝動的→批判的→頑固→嫉妬深い」の順で紹介するとよい印象**を与え、**「嫉妬深い→頑固→批判的→衝動的→勤勉な→知的」の順で紹介すると悪い印象**を与えた。その人に対する否定的な言葉を先に聞くと、否定的なイメージができあがると考えられる。

> その人に対する否定的な言葉を先に聞くと、否定的なイメージができあがる。先入観に惑わされず、よくよく話し合ってみると、いい人であることがわかることも多い。

緊張（きんちょう）

意味	心と筋肉が硬直して、これから起こることに注意を集中した状態
類義語	あがる／赤面／不安／かたくなっている／こわばった／張り詰めた
反対語	弛緩（しかん）／ゆるい／落ち着いた／平静／平常心／リラックス

ポジティブ度：★★☆　ネガティブ度：★★☆

「晴れ舞台なのに力を発揮できなかった」「せっかくデートにこぎつけたのに、あまりしゃべれなかった」など緊張すると、うまくいかないことが多い。ドイツの心理学者ブントは、緊張・弛緩を快・不快、興奮・鎮静とともに感情の主要な要素と考えた。誰しも初めてのことや大舞台に挑むときは緊張が避けられない。

ただし、**緊張して力を発揮できないこともあれば、緊張が集中力を高めて成功したり、事態をうまく切り抜けられたりすることもある**。緊張をほぐすためには軽い運動をしたり、大きな声を出したりする方法も有効。経験を積むと場慣れして萎縮することもなくなるので、日頃から小さなことにも積極的に取り組み、緊張する状況に慣れておく。

> 晴れ舞台で緊張して力を発揮できない人は、ふだんから意識を変える。緊張する場面を数多く経験して慣れるために、小さいことも大きいことも積極的に取り組んでみよう。

空気が読めない

意　味	その場の流れや雰囲気にあった言動をしないこと
類義語	まわりが見えていない／周囲が引く／鈍感／非常識
反対語	時宜を得た／TPOに応じた／タイミングのあった

ポジティブ度：★☆☆　ネガティブ度：★★★

日本社会では全員に同じことをさせようという同調圧力（→P148）が強く、多くの組織や集団、グループでは空気が読めない人はバカにされたり、排除されたりする。空気とは、その場の流れや雰囲気のことで、いったんできあがるとメンバーを支配し、空気にさからった意見を出したり、行動したりすることは難しくなる。

ただ、反対もなしに大事なことを決めると、危険度が高い選択肢が選ばれやすく、ロクなことにならない（リスキーシフト）。そういうとき、空気が読めない人が**反対意見を言ったり、まったく関係のない言葉をつぶやいたりすることで、場がなごみ、冷静な議論に戻れる**ことがある。本人に悪気はないので、話の方向性を変えたいときには、とても重宝されるタイプともいえる。

> 空気が読めない人は同調圧力が強い日本社会にあっては貴重な存在。場をかき乱し、いったん冷静にさせる大事な役割を果たす。

空虚感

意　味	何をやっても達成感がなく、生きている意味を見いだせないこと
類義語	むなしい／さびしい／わびしい／無力感／喪失感／胸に穴が空いた
反対語	充実感／感動／歓喜／喜び／やりがい・生きがいを感じる

ポジティブ度：☆☆☆　ネガティブ度：★★★

恋人に振られたり、試験に失敗したり、プロジェクトがうまくいかなくなったりすると、誰しも空虚感をおぼえる。うつろな気持ちから回復するまでには個人差があり、中には、ずっと後を引き、なかなか空虚感から抜け出せない人もいる。**次のチャレンジに取り組もうという意欲がわかず、生きる意味そのものを見失う**。うつ症状を引き起こしたりするケースも少なくない。

そうした人が自分から動きだすことは少ないので、周囲や家族が注意を払う必要がある。多少イヤがられても積極的に声がけし、時には旅行やスポーツ、観劇、バーベキューなどに強引に連れ出して一緒に楽しむなど、空虚感から脱出する道を探っていかなければいけない。

> 空虚感が長く続くと、生きている意味を見い出せず、うつ症状につながるケースも。周囲や家族が注意を払い、積極的に関わっていく必要がある。

口うるさい
<ruby>口<rt>くち</rt></ruby>うるさい

意味	こと細かに注意したり、叱ったり、アドバイスしたりすること
類義語	口やかましい／口を酸っぱくして／くどい／何にでも口を出す
反対語	放任／距離を置く／見放す／ほうっておく／突き放す／静か／沈黙

ポジティブ度：★☆☆　ネガティブ度：★★★

　口うるさい人は、おしゃべりで、おせっかい。細かいことに文句をつけたり、やること・なすことを批判したりするので、周囲には敬遠されがち。ただ、**初対面の人であっても、物怖じせず気軽に話しかけるので、人間関係づくりのキーマンの役割を果たすこともある。**緊張感とは無縁ともいえるだろう。パーティーや新規のプロジェクトチームなど見知らぬ人が多い場だと、口うるさい人が気軽に話しかけることをきっかけに、いつの間にかコミュニケーションが活発になっていることもある。

　他人の短所や欠点を見つけるのもうまく、遠慮なく口にしてしまうくせがある。ただ、その観察力を他人の長所を見つけることに使い、その人を褒めたり、賞賛したりするようにすれば、周囲から一目置かれる存在になるだろう。

> 口うるさい人のもつ優れた観察力を使い、他人の長所を見つけ出す。それを賞賛していけば、うるさい、おせっかいな人という評価から変われる。

屈辱
<ruby>屈<rt>くつ</rt></ruby><ruby>辱<rt>じょく</rt></ruby>

意味	バカにされ、恥ずかしい思いをすること
類義語	恥をかかされた／無念／汚名／恥辱／侮辱／はずかしめを受ける
反対語	栄誉／栄光／名誉／賞賛／満足感／充実

ポジティブ度：☆☆☆　ネガティブ度：★★★

　自尊感情（→P114）が強い人は自己評価も高く、褒められることに喜びを感じる。自信にあふれており、積極的に人前に出て派手なパフォーマンスを行うことも多い。ただし、傲慢な人と本当の意味の自信家と2つのタイプに分けられる。両者ともふだんは、ひとかどの人物のように振る舞っているが、何らかの屈辱を受けたときにどちらのタイプかがわかる。

　傲慢な人は頭に血がのぼり、屈辱を与えた相手に攻撃的な言動をとるようになる。自信家は屈辱を受けても平然としており、状況を客観的に把握したうえで、汚名を返上するチャンスをうかがう。ただし、個性や出自を笑われるなど理不尽な屈辱を受けたときは徹底的に反論・反撃する。**傲慢な人は感情優先、自信家は理性優先**といえる。

> 傲慢な人が屈辱を受けると、頭に血がのぼりやすく攻撃的な行動をとりやすい。自信家の人は理不尽な屈辱を受けると戦闘態勢に入り応戦しやすい。

屈辱的同調（くつじょくてきどうちょう）

意味	自分の信念や信条に反していても、リーダーや力をもった人に同調する
類義語	大人（おとな）／長いものには巻かれろ／迎合（げいごう）／イヤイヤ／無抵抗／無力感
反対語	抵抗／反抗／拒絶／プライドが高い／反対意見／少数派

ポジティブ度：☆☆☆　ネガティブ度：★★☆

職場や組織、部活、サークルなどの集団に属すると、逸脱や批判を許さない有形無形の同調圧力（→P148）にさらされる。**公式なルールではなくとも、暗黙の合意や約束ごとが存在し、メンバーをしばりつける**。それに反する言動をすることは難しい。下手をすると、いじめなどの標的になったり、その集団から追い出されたりしかねないからだ。むしろ、周囲の好意を得ようとして自分の信念や信条などを積極的に捨てることさえ、ままある。

　自分の意見や考えを抑え、他人と同じような言動をすることを屈辱的同調と呼ぶ。世の中を泳ぎ切るための処世術と考えれば、やむをえないが、時には波風が立ったとしても自分の意見を主張しないと、不平・不満が溜まり、心のバランスが崩れやすい。

> 周囲の好意を得るため自分の信念や信条を捨てることもやむをえないが、時には意見を表明しないと不平・不満が溜まり、心のバランスが崩れる。

くどい

意味	同じことを何度も繰り返していうこと
類義語	ねっとり／粘着的／ウザい／聞き飽きた／執拗（しつよう）に／うんざりする
反対語	歯切れがよい／きっぷがよい／チャキチャキの江戸っ子／単刀直入

ポジティブ度：☆☆☆　ネガティブ度：★★★

くどい人はイヤミったらしく同じことを繰り返すので周囲からは嫌われることがある。強迫観念が強く、他人のミスや欠点を確認・点検せずにはいられないタイプや、自尊感情が強く、ねちねちと相手を責めることで自分が相手よりも優位にあることを意識したいタイプ、相手を責めることで自分の不安や恐れをまぎらわせようとするタイプなどがある。

　たとえ上記のどのタイプであっても、周囲にいると負の感情がかきたてられ、団結力がなくなるので、百害あって一利なし。どんなに好意的に接しても根底にある意地悪さはなかなかなくならないので、**くどい人からはできるだけ距離を置く**のもひとつの手である。

> くどい人には、いろいろなタイプがあるが、根底にある意地悪さは変わりにくいので、負の感情が、かきたてられやすい。

クリエイティブ

意味	才能にあふれ、創造力に恵まれている
類義語	オリジナリティ／独創性／質が高い／芸術的／アーティスティック
反対語	才能のない／才知に欠ける／フェイク／ものまね／にせもの

ポジティブ度：★★★　ネガティブ度：☆☆☆

普通の人がクリエイティビティ（創造性）を発揮するためには、安易な「レッテル貼り」と「同調行動」を避けることだ。レッテル貼りとは偏見や先入観に基づき、人や物事を短い言葉で表すことをいう。硬直した思考から抜け出せなくなる。日本のように協調性を重視し、同調圧力が強い社会では、知らず知らずのうちに周囲と同じ行動や迎合行動をとってしまうことも多い。周囲と違う行動をしたら、いじめなどの攻撃対象にもなりやすい。

日本で創造性を発揮するためには**企業内はもちろん、科学や芸術分野であっても周囲と距離を保ちながら、仕事に集中する**ということが求められる。オリジナリティあるものを生み出せる能力が発揮できる環境も必要だ。

> レッテル貼りと同調行動を続けていると、クリエイティビティを発揮しにくい。創造性を発揮するには周囲との距離感が大事になる。

苦(くる)しい

意味	あまりにつらく、肉体的・精神的な痛みを感じること
類義語	悲しい／痛い／苦痛／不快／キツい／しんどい／耐えがたい
反対語	楽しい／うれしい／喜び／生き生きしている

ポジティブ度：☆☆☆　ネガティブ度：★★★

シャバ（娑婆）とは、もともと仏教用語で、忍耐が強いられる世界のこと。この世は悪意や嫉妬が充満しているので、**苦しいこと・悲しいことが多く、楽しみや喜びが少ない世界と見なされている**のである。ただ、苦しみの時間から、いち早く立ち直れるタイプと、なかなか立ち直れず、いっそう苦しむタイプがいることも確かである。

立ち直りが早いタイプは、楽観的で、未来志向であることが多い。たとえば、恋人に振られたとき、「自分のような人間は、誰も相手をしてくれない」「もう恋愛なんかできない」と考えてしまうと、苦しみを引きずることになる。事実は、せいぜい特定の相手とうまくいかなかっただけなのに、普遍化してしまい、自分を追い込むので苦しんでしまうのだ。

> 苦しいこと・悲しいことが起きるのは生きている以上、やむをえないが、苦しみの時間を短くすることはできる。楽観的・未来志向になること。

群集心理

意　味	人が大勢集まったとき、簡単に他の人と同じ行動をとってしまうこと
類義語	狂気／熱気／暴動／同調行動／パニック
反対語	冷静／さめた／クール／客観的／理性的

ポジティブ度：☆☆☆　　ネガティブ度：★★☆

閉店セールは同調行動（→P148）と群集心理を利用した巧妙な販売促進策だといえる。アメリカの心理学者ミルグラムがニューヨークで行った実験では、3人のサクラが立ち止まり、なんの変哲もないビルを見上げて立ち去ったら、6割の人が足を止め、同じ方向に目をやった。サクラを6人に増やしたら、8割の人が同じ行動をとった。**つまりサクラの人数が増えれば増えるほどサクラと同じ行動をとる人が増えたわけだ。**

抗議デモが暴動に発展することがよくあるが、人が大勢集まることでテンションが高まり、他の人と同じ行動をしてしまう同調行動が引き起こされ、**理性と判断力が低下して興奮状態に陥ってしまう群集心理が働いたため**だと考えられる。大勢で集まるときほど、冷静でいたい。

> 行列に並びたくなったり、閉店セールに押しかけたりするのは人が大勢集まることで同調行動が促され、理性と判断力が低下して熱狂的になるため。

迎合

意　味	自分を捨て、他人・組織などにコビを売ること
類義語	同調行動／おもねる／へりくだる／ヨイショする／もち上げる／卑下する
反対語	毅然／一人立つ／屹立／孤独／孤高／コビない／群れない

ポジティブ度：★☆☆　　ネガティブ度：★★☆

人はリーダーや影響力がある人の好意を得ようとして、さまざまな働きかけをする。露骨に相手をヨイショしたり、コビを売ったりといった迎合行動をとり、**「あなたの役に立ちます」というメッセージを送る**。心理学では、力ある人や社会的に影響力がある集団に接近することを「取り入り」と呼ぶ。取り入りには、「自分を卑下する」「相手に賛辞をおくる」「相手に同調する」「親切にする」など、いくつかのパターンがある。

ある程度、安定したポジションにつくまでは、そうした迎合行動もやむをえない。心の平衡を保つためには「迎合は目的を達成するための手段である」とスパッと割り切ることである。

> リーダーや力のある人の好意を得ようとして、迎合行動をとることがある。イヤイヤ迎合していると心が変調をきたすので、目的のための手段と考えることも必要。

軽蔑（けいべつ）

意　味	無礼で、相手をさげすむ気持ちのこと
類義語	あざける／あなどる／侮辱／いやしむ／見下す／見くびる／嘲弄
反対語	尊敬／敬意をはらう／畏敬／崇拝／敬慕／礼賛／あこがれ

ポジティブ度：☆☆☆　ネガティブ度：★★★

人間関係のいわゆる序列に関係した言葉で、相手を自分より下位の者と見なすことをいう。ただ、**相手の情報を十分に得たうえで判断しているわけではなく、偏見と先入観に基づいて、自分より劣っていると見下すケースが多い**。しかも、いったん決めつけた評価を相当な時間が経った後も変更しようとしない。

仮に評価が正しかったとしても、「3日会わざれば刮目して見よ」という言葉があるように、人は、あっという間に変化する。次に会ったときには別人と思うような変貌をとげている可能性もある。**人間は変化するものである**と考え、同じ評価で、特に相手を見下した評価で人を判断し続けるのは避けよう。

> 誰かを軽蔑することで精神の平衡を得ている可能性はあるが、見くびっていた相手が急速な成長を示すこともある。相手を下に見ず、できるだけ客観的に見るくせをつけたい。

けち

意　味	金銭の支出を、できるだけ抑えようとする人
類義語	節約／清貧／慎み深い／無駄金を使わない
反対語	金遣いが荒い／放漫／金払いがいい／豪快／散財／財産を食いつぶす

ポジティブ度：☆☆☆　ネガティブ度：★★☆

けちな人は金銭やモノに対するこだわりはあるものの、虚栄心（→P85）や見栄はなく、「自分がどのように見られているか」という意識（公的自己意識）も、さほど強くない。自意識（自己意識）には**自分の欲求や気持ち、感情などを大事にする「私的自己意識」**と**人に見られていることを意識する「公的自己意識」**があり、けちな人は私的自己意識が強いと考えられる。

ただ、けちな人は短期的に損得を考える。合理的な判断より、そのときの自分の欲求や感情を優先しがちなので、長い目で見ると損をしているケースも多い。金銭が絡む何らかの決定しなければいけないときは「長い目で見て何が一番トクになるか」を考えるようにすれば無駄な出費が抑えられ、必要なことにお金をかけられるようになる。

> 私的自己意識が強く、他人の目をさほど意識しない。短期的な損得を重視しがちなので、長期的視点をもつようにすれば有効なお金の使い方ができる。

下品(げひん)

意味	品がなく、不作法で、優雅さに欠けている
類義語	粗野／いやしい／いやらしい／ゲスい／低劣／野卑(やひ)
反対語	上品／気品がある／趣(おもむき)がある／雅

ポジティブ度：☆☆☆　　ネガティブ度：★★☆

下品な人は自分の欲望・欲求に忠実だといえる。「品がない」「下ネタばかり」と非難されることもあるが、自己評価は高く、何をいわれても、たいして気にしない。けちな人と同様、公的自己意識は弱く、私的自己意識が強いと考えられる。ただし、注目を集めることは大好きなので、パフォーマンスは派手で、宴会やパーティーの席では重宝されることが多い。

本性が下品というより、偽悪的に下品を演じている可能性もある。**下品を演じることで、本音を吐いても、ちょっとへんなことをしても許されるポジションに座れるから**。ただ、下品な人は「許容される」と「嫌われる」の間で微妙なバランスをとっていることは確かで、下品がすぎると、特に女性から反発・敬遠され、嫌われることが多くなる。

> 下品な人は自分の欲望・欲求に忠実で、自己評価は高く、何をいわれてもたいして気にしない。度がすぎると反発・敬遠され、嫌われることが多くなる。

好意(こうい)

意味	相手(対象)を好ましく感じる気持ち
類義語	好感／愛情／思いやり／やさしさ／慈しみ
反対語	敵意／嫌悪感／憎悪／下心／お愛想

ポジティブ度：★★★　　ネガティブ度：☆☆☆

あまり親しくない相手から好意を得たいのなら、話をするとき、まずは聞き役に徹することだ。話を聞こうとする姿勢を見せると、相手は「私を受けとめてくれている」と感じ、あなたに対する信頼感が増し、好感を寄せるようになる。**話を聞くときは相手の目を見ながら、適切なタイミングで、あいづちを打ったり、うなずいたりすることが大切**。相手が強調したいところでは大きくうなずき、さらりと流したいところでは小さくうなずく。相手の気分がよくなり、プライベートな話までするようになったら、あなたに心を許している証拠。

うなずきはシンクロニー、あるいは同調ダンスと呼ばれる。シンクロニーとはシンクロナイズドと同じ語源で、相手にリズムやタイミングを合わせることをいう。

> あまり親しくない人の好意を得たいなら、聞き役に徹する。適切なタイミングであいづちを打ったり、うなずいたりすることで相手の気分がよくなる。

好意の返報性

意　味	自分に好意をもってくれる人に好意を感じるようになること
類義語	信頼関係／親密／仲がよい
反対語	敵対心／嫌悪感／忌み嫌う

ポジティブ度：★★★　　ネガティブ度：☆☆☆

少しでも仲良くなりたいと思っているのであれば、相手が気持ちよく話を続けられるようにしたい。相手が映画や音楽、趣味などの話題を出してきたら、自分が、よく知っていることであっても、「よく知らないので、教えてください」「おもしろそうですね」と話を誘うほうが相手は喜ぶ（「返報性の原理」）。

逆に自分が知っていることを自慢げに語ってしまうと、相手は興ざめし、あなたへの興味が減退する。相手の目を見て、うなずきやあいづちなどを適度に交えながら話を聞いているうちに、相手は「この人は、真面目に私の話を聞いてくれる。私に好意を持っているのかもしれない」と思うようになる。**自分に好意を抱いてくれる人を好きになるという好意の返報性が働き、相手と仲良くなることができる**のだ。

> 聞き上手になって相手の話を引き出しているうちに、自分に好意を抱いてくれる人だと相手が思えば、相手もこちらに好意を向けるようになる。

強引

意　味	相手や周囲の意志に反しても自分の意志を貫こうとすること
類義語	強気／押しが強い／無理やり／攻撃的／高飛車／熱心な
反対語	気弱／意志が弱い／迎合／同調／耳を傾ける

ポジティブ度：★★☆　　ネガティブ度：★★☆

強引な人は自己評価が高い。自分を高く評価する人は、何ごとにも積極的・能動的で、多少の失敗やミスがあっても挽回できると考えている。強引に物事を進めることから、周囲に嫌われたり、反発されたりしやすいと思われがちだが、意外に評判がいいことも多い。理由のひとつは、**目標を達成するために周囲へいろいろな頼みごとをするが、人は頼みごとをされるとその相手に好意を抱くようになる**からである。

また、周囲の反応を、さほど気にせず物事を進めるので、リーダーシップがあると評価される。押しの強さで壁や難題を乗り越え、結果的に目標を達成してしまうこともある。**有言実行タイプなので、むしろ周囲からの信頼は厚い**。

> 強引な人は押しの強さで壁や難題などを乗り越え、結果的に目標を達成してしまうことが多い。リーダーに適している。

後悔(こうかい)

意味	物事が終わった後に、「ああすればよかった」と悔いること
類義語	悔恨／残念がる／無念／思い残す／自責の念
反対語	満足／意気揚々／本懐を遂げた／充実／充足

ポジティブ度：☆☆☆　ネガティブ度：★★☆

映画やアニメに「時間リピートもの」といわれるジャンルがある。ミスや失敗を犯す前の過去の一時点に戻って、もう一度、人生をやり直すもの。**経験を生かし、今度はミスや失敗を犯さないように頑張る**。それができれば理想的だが、残念ながら現実の人生ではミスや失敗を犯したからといって過去へ戻るわけにはいかない。

後悔は否定的な感情なので、後悔すればするほど自己評価が低くなり、本来なら「これからどうするか」を考えなければいけない貴重な時間も浪費してしまう。実は現実の人生でも、やり直しは可能だ。**ミスや失敗の大半は挽回できるものだし、チャンスは何度でも訪れる**。経験に学んで、次の機会に同じ失敗をしないよう、あらかじめ準備しておくこともできる。

> 後悔すればするほど自分を追い詰めて時間を浪費する。現実の人生でも、やり直しは可能。経験を生かして次の機会には失敗しないようにすればいい。

好奇心(こうきしん)

意味	積極的に知りたい・体験したいという強い欲求／不思議だと思う心
類義語	こわいもの見たさ／物見高い
反対語	無関心／無知／知ったかぶり

ポジティブ度：★★★　ネガティブ度：☆☆☆

仕事、プライベートを問わず、**人と仲良くなりたいと思ったときに力になるのが、何にでも興味をもつ旺盛な好奇心**。好奇心が強い人は相手から話を引き出しやすい。相手が出てきた、どんな話題にでも興味を示し、「おもしろそう」と目を輝かせながら話を聞ける。

また、好奇心旺盛な人は、いろいろなことを知っている。相手と共通の趣味や好みがあれば自然に話がはずむ。アメリカの心理学者ハイダーのバランス理論によれば、共通点が一致すれば、二人の関係は安定する。人は無意識のうちに自分と相手と共通点の3者で、うまくバランスをとろうとするからである。**旺盛な好奇心で得た豊富な知識が良好な人間関係につながっていく**。

> 好奇心旺盛な人は良好な人間関係をつくりやすい。どんな話題にも興味を示し、豊富な知識をもっているので相手との共通点が見つかりやすい。

攻撃的(こうげきてき)

意　　味	自分と反対の立場の人や組織を容赦なく攻めたてること
類義語	積極的／能動的／とげとげしい／とがった／強引／好戦的
反対語	受動的／受け身の／迎合する／控えめ／感情を押し殺す

ポジティブ度：☆☆☆　ネガティブ度：★★☆

　攻撃的な性格と自覚があるのなら、さほど問題はないが、ふだんはそうでもないのにイライラして周囲にあたってしまったり、突然、攻撃的な言葉を使うようになったりしたら、ストレスを抱えているのかもしれない。**ストレスがかかると、心と体は、それを解消しようとして、さまざまな防御反応（ストレス反応）を示す**。「イライラしやすい」「周囲に八つあたりしてしまう」といった症状は典型的な防御反応である。

　周囲にも迷惑がかかるので、ストレスがかかっていると思ったら、早急にストレス解消の手を打つ必要がある。ゆっくりと睡眠をとったり、生活のリズムを整えたり、レジャーやスポーツで発散したり、信頼できる人に相談したりといったことがストレス対策として有効な方法だ。

> ふだんはそうでもないのに、イライラして周囲にあたったり、突然、攻撃的な言葉を使ったりしたときはストレスを疑い、早急にストレス解消の手を打つ。

肯定的(こうていてき)

意　　味	いろいろな経験や人、物事を自分にとってプラスになると捉えること
類義語	明るい／前向き／未来志向／プラス思考／あきらめない
反対語	否定的／悲観的／うしろ向き

ポジティブ度：★★★　ネガティブ度：★★☆

　自己否定が強すぎるのは大いに問題があるが、自己肯定が強すぎても、うまくいかないことがある。周囲との軋轢(あつれき)も発生しやすい。たとえば、自分のミスでプロジェクトが失敗しても、自己肯定感が強すぎる人は「仕方がなかった」「何とかなるさ」と他人事のように振り返り、自分のミスや責任を認めようとしない。**ストレスを溜めにくい性格ではあるが、経験や失敗から学ぼうとしないため、仕事のスキルも人間性も、なかなか向上しない。**

　しかも、同じようなミスや失敗を繰り返しがち。ミスや失敗をきちんと受けとめ、原因を追求し、二度とミスや失敗をしないように対策を立て、それを実行することで、スキルは向上し、人間性もアップしていく。

> 自己肯定が強すぎても、うまくいかないケースがある。自分のミスを認めようとしないため、経験や失敗から学ぶことができず、同じミスをしてしまう。

幸福
こうふく

意味	持続的に喜びや満足感をおぼえている状態
類義語	充実／充足／うれしい／楽しい／生きがいを感じる／達成感
反対語	不幸／悲嘆／悲しい／苦しい／さびしい／生きづらい

ポジティブ度：★★★　ネガティブ度：☆☆☆

　誰しも幸福になりたいと思っているが、現実は悲しいことや苦しいことにあふれており、喜びや満足感も長続きしない。人は、とても弱い存在で、ちょっとした出来事に傷つき、その痛手からなかなか立ち直れない。
　一方で、**人はとてつもなく強い存在で、想像を絶する、つらいことがあったときでも、なお他の人を助けようとする**。状況に支配される弱い存在ではなく、状況に左右されない強い存在になれば、悲しいことや苦しいことがあったとしても不幸を嘆くことはなくなる。人生は楽しむためにある。まずは心の感度を高めて、自分の周囲のいろいろな物事をおもしろがることから始めたい。何気ない日常生活から幸福を感じることもあるだろう。

> 誰しも幸福になりたいと思っているが、喜びや満足感は長続きしない。日常の些細なことにも喜びを感じられるように、心の感度を高めていこう。

興奮する
こうふん

意味	極度に感情が高ぶり、平静ではいられない状態
類義語	感動する／熱情／熱狂／熱中／没頭
反対語	冷静／平静／淡々／悠々／醒めた

ポジティブ度：★★☆　ネガティブ度：★☆☆

　仕事でもプライベートでも、すぐにマンネリに陥り、なかなか楽しい気分が味わえないことがある。フレッシュな気持ちを維持するためのひとつの方法は、たまには熱狂的な興奮を味わうこと。ふだんは冷静な人も、たまには感情の高ぶりが必要だ。**趣味やスポーツに打ち込むのもいいし、恋愛感情に身をゆだねるのもいい**。芝居などを見たり、旅行などで非日常的な体験をしたりすることも心に大きな刺激を与える。そのほか、ペットを飼うだけでも、日々新鮮な驚きが味わえる。
　マンネリに陥らないで興奮できるようにするには、自分が関心をもっていること、これから興味をもてそうなことを、いろいろ試してみることである。

> 新鮮な気持ちを保つためには、熱狂的な興奮を味わいたい。趣味やスポーツに打ち込んだり、恋愛感情に身をゆだねたりすると、日常に大きな刺激が得られる。

豪放(ごうほう)

意味	細かいことにこだわらない、おおざっぱな性格
類義語	大胆／堂々／ふとっぱら／豪胆／磊落(らいらく)
反対語	繊細／細部にこだわる／神経質／重箱の隅をつつく

ポジティブ度：★★☆　ネガティブ度：★☆☆

日本人は、真面目で、几帳面なタイプが多く、仕事や人間関係がうまくいかないとストレスやフラストレーションを抱えやすい。ところが、豪放な性格は細かいことにこだわらないせいか、片肘張って仕事に励んでいるタイプは少ない。どちらかといえば、**人生は楽しむべきものと考え、仕事もプライベートもゲーム感覚で取り組んでいる。**

計画はおおざっぱだが、現実が計画通りにいくことはまれである。豪放な性格の人は**局面に応じて臨機応変に対処するので、結果的に、真面目で几帳面なタイプよりも大きな成果をあげることもある。**リーダーに豪放タイプが多いのも、そのせいである。細部をおろそかにしてはいけないこともわかっているので、よく気がつくタイプを補佐として起用する。

> 豪放な性格の人は計画こそ、おおざっぱだが、臨機応変に対処するので、大きな成果をあげることが多い。人生は楽しむべきものだと考えている。

傲慢(ごうまん)

意味	プライドが高く、周囲の人を見下してしまうこと
類義語	偉そう／高慢／横柄(おうへい)／優越感／尊大／傍若無人(ぼうじゃくぶじん)
反対語	腰が低い／謙虚／低姿勢／控えめ／周囲をもち上げる／卑下する

ポジティブ度：☆☆☆　ネガティブ度：★★★

自己評価が高く傲慢な人は、周囲を見下し、他人と比べて自分が優れていると思っている。強引(→P95)な人が、物事の順調な進行や目標達成にこだわっているのに対し、傲慢な人は**人間関係で優位を築くことに執着**する。

人に何かを頼むときも強引な人が依頼型なのに対し、傲慢な人は命令型で臨む。当然、反発や嫌悪感を抱かれるので、順調な進行や目標達成、人間関係は失敗に終わることが多い。その場合、**傲慢な人は失敗を断固として認めないか、認めたとしても他人や状況のせいにして自分で責任を負おうとしない。**傲慢な人は自分の言動が結果的に自分にとって損になっていることが多いと理解するべき。

> 傲慢な人は何をしているときでも人間関係で優位に立つことに執着している。損得よりも「自分尊し」の感情のほうが優先するので、結果的に損をすることが多い。

誤解されやすい

意　味	自分の性格や言動を自分が思っているのと違うように受け取られること
類義語	曲解／勘違い／思い違い／先入観／偏見
反対語	理解／正解／正当な評価

ポジティブ度：☆☆☆　ネガティブ度：★★☆

誤解されやすい人にも、いろいろなタイプがある。無口で誤解されやすい人はミスラベリング（→P69）されている可能性が高い。偏見や先入観によって誤ったレッテルが貼られている。こうした人は、まずは一人に絞って理解者をつくること。**一人理解者が生まれるだけでも、心理的にずいぶんラクになるし、その人が誤解を解くために力になってくれるかもしれない。**

おしゃべりで誤解されやすい人は誤解を解くために、さらに多弁になり、周囲から敬遠されることが多い。こうした人は、むしろ**周囲の話に徹底的に耳を傾ける聞き上手になることで、誤解が解けることがある**。相手の話を聞くことでコミュニケーションの回路が開き、お互いに自己開示がしやすくなる。

> 誤解されやすい人はコミュニケーションがうまくいっていないことが多い。まずは相手の話に耳を傾け、コミュニケーションの回路をつくること。

腰が低い

意　味	謙虚な姿勢を貫き、常に相手を立てようとすること
類義語	謙虚／低姿勢／控えめ／持ち上げる／卑下
反対語	偉そう／自己主張が強い／傲慢／不遜／鼻もちならない

ポジティブ度：★★☆　ネガティブ度：★☆☆

自尊感情が強く、自信をもっているがゆえに自分が低く見られることも平気で、腰が低い人がいる。人間関係をうまく維持していくために自分を下げたり、相手を立てたりしようとする。営業や客商売などの仕事ならともかく、日常生活での腰の低さは処世術としてのポーズにすぎないことが多い。

ただ、スタンフォード監獄実験（→P83）でも明らかになったように、人は、ある人格を演じているうちに、その人格に染まりやすい。対人関係の処世術として腰が低い人を演じているうちに、いつの間にか行動パターン化し（習い性になってしまい）、本当に謙虚で低姿勢な人になることもある。**必要以上の卑下は周囲のひんしゅくを買うこともあるので、適度な腰の低さが求められる。**

> 日常生活での腰の低さは処世術としてのポーズにすぎないことが多いが、腰が低い人を演じているうちに本当に謙虚で低姿勢な人になることもある。

個性的（こせいてき）

意　　味	人と違っていることを好むこと
類 義 語	変わっている／独自性／かけがえのない／オリジナリティー／オンリーワン
反 対 語	没個性／平等／類型的／標準的／スタンダード／画一的

ポジティブ度：★★☆　ネガティブ度：★☆☆

「個性的」を、いい意味にとる人と悪い意味にとる人がいる。いい意味にとる人は自己評価が高い人とユニークネス（「人と違っていたい」という気持ち）を大事にする人。自己評価が高い人は「個性的ですね」と言われると自分に対する賞賛と受けとめ、自己評価が低い人は自分の欠点を指摘されたように感じる。ユニークネスを大事にする人は個性やオリジナリティーを褒められることを喜び、逆に「グループに溶け込んでいる」「協調性があるね」などと評されるのを嫌う。

実際、人間関係を研究したアメリカの心理学者であるクレッチとクラッチフィールドの性格分類によると、**協調性を重視せず、目立ちたがりの人ほど「個性的」といわれて喜ぶ傾向があった。**

> 「個性的」といわれて喜ぶのは自己評価が高い人とユニークネスを大事にする人。協調性を重視しない目立ちたがり屋が多い傾向がある。

孤独（こどく）

意　　味	ひとりぼっちであることを痛切に感じること
類 義 語	さびしい／わびしい／孤立／離別／離れ離れ
反 対 語	連帯感／帰属意識／友情／愛情

ポジティブ度：☆☆☆　ネガティブ度：★★☆

最初から一人きりなら、孤独は感じにくい。近しい人や親しい人が去っていったり、ひとかどの地位を築いた人が失敗して大勢の人が離れていったりしたときなどに孤独に陥りやすい。なかには、どんなに孤立しても、その状態を楽しめる猛者もいるが、大半は、ひとりぼっちと感じると、わびしさ・さびしさを感じる。

こうしたときは声をかけてくれる人に拒否反応を示さず（自分の弱さを見せたくないと拒絶するケースがある）、素直に相手のやさしさに甘えたほうがいい。あなたの「孤独なので、そばにいてほしい」という本当の気持ちをくみとって声をかけてくれたのだから。**同情されたくないと意固地にならず、自分の不安や孤独感を聞いてもらうだけで、ぐっと心がラクになる。**

> 孤独は喪失感から生まれることが多い。ひとりぼっちのときには愛情や同情を示されると拒絶してしまうことがあるが、素直に感謝の気持ちをもちたい。

子どもっぽい

意味	心が十分に成熟していないこと
類義語	青くさい／他愛ない／大人げない／稚拙／幼稚／未熟な
反対語	成熟した／大人

ポジティブ度：☆☆☆　ネガティブ度：★★☆

子どもっぽい人には3つのタイプがある。第一に子どもっぽさをキャラクターとして演じているケース。子どもっぽい言動をとることで、かわいがられやすく、敵視されることも少ない。第二に女性でも男性でもない中性的な存在でいたいケース。大人になると、否応なく自分の性を受け入れざるを得ない。このタイプは性的なものに恐れをもっていることが多く、恋愛やセックスを、できるだけ避けるために子どもっぽく振る舞っている。第三に大人としての責任を果たしたくないケース。社会人として自立すれば、さまざまな責任を引き受けざるを得ないが、**子どもっぽく振る舞うことで、そうした責任を回避している**。第二、第三の理由で成熟するのを拒否している人たちを心理学者のカイリーは童話の主人公にちなんで「ピーターパン症候群」と名づけた。

自己防衛として子どもっぽさを演じているケースと、大人になるのを拒否して子どものままでいたいと望んでいるケースがある。

古風

意味	古い伝統や行動スタイルを尊重し、それに沿った言動をすること
類義語	伝統的な／格式が高い／奥ゆかしい／慎ましい／一歩下がった
反対語	現代的／モダン／先端的／今風の

ポジティブ度：★☆☆　ネガティブ度：★☆☆

古風な人は大きく2種類に分かれる。ひとつは古い伝統や文化に固執し、融通がきかない頑固なタイプで、男性に多い。欠点として、自分の思いや考えに執着するあまり、状況が変わったとしてもうまく対応できないことが挙げられる。もうひとつは「奥ゆかしい」「一歩下がった」といった言葉に代表される、控えめな性格で相手を立てるタイプで、女性に多い。欠点は常に自分を抑えているため、率先してリードしてほしいときにも一歩下がってしまい、もっている能力やスキルを発揮しきれないことである。

課題や問題の解決を求められたら**自分の考えや行動パターンに執着せず、前者は自分を抑える勇気、後者は一歩前に出る勇気をもつこと**が必要である。

控えめな行動になりがちなので、相手を立てつつも一歩前に出る勇気をもつようにしよう。

怖い（こわ）

意　味	心身の安全が脅かされる予感がして不安になること
類義語	恐怖／不安／イヤな予感／おどろおどろしい
反対語	平気／平穏／冷静／楽しみ／希望／見通しが明るい

ポジティブ度：★☆☆　ネガティブ度：★★★

「危険や失敗、悪いことが起こりそうだという不吉な予感」をもったときにおぼえる感情のこと。恐れや不安を感じると交感神経が刺激され、心拍数が増えて筋肉も緊張、心に合わせて体も臨戦態勢になる。

もっとも、怖いという感情にもプラス面がないわけではない。心身に適度な緊張感を与え、これからやってくる事故やトラブル、不測の出来事などを解決する力になるからである。

ただし、その**緊張が限度を超えると動悸が速くなったり、息苦しさを感じさせたりしてマイナスに働く**。そうしたときは困惑したときと同じように、いったん心身をリラックスさせ、トラブルに備えたい。

> 未知なものに対して「怖い」と思う感情は当然のことで、そうした感情があるからこそ、リスクを小さくするよう、あらかじめ手を打つことができる。

困惑（こんわく）

意　味	状況を把握できず困ってしまうこと
類義語	戸惑い／混乱／混迷／当惑／狼狽（ろうばい）／先が見えない／まごつく
反対語	的確／正確／把握／掌握／解明／すっきりした／理解

ポジティブ度：☆☆☆　ネガティブ度：★★★

自分のまわりで起こったことを正確に理解できず、次にどのような行動をしたらいいかわからない状態を指す。想定外の出来事に頭が働かず、「かたまって」しまうこともよくある。同じ困惑でも、日々の生活で起きたちょっとしたことに戸惑い固まってしまうのはいいが、事故やトラブルが発生したときに少しでも判断が遅れると致命的なことになりかねない。

認知プロセスは、認識→判断→実行と進むので、**認識が遅れると判断、実行も遅れる**。とりあえず、心を落ち着かせることが大事なので、お茶や水を飲んだり、トイレに行ったりして頭をしゃきっとさせたうえで、何が起こっているかを把握するようにしてから行動にうつしたい。

> 認識が遅くなるとその後の対処も遅れるので、まずは心を落ち着かせたうえで、何が起こっているのか、事態の把握に努めたい。

コンプレックス

意味	特定の人や物事に対して異常なまでにこだわること
類義語	劣等感／優越感／こだわり／わだかまり／執着／偏愛
反対語	淡々とした／平らかな気持ち／こだわりがない／平常心

ポジティブ度：★★☆　ネガティブ度：★★☆

「自分は、あの人にコンプレックスを感じる」というときのコンプレックスは、「劣等コンプレックス（劣等感）」で、あくまで数あるコンプレックスのうちのひとつ。コンプレックス＝劣等コンプレックスではない。

コンプレックスという概念を唱えたのはスイスの心理学者ユングで、心理学の伝統的な技法である言語連想テストを行っている際に発見した。言語連想テストとは、実験する側が用意した100の言葉（刺激語）を順番にいい、それに対して被験者に思いついた言葉を、できるだけ速くいわせるテストのことで、被験者が発した言葉（反応語）と言葉を発するまでの時間（反応時間）を記録していく。同じ刺激語をいっても反応語が違っていたり、反応時間が長くなったりすることから、被験者は刺激語と、その言葉から連想されるものに、わだかまりをもっているのではないかと推測した。たとえば、それが「父親」という言葉であれば、被験者は父親に対して何らかのわだかまりを抱えていると考えたわけだ。その心に絡みついているわだかまりをコンプレックスと呼ぶ。

● コントロールが難しいコンプレックス

コンプレックスは心の中に「感情のかたまり」となって存在し、あまりにも強い感情なので、コントロールすることは難しい。 コンプレックスが大きくなると、知らないうちに不可解な行動をとったり、ゆがんだ思考に陥ったりして、生活に支障をきたす場合さえある。早いうちに手を打つ必要がある。

ミニコラム

醜形（しゅうけい）コンプレックス

日本人に多いのが劣等コンプレックスである。日本ではコンプレックスといえば、ほとんど劣等コンプレックスを意味するくらいである。劣等コンプレックスにもいろいろあるが、近年、若い世代に多いのが醜形コンプレックスだ。自分の容姿や体型が醜いので、異性や周囲から嫌われてしまうと考えている。「背が低い」「背が高すぎる」「太っている」「痩せている」「体毛が濃い」「アゴが張っている」「臭い」など、数え上げればきりがないほどの種類がある。たとえば、友人から「おまえ、胸毛が濃いな」と指摘されただけで、「体毛が濃いので、みんなに笑われる」と思い込み、家に引きこもってしまった男性もいる。**友人の言葉は、ちょっとした軽口で気にする必要もないが、シャイな人は人生を左右するほどの重大事と受けとめてしまう。**

劣等コンプレックスのひとつ、醜形コンプレックスは容姿や体型を必要以上に気にするが、周囲は本人ほど気にしていないものだ。

●コンプレックスが人を成長させる

コンプレックスは悪いことだけではない。コンプレックスがあることで、人は努力し、向上することができる。

さらに、コンプレックスを克服するため、違う分野で努力することもある。ルックスに自信のない人が勉強を頑張って成功する、といったことがある。コンプレックスを認識することで、乗り越え、成長を促す。これを補償行動という。

●もしかすると……？　父親コンプレックスをチェック

会話の中で、父親の話が出ると急に話題を変えようとする人がいる。

自分の父親の話題を避けたり、わだかまりを持っていたりする人を父親コンプレックスという。これには、「母親と戦って父親の愛情を勝ち取りたい」という娘が抱くコンプレックスと、「父親に対抗するものの越えられず、投げやりな人生に陥る」という息子が抱くコンプレックスの2つがある。

友人や知人との会話を思い浮かべてみよう。たとえば、父親の話題は出るが、父の趣味や年齢、仕事などのあたりさわりのない話だけで、自分が好きか嫌いか、どのような存在かといったことは話さなかったり、「あの世代は仕事人間だね」などの結論じみた話で切り上げようとしたり、理由をつけて席を外すことはないだろうか。

これらの内容にあてはまるものがある人は、父親コンプレックスの可能性が高いと考えられる。

コンプレックスは心の中に「感情のかたまり」として存在し、コントロールすることは難しい。コンプレックスが大きくなりすぎると自分を苦しめることになる。

> **ミニコラム**
> **母親コンプレックス**
>
> 今の日本では母親から自立できるかどうか、母親の支配から、いかに脱出するかが大きなテーマになっている。
>
> 父親は外で忙しく働いており、子どもは、なかなか父親にはなつかない。母親にべったりになり、何でもかんでも母親に依存してしまうようになる。その結果、思春期を過ぎ、高校を卒業し、**成人になっても、母親から自立できない子どもが増えている。**これを母親コンプレックスと呼ぶ。子どもが母親に依存しているだけではない。**母親のほうも子どもに依存しているケースが多く、共依存の関係にある**ので、ますます母親からの自立が難しい（詳しくはP163）。
>
> 幼少期から母親べったりで、成人しても母親から自立できない子どもたちが増えている。自分の中の母親コンプレックスを自覚し、母親の支配を断ち切る必要がある。

罪悪感（ざいあくかん）

意味	自分の言動が他の人を傷つけ、罪の意識を感じてしまうこと
類義語	背徳感／良心の呵責／うしろめたい／やましい／自責の念
反対語	本懐を遂げた／会心／達成感／悔いがない／天地神明に誓って

ポジティブ度：☆☆☆　　ネガティブ度：★★☆

自分の失敗やミス、言動のために、周囲や他の人に迷惑をかけたとき、人は罪悪感を抱く。ただ、致命的な失敗、宗教上のあやまち、不道徳な行いなどに対して罪悪感をもつのではなく、さして大きな失敗やミスでないのに強い罪悪感を抱く人がいる。往々にして自己卑下が強く、職場やプライベートでも、すぐに「すみません」と口にするタイプ。適度な謙遜は人間関係の潤滑油といえるが、**自己卑下が強くなりすぎると人生を楽しめなくなり、場合によっては、うつ症状などが発症する。**

必要以上に罪悪感をおぼえる人は小さな目標を設定し、その目標を達成することで自信と経験を積み、それを繰り返していくことで自然に自己評価が高くなる。

> 極端に強い罪悪感を抱く人は自己卑下が強い。心が罪悪感に占められると問題解決の邪魔になるケースもある。問題が解決するまで、いったん罪悪感を棚上げにして、きちんと問題に向かい合うことも必要だ。

さびしい

意味	仲間がおらず、孤独を感じること
類義語	ひとりぼっち／わびしい／孤独／人恋しい／人肌が恋しい
反対語	にぎやか／連帯感／絆が強い／仲間意識

ポジティブ度：☆☆☆　　ネガティブ度：★★☆

孤独や孤高がひとりでも生きていけるイメージなのに対し、さびしいは人を求める気持ちが表れている。さびしさから逃れたい、男女を問わず好ましいと思った人に好意をもってもらいたいと思ったら、まずは相手のことを褒めることだ。**人は自分に好意をもってくれたり、賞賛してくれたりする人を好きになる傾向がある。**まずは人と関係を築いていくのだ。

心理学では、これを**好意の返報性（→P95）**と呼んでいる。たいがいの人は賞賛や共感、評価などの社会的報酬が寄せられると、うれしいもの。報酬をくれた相手に社会的報酬を返そうとするので、良好な人間関係が生まれる。

> さびしいと感じている人は積極的に周囲の人を褒めること。好意の返報性によって相手も社会的報酬を返してくれるので、良好な人間関係が生まれる可能性が高い。

ざまあみろ

意味	自分が相手よりも成功したりしたときに、心の底から発せられる
類義語	やったあ／お気の毒／いい気味だ／それ見たことか／いわんこっちゃない
反対語	悔しい／今に見ていろ／目にもの見せてやる

ポジティブ度：☆☆☆　　ネガティブ度：★★★

「ざまあみろ」と心の中で思うのはいいが、相手に対して口に出してしまうと余計なうらみを買うことになる。それがわかったうえで、どうしても真情を吐露したいのであれば、遠慮することはない。ただ、そのうちに相手を自分の味方にしたいということであれば、米国の心理学者ウォルスターの自尊理論から考えると、励ましの言葉を送ったほうがいい。

自尊理論とは**人は自己評価が高いときは他人の好意を受け入れにくく、自己評価が低いときは愛情に敏感になり、好意を受け入れやすい**というものである。

相手が落ち込んでいるとき、「あなたなら、また成功をつかめるはず」と激励すれば、犬猿の仲だったとしても、相手は、ほろっとする可能性が高い。

> 相手を自分の味方にしたいのであれば、「ざまあみろ」と口に出すのではなく、さまざまな感情を乗り越えて励ましの言葉を送るべき。

さめている

意味	物事を突き放して見て、共感したり、熱くなったりしないこと
類義語	冷たい／クール／客観的／突き放す／しらんふり／興味がない
反対語	熱い／熱狂的／感情移入／共感／能動的／意欲的

ポジティブ度：★☆☆　　ネガティブ度：★★☆

さめている人には2つのタイプがある。ひとつは、本当に人や物事に対して興味や関心がなく、この世では満足は得られないと厭世観さえ抱いている人。もうひとつは、クールな演技をしているものの、それは他人の関心を引くためで、**本心では人から評価されたい・認められたいと思っている自己承認欲求が強い人**。大半は後者で、むしろ自己顕示欲（→P111）も強い。周囲から賞賛や評価の声があがると照れくさそうにしながらも、うれしさを隠せない。

仲良くなるためには、褒め言葉やねぎらいの言葉を欠かさないこと。親しくなれば、クールさの背後に隠れた人なつっこさが顔を出すかもしれない。趣味や専門分野のことで教えを乞うようにすれば接近の足がかりにはなる。

> 本当にさめている人には専門の分野などの教えを乞い、さめている人を演じている人には褒め言葉やねぎらいを欠かさない。

自意識
じいしき

意味	自分と他人、外部を区別する意識のこと
類義語	自我／自己同一性／アイデンティティー／自覚／自己認識
反対語	無意識／集合意識／自他の区別がつかない

ポジティブ度：★☆☆　ネガティブ度：★★☆

　自意識（自己意識）には自分の感情や気持ち、価値観などを大事にする私的自己意識と、自分が他人からどのように見られているかを気にする公的自己意識がある。両者のバランスが大事で、どちらかが突出すると自分を見失いやすい。

　私的自己意識が強すぎると、「自分が、自分が」となってしまい、すべてが自分中心に動いていないとガマンならなくなる。逆に公的自己意識が強すぎると、周囲から、よく見られたいと思っているので、外見が派手になったり、メイクに凝ったり、地位や家柄などを自慢したりといった行動が目立つようになる。

　一方、**周囲と波風を立てたくないので、自分の意見や考えを抑えがちになり、欲求不満が溜りやすい。**

> 自意識には自分の感情や気持ちを大事にする私的自己意識と自分が人から、どのように見られているかを気にする公的自己意識がある。

自意識過剰
じいしきかじょう

意味	自分自身のことについて必要以上に意識している人
類義語	あがり症／喝采願望・自己顕示欲が強い／自分をよく見せたい
反対語	ざっくばらん／天衣無縫／飾り気がない／自由気まま／遠慮がない

ポジティブ度：☆☆☆　ネガティブ度：★★☆

　公的自己意識が強い人を自意識過剰という。いつも鏡を見て自分の姿をチェックしたり、メイクを頻繁に変えたり、ブランド服に身を包んだりして、周囲の目に、自分がどのように写っているかを必要以上に気にする傾向がある。喝采願望（→P71）も強いが、人前でスピーチやパフォーマンスをするときは他人の評価が気になって、あがってしまい、実力を発揮できないことも多い。

　周囲の目や評判を気にするくせに、他人の悩みや苦しみには、ほとんど興味・関心がなく、友人や知人の心情や気持ちを理解しようとしない。そのため、周囲から浮いている可能性がある。周囲はそれほど自分に注目しているわけではないことに気づくことができないため、なかなか変わらない性格である。

> 自意識過剰なタイプは周囲の目や評判は気にするが、他人に興味がなく、悩みや苦しみを理解しようとしない。まずは友人や知人の話に耳を傾けたい。

自己(じこ)

意　味	自分自身のこと
類義語	おのれ／われ／自分／自我／我(が)
反対語	他人／他者

ポジティブ度：★★☆　　ネガティブ度：★☆☆

一番知っているようでいて一番知らないのが自分自身のことである。自分が知らない自分を知るためには「ジョハリの窓」がヒントになる（→P40）。米国の心理学者であるジョセフ・ルフトとハリー・インガムが発表したもので、「自分がわかっている・自分がわかっていない」「他人がわかっている・他人がわかっていない」の2つの軸を組み合わせて、自分の内面領域を4つの窓に分けた。**自分を知るために、まずは盲点の窓を開放の窓に変えたい**。つまり、「あなたって〇〇だよね」と他人から指摘されて気づくために、他人に対してオープンになり、円滑にコミュニケーションをとることが大切なのだ。開放の窓を広げると、他者との良好な関係が築ける。

> 自分を知るためにはジョハリの窓がヒントに。まずは盲点の窓を開放の窓に変えるために友人や知人に自分がどのような人間だと思うか、聞いてみる。

自己愛(じこあい)

意　味	自分で自分を愛してしまうこと
類義語	自分中心／利己主義／ナルシシズム
反対語	愛／利他／共感／博愛／慈悲

ポジティブ度：★☆☆　　ネガティブ度：★☆☆

自己愛が強すぎると自己愛コンプレックスに陥ってしまうが、ほどほどの自己愛は人間が成長していくためには不可欠なものだといえる。自分を愛していなくては自分の成長など望まないからである。

アメリカ（出身はオーストリア）の精神分析学者であるハインツ・コフートは自己心理学を提唱、自己愛は一生続いていくもので、ユーモアや知恵、共感などのベースであり、人格を成熟させるためのエネルギーになると考えた。健全な自己愛は自己実現のための原動力たりえる。自己愛が突出すると他人を手段としてしか考えられなくなり、尊大な態度をとってしまう。**自己愛を健全なレベルに留めておくためには人間関係の中で自分自身を鍛え、他人や周囲に対する共感力（→P83）を養っていくしかない**。

> ほどほどの自己愛は人間が成長していくためには不可欠なもの。自分を愛していなくては自分の成長など望まないからである。

思考のくせ

意味	ある状況に置かれたとき、自動的にわいてくるイメージ・感情のこと
類義語	自動思考／固定的／頭が固い／視野が狭い／ネガティブ／自己否定
反対語	柔軟／フレキシブル／臨機応変／視野が広い

ポジティブ度：☆☆☆　ネガティブ度：★★★

何かひとつでも失敗やミスがあると、どんどんよくないことを考えてしまい、強い不安に陥る人がいる。硬直化した思考のくせができあがっており、そうした思考のサイクルから抜け出せなくなっている。

マイナスの思考のくせがある人は思考の連鎖を断ち切る必要がある。 たとえば、上記の例だと、「過去に失敗した」と「今回もダメかもしれない」にはそもそも何の因果関係もないし、「今回もダメかもしれない」と「私はいつも失敗ばかり」にも論理の飛躍がある。否定的な思考のくせをもっている人は一度の失敗や特定の出来事を普遍化してしまう傾向がある。「私は人から好かれない」と思っていても、事実は過去に一回振られたことがあるだけであったりする。

> 否定的な思考のくせをもっている人は原因と結果のつながりが明確なものだけに絞って考えれば、イヤな思考を追い払える。

自己開示

意味	自分自身の性格や考えを他の人にわかるように示すこと
類義語	開放的／オープンな／公開する／さらけ出す／明らかにする
反対語	心を閉ざす／自閉／閉鎖的／排他的

ポジティブ度：★★☆　ネガティブ度：★☆☆

ジョハリの窓（→P40）で盲点の窓を開放の窓に変えるためには、他の人とのコミュニケーションが欠かせない。他人しか見えていない部分を知るためには他人に教えてもらうしかないからである。

その際、親しい関係をつくるためには自分のプライベートな情報も話す必要がある。心理学では個人的なことを、ありのままに相手に伝えることを自己開示と呼ぶ。プライベートなことを話せるのは、ある程度の信頼関係がある人だけなので、逆にいえば、プライベートなことを話すことで相手を信頼しているというメッセージを発信していることになる。**自分がプライベートなことを話せば、相手も同じレベルの自己開示で応じてくれる可能性が高い。** これを自己開示の返報性という。

> 親しくなりたい人にはプライベートな情報も伝える。自分がプライベートなことを話せば、自己開示の返報性から相手も同程度の話で応えてくれる。

自己犠牲(じこぎせい)

意　味	大きな目標を達成するため、他人や周囲を救うために危険も厭(いと)わないこと
類義語	献身／捨身(しゃしん)／利他行動／誠忠／殉教／マゾヒズム
反対語	他人を蹴落とす／競争心／好戦的／攻撃的／自分だけは助かりたい

ポジティブ度：★★☆　ネガティブ度：★☆☆

自分の身を危機にさらしても他の人を助ける行動を利他行動と呼ぶ。自己犠牲は利他行動の最たるもので崇高な行為だが、**自分が不快感をおぼえないために、もしくは自分が罪悪感から逃れるために実践する利己的な行動だとする見方もある。**

アメリカの心理学者チャルディーニらによると、人は困窮している人を見ると同情やあわれみを感じる。そうした感情は自分に大きな苦痛をもたらすので、その苦痛から逃れるために困窮している人を助ける。元の意味とは若干異なるが、「情けは人のためならず」の実践といえる。もうひとつは自罰感情から出るもので、自分が何らかの失敗やミスを犯し、他人に迷惑をかけてしまった場合、自分を罰しようとして自己犠牲の道を選ぶというもの。

> 自己犠牲が利他行動であるとは限らない。同情やあわれみという感情から逃れるため、もしくは自罰感情の発露として自己犠牲の道を選ぶこともある。

自己顕示欲(じこけんじよく)

意　味	自分を目立たせたい、みんなから評価されたいという強い欲求のこと
類義語	目立ちたい／喝采願望／オーバーな／おおげさな／派手な／承認欲求
反対語	控えめ／謙遜／謙虚／慎ましい／おしとやか

ポジティブ度：★☆☆　ネガティブ度：★★☆

自己顕示欲がやっかいなのは、自分を目立たせるためにウソをつくのもためらわないこと。見栄や虚栄心と結びつき、自分を飾るため社会的に重要な地位についていると偽ったり、家柄や出自をごまかしたりする。別人になりすましたり、芸能人や政治家など著名な人物とのつながりを自慢したり、ほほえましいものから詐欺に近いものまで、さまざまなウソがある。

実社会でもインターネットの世界でも自己顕示欲が強いウソつきは存在するが、ネットの場合、情報が限られていることから、より巧妙に実際以上の人物に見せかけることができる。下手をすると結婚詐欺や信用詐欺にあう可能性もあるので、金銭が絡むことについては、**きちんと裏づけをとったり、他の人の意見を聞いたりする必要がある。**

> 自己顕示欲が強いと自分を目立たせるために簡単にウソをつくようになる。被害にあわないためには第三者からの情報にも耳を傾ける。

自己正当化（じこせいとうか）

意味	自分の失敗やミスも他人や外部、運命のせいにすること
類義語	弁解／自己弁護／釈明／言い訳
反対語	責任をかぶる／自罰感情／自己否定

ポジティブ度：☆☆☆　ネガティブ度：★★☆

自己正当化は心のバランスを保つために必要だが、度がすぎると失敗やミスから何ひとつ学ばず、再び同じ過ちを犯してしまうことになる。たとえば、テストの成績が悪かったとき、「ヤマがあたらなかったから、仕方がない」で済ませてしまっては次のテストも同じ結果になる。

問題やトラブルが起こったとき、その原因をどこに求めるかによって、人間のタイプは**外罰型、内罰型、無罰型**の３つに分けられる。内罰型は自分に原因があるとするが、外罰型は原因を他人や環境に求める。無罰型は誰のせいにするでもなく、「仕方がなかった」「運が悪かった」と割り切る。外罰型、無罰型は自己正当化がすぎると、結果が悪くても落ち込まなくて済むが、改善・改良にはつながらない。

> 自己正当化の度がすぎると失敗やミスから何ひとつ学ぶことができず、また同じ過ちを繰り返してしまう可能性が高い。

自己万能感（じこばんのうかん）

意味	自分には人より優れた能力があり、できないことはないと思い込むこと
類義語	自信過剰／自分本位／自分中心／自己愛的／不遜／鼻もちならない
反対語	卑小／矮小（わいしょう）／自己認識／等身大／非力／非才

ポジティブ度：☆☆☆　ネガティブ度：★★☆

自己万能感をもつと鼻持ちならない人間になりやすい。「自分は何でもできる」「他人は自分より劣っている」と思い込んでいるので、傲慢さが言動として表れ、他人の自尊心やメンツなどは一向に気にしなくなる。ふだんはネコをかぶっていても、酒の席などでタガが外れると、「自分はノーベル賞をとる」「次の総理大臣は自分だ」といった大言壮語を吐いたり、「おまえはバカだ」と露骨に他人を下げる発言をしたりするようになる。お酒を飲んで気分が大きくなり、ふだんは胸の中に秘めていたことが姿を表すのである。

自己万能感をもっている人は本当は、**もろくて弱い自分の心を背伸びした自尊感情で囲っているだけで、心の奥底では劣等コンプレックス（→P104）などがうごめいている**。

> 自己万能感をもつと傲慢さが言動として表れ、他人の自尊心やメンツなどは一向に気にしないので、鼻もちならない人間になる。

自己否定（じこひてい）

意味	自分には能力や価値がないと思い、生きていることも否定してしまうこと
類義語	自信の欠如／劣等コンプレックス／自己嫌悪／卑下／敗北感
反対語	自己肯定／生き生き／生きている実感／歓喜／達成感

ポジティブ度：☆☆☆　ネガティブ度：★★☆

自己評価が低い人は容姿にも自信がないと感じている。そのこと自体が誤認識の場合も多いが、仮に正しい認識であったとしても、その次の考えが問題になる。「だったら、メイク技術を磨こう」「能力・スキルをあげるために資格をとろう」とはならず、「どうせ何をやっても仕方がない」と、ますます否定的な感情をつのらせて挑戦しようとしない。

そうした「あきらめの心」を絶ち切るためには、前向きで何が起きても屈しない楽観的な人との付き合いを始めること。自己評価が低い人は、そうした前向きな人を苦手としており、声をかけるのも勇気がいるはず。**最初は、ただ相手のそばに近寄っていくだけでいい。**相手は目ざといので、声をかけてくれる。

> 少しでも自分を変えたいと思ったら、前向きで楽観的な人に近寄っていくこと。確実に相手のほうから声がかかる。

ミニコラム　達成感を得るアハ体験

成功体験をして達成感が得られることをアハ体験という。自己否定が強い人は、自尊感情（→P114）が低い。「まわりに認められる」達成感や充実感などのアハ体験を積むことで、自尊感情を高めることができる。

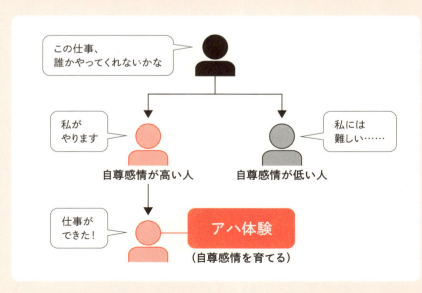

113

自尊感情(じそんかんじょう)

意味	自分が特別であり、人より優れていると思うこと
類義語	矜持／うぬぼれ／誇り／プライド／メンツ／気位／虚栄心／自負
反対語	自己評価が低い／自己否定／ネガティブ／悲観的／卑下

ポジティブ度:★☆☆　　ネガティブ度:★★☆

　自尊感情(自尊心)は強い弱いはあっても、誰しももっている。ただ、その感情が強くなりすぎると、自分や周囲を傷つける可能性があり、2つの表れ方がある。

●自己万能感をもつ

　ひとつは自分が特別な存在だと心底から思い込み、やがて自分が誰よりも能力があり、誰よりも美しく、誰よりも卓越した存在であるという自己万能感(→P112)をもつに至る。

　若いうちから、どのような場に出ても自分が特別視されることを期待するようになる。当然、それに見合う地位も実力もないので、周囲から敬遠されたり、ぞんざいに扱われたりするが、そうした扱いや批判に対しては猛烈に怒り、自分を特別扱いするように要求してやまない。**自分を過大評価しているので、周囲に対しても自分を賞賛するように求め、ますます孤立する。**

　自己愛コンプレックスのかたまりで、自分が失敗やミスを犯しても他人のせいにするなどして自分の責任だとは認めない。

●言葉のトゲを隠しきれない

　もうひとつは一見すると、**謙虚な人物のように見えるのだが、自尊感情が強すぎるせいで、言葉のはしばしに相手を軽蔑し、見下す「トゲ」を隠しきれない**こと。自分が相手より優れていると思っているので、相手の行動を賞賛しながら皮肉を交えたり、「本当によくやった。あの点だけが残念だったね」と仕事の欠点を指摘する言葉を発したりする。謙譲の皮をかぶった狼(皮肉家)だといえる。

　自尊感情が強い人と付き合うときは、「狭量な人間」「器の小さな人間」と心の中で念じる。すると、相手が小さく見えてきて、相手の言動が気にならなくなるかもしれない。

> 自尊感情が強すぎると、自分を過大評価して自己万能感の落とし穴にはまったり、謙虚さの皮をかぶった皮肉家になったりする。周囲の信頼は得られない。自尊感情が強い相手に対しては、相手が小さく見えるような言葉を心の中で念じる。

自信(じしん)

意　味	自分の能力や容姿、スキル、地位などが揺るがない強い気持ち
類義語	矜持(きょうじ)／プライド／自負／自慢／確信
反対語	危惧／無力感／力不足／先が見えない／不安

ポジティブ度：★★★　ネガティブ度：☆☆☆

よほどの自信家でない限り、最初から自信をもっている人は少ない。特に資格試験など未知なことや経験が少ないことにチャレンジするときなどは不安のほうが先に立ち、成功の確信が、なかなかもてない。

アハ体験(→P113)を積み重ねるなど自信をつける方法はいくつかあるが、一番のおすすめは挑戦しようと思っていることに成功した先人に話を聞き、その人になりきってしまうこと。**人は「なりたい自分」を演じているうちに行動だけでなく、性格まで変わっていく。**最初は、なかなかなりきれるものではないが、舞台で名演技を披露している役者だと思って「なりたい自分」をイメージし、それに沿った言動をしていくだけで、いつの間にかイメージに近づいているものである。

> 未知なことや経験が少ないことにチャレンジするのは、なかなか自信がもてない。そのことを達成した先人に話を聞き、その人になりきろうと努力してみる。

知(し)ったかぶり

意　味	まわりからよくわかっていると思われたい
類義語	自惚れ屋／自己顕示欲／自慢したがり
反対語	慎重派

ポジティブ度：★☆☆　ネガティブ度：★★☆

自分が精通していることはもちろん、それほど詳しくないことに対してもよく知っているかのようなそぶりを見せること。生来、**自己顕示欲が強いタイプに多く表れる**他者への態度であり、他の人の会話に割って入ったり、他人の発言を自分の発言で上書きしたりする傾向をもつ。幼児性を併せもつと「君はそんなことも知らないの？」「もっと勉強したほうがいいよ」といった**嫌味な物言いで他者を不快にさせることもある。**

ただし往々にして、**身体的あるいは物理的な劣等感の裏返し**であることも多い。知力を誇りたいという気持ちの強さが勉強熱心という行動につながる可能性は高いので、その点は本人にとっても、知識の恩恵が得られる周囲にとってもメリットになることもある。

> どれだけ知っているかをひけらかすより、知識を創造的なことに生かすことの大切さに気づけば、知ったかぶりから真の知識人への飛躍も期待できる。

嫉妬(しっと)

意　味	自己欲求にもとづく羨望・敵対心
類義語	やきもち／妬(ねた)み／嫉(そね)み
反対語	共感／称賛

ポジティブ度：★☆☆　ネガティブ度：★★☆

嫉妬は、自分がライバルとして意識する相手や、自分が望んでいる利益を、自分を差し置いて得た人に対し抱く敵意。心の中でモヤモヤと考えるのは軽度の嫉妬といえるが、重度になると対象者の悪評を広めたり、その人の実績を過度に低く見積もり、そのことを周囲に明言したりすることもある。**弱い者いじめをするタイプの中にも、実は嫉妬心が強いという人は少なくない**。エスカレートすれば、ライバルの持ち物を意図的に隠したり、怪我を負わせたりといったことも起こり得る。

克服するためには、ライバルを意識しすぎず、**リベンジしたいという願望を自分自身の地道な努力へと向けさせることが必要**。逆に何の嫉妬心も湧かない人は、向上する気持ちがそれだけ弱いともいえる。

> 嫉妬心は誰にでもあるが、ライバルへの攻撃という形で表れるのは自分自身に対してもマイナス。向上するきっかけにしたい。

執拗(しつよう)

意　味	ひとつの考えにいつまでもこだわり続ける
類義語	頑固／気がかり／疑心暗鬼／片意地
反対語	柔軟／場当たり的

ポジティブ度：★☆☆　ネガティブ度：★★☆

常に何らかの対象に自らの関心や行動を集中させ、そのことで頭がいっぱいになっている。主な原因として考えられるのは、**失敗や実力不足を恐れる**心理。これまでの人生において何か大きなトラウマを抱える出来事が起きた人に多い傾向でもある。常にそのことが気にかかっていることで、睡眠障害や摂食障害に陥る恐れがある点は注意。また、執着の対象を最優先するあまり、親しい人たちが離れていくなど、対人関係におけるトラブルもしばしば指摘される。その一方で、何かを執拗に追い求めるという行動が、**科学の進歩や文化の発展など人類に有意義な方向へ向かうこともある**。歴史に残る発見をした人物の中にも、こうしたキャラクターの持ち主が少なくない。

> 執拗さは必ずしも危惧すべき性格ではない。しかし、執拗な行動の要因が何であるかを見きわめ、それが**不健全な執着につながっていれば認知行動療法などの適切な処置が必要**。

自動思考
じどうしこう

意　味	ある状況になると自然に浮かんでくるイメージや思念のこと
類義語	浅知恵／あさはか／軽はずみ／自己否定／悪循環
反対語	プロセス思考／じっくり考える／熟考／思索／考察

ポジティブ度：☆☆☆　　ネガティブ度：★★☆

自動思考とは、ある状況に置かれたとき、自然にわいてくる否定的なイメージ・感情のことで、いったん刷り込まれると、**なかなかコントロールできない**。たとえば、過去に異性に振られたことがあったとしたら、その経験がトラウマになり、別の異性に告白しようとした際、過去の記憶が蘇る。「過去に失敗した→今回もダメかもしれない→私は、いつも失敗ばかり→何をやってもダメ→私は生きている価値がない」と悪いほうへ考えてしまい、最終的には自分自身を否定してしまうことになる。

実際にあったのは過去に、ひとりの異性に振られたことだけで、「今回もダメかもしれない」以下は**妄想にすぎない**。自動思考のサイクルを断ち切るためには段階を踏んで論理的に考えることだ。

> 自動的にわいてくる否定的なイメージ・感情なので、なかなかコントロールできないが、段階ごとに論理的に考えることで思考の流れを断ち切ろう。

支配的
しはいてき

意　味	他人に制圧的な影響を及ぼす
類義語	君臨／征服／独裁的／束縛的
反対語	解放的／放任

ポジティブ度：★☆☆　　ネガティブ度：★☆☆

他者の決定権を奪い、自分の思い通りにしようとするのは、他者に対して完璧を求める態度・行動の典型。人を支配するのに歓びを感じる人は、**自分でも責任能力が高く、それを自分以外の人にも期待する**と考えられる。同時に失敗に対する恐怖心も強く、その性質が職場などでうまく機能すれば、有能なマネージャーとしての力を発揮できる可能性もある。

しかし、自分より仕事ができない人に対して厳しい目を向けがちなため、一般には**周囲にストレスを与え、その結果士気の低下を招くことも**。支配的な性格の人は当然そうした状況にガマンがならないので、周囲に対してさらなる威嚇や暴言を行うなど、悪循環に陥る危険もある。

> 他者に対して支配的なのは、自分が完璧主義で自信もあることの裏返し。どんなに支配的であろうとしても、支配が及ばないところは必ずある。

自罰感情(じばつかんじょう)

意味	自分で自分を罰しようとする気持ちのこと
類義語	自己責任／自分が悪い／申し訳ない
反対語	他人・周囲が悪い／自分に責任はない／運が悪かった

ポジティブ度：☆☆☆　ネガティブ度：★★☆

　みんなで進めている仕事やプロジェクトなどが失敗したとき、誰しも責任は引き受けたくないと考える。ところが、自罰感情が強い人は、むしろ積極的に責任を引き受けようとし、場合によっては自ら進んで処罰されようとする。自罰とは「自己懲罰」の略で、自罰感情とは自分で自分を罰しようとする気持ち・欲求のこと。
　失敗して周囲に迷惑をかけたり、誤って人を傷つけたりしたときにおぼえる罪悪感を軽くするために自分を罰しようとしていると考えられる。自分を責めることで、心が、ぐっとラクになるわけだ。心理学では自罰感情を防衛機制のひとつとする。防衛機制は否定的な感情の洪水から心を守るメカニズムで、自分を責めることで心の平衡を保っているのである。

> 誰しも失敗の責任は引き受けたくないが、自罰感情が強い人は罪悪感を軽くするため進んで責任を引き受け、場合によっては処罰を望むこともある。

自分を責める(じぶんをせめる)

意味	失敗やミスを自分の責任だと見なし、自分で自分を罰しようとすること
類義語	自責の念／自己否定／卑下
反対語	無責任／お気楽／いいかげん

ポジティブ度：☆☆☆　ネガティブ度：★★☆

　自分を責めすぎるのも考えものだ。自罰感情が強い人は明らかに自分の責任範囲ではないことも背負い込み、「自分が、ちゃんとチェックしていれば失敗は防げた」「自分が至らなかった」と容赦なく自分を追い詰めてしまう。追い込みが強すぎて、さらに「自分には、いいところなんて、ひとつもない」「自分なんか、生きていてもしかたがない」と考えがエスカレートするようになると、うつ症状の一歩手前だ。
　自罰感情が強い人は、自分を追い詰める前に失敗やミスの原因を探り、二度と繰り返さないよう手を打ったほうがいい。**感情に流される前に、合理的な思考で問題解決にあたる**ことだ。まわりに自分を責める人がいたら、合理的思考になるようにフォローしてあげるとよいだろう。

> 失敗やミスを犯したら、感情に流される前に原因を探る。自分を追い詰めるよりも、合理的に解決方法を考えよう。

邪悪(じゃあく)

意　味	欲求充足のために悪意ある行動をとる
類義語	不道徳／奸悪(かんあく)／非行
反対語	清廉／潔癖／公明正大

ポジティブ度：☆☆☆　　ネガティブ度：★★★

自分のストレス解消のために陰で人の悪口を言ったり、意図的に人を窮地に陥れたりといった形で現れる邪悪な気質というものが存在する。こうした気質は社会集団において問題を引き起こす要因となりやすく、ゆくゆくは**重大な犯罪へとエスカレートする危険をもはらんでいる。**

このような状態が脳の損傷や幼児のトラウマ（保護者からのネグレクトや虐待、学校で酷いいじめを受けた経験など）が原因なら、問題を突き止め、解消へ向かう努力をするのが急務。一方で、創造性が高い人も多いので、もし他者への共感力を伸ばすことができれば、その点をプラスに転じることができるかもしれない。

> 邪悪な人物は知的で多面性をもっているゆえ、実害がない限りは魅力的とも映る。そうした性格を形成するに至る原因と向き合うことでプラスへと転じたい。

従順(じゅうじゅん)

意　味	大人しく従う
類義語	言いなり／服従的／忠実
反対語	反抗的／反骨的／自由奔放／自己中心的

ポジティブ度：★★☆　　ネガティブ度：★★☆

ある者に対し、ただちに命令に従う気質。その点、理にかなった物事や意見を受け入れるというニュアンスのある「素直」とは本質的に異なる。もし、命令を下す人が権威ある立場であれば、ただそれだけを理由にあくまで命令に従おうとする。**その権威が正当なものであるかどうかは、ほとんど問題とならない。**

社会の秩序に真っ先に従うのも、こうした気質をもつ人たちである。たとえば自分の上に立つ人が、良質な社会や正義を重んじるような人であれば、同じように責任感のある立派な人間として振る舞うことになる。しかし、不道徳や邪悪な人が上に立つと、逆に正義を破壊する危険な行動に走る恐れもあるだろう。**上に立つ人がどのような人か**が重要になる。

> 従順は、権威ある者に対して無批判に従うという意味で、素直とは異なる。責任感はあるが、自分のことを客観視するのは得意ではない。

柔軟(じゅうなん)

意　味	その場の状況に合わせて判断・行動できる
類義語	臨機応変／適応
反対語	頑固／石頭／融通がきかない

ポジティブ度：★★☆　　ネガティブ度：★☆☆

　性格が柔軟とは、意思決定能力が高く、困難な状況に直面してもそれぞれの状況に合わせて**複数の選択肢の中からより適切な解決策を選び出せる**ことを意味する。それぞれの状況に対して受け身だけでなく、新しいことに挑戦したり、課題を見つけ出したりすることに意欲を示すのも柔軟な性格の特性である。

　頭の回転が速く、必要とあらば周囲と連携することもいとわないだけの冷静さを備えているがゆえに、柔軟な性格の人はリーダーの資質をもっている。誰とでもどんな状況でも高い適応能力を発揮すると考えられるが、新しいことに挑戦する意欲をもっている分、安定を求めるキャラクターとの間に軋轢(あつれき)を生む可能性はあるので、その点は注意したい。

●長所として生かすために芯をつくること

　柔軟な性格の人は融通がきくし、コミュニケーション能力も高いので、人に好かれやすいが、欠点がないわけではない。まず、**あきらめが早く、ひとつのことをなかなかやり遂げられない**ことだ。たとえば、受験の際も第一志望校に絶対に受かるという信念がないので、模擬テストの結果が芳しくないと簡単に志望校を変更してしまう。能力が高い割に、低レベルのところで満足してしまう傾向がある。

　次に、定見がないので**軽く見られがち**で、本当の信頼が得られないことだ。視野の広さ、イデオロギーや偏見に惑わされない合理的な思考といった長所を生かすためには「これだけは譲れない」という確固たる芯をつくり、その他のことには従来通り、柔軟に対処すればいい。

> 柔軟な性格の人は、あきらめが早い、定見がないといった欠点もあるが、確固たる芯をつくることで視野の広さや合理的な思考などの長所を生かすことができる。

執念深い(しゅうねんぶかい)

意　味	過去のうらみを忘れない
類義語	しつこい／あきらめが悪い／容赦ない
反対語	寛大／寛容

ポジティブ度：☆☆☆　ネガティブ度：★★★

過去に受けた侮辱や肉体的な痛みなどに対して、いつかは仕返ししてやりたいと虎視眈々とねらっている。そんな気持ちは誰でももつことがあるが、そのうらみをいつまでも同じレベルのまま保つのには相当なエネルギーが要る。執念深い人は、ただうらみをいつまでも忘れないというだけでなく、**自己愛が強い、自分の力で物事を決定したいという欲求が高い**などの傾向が要因となっている可能性がある。

報復の内容が、自分の受けた被害と釣り合っているかどうかは、その際問題とはならない。たとえ思い描く復讐のプランが理想通りにかなっても、決して救われることがないと知ることが、克服への第一歩といえるだろう。

> 執念深いということは芯が強いということでもある。その集中力は恨みに向けるより、前向きに生きることのエネルギーに昇華させることが必要だ。

純真(じゅんしん)

意　味	邪心がなく人を信じて疑わない
類義語	無垢（むく）／純粋／実直／誠実
反対語	不純／不誠実

ポジティブ度：★★★　ネガティブ度：★☆☆

他人をうらんだり、疑ったりせず、言われたことは言葉通りの意味で受け取るのが純真なキャラクターの特徴である。**周囲の人たちがネガティブに捉える物事でも、何らかのポジティブな面を認めようとし、極端な場合にはネガティブであるという事実そのものを認めないことさえある。**

このように世の中のよいところだけに目を向ける傾向は、その人物を周囲から善良な人間と思わせる要因である。ただし、そうした世の中に対する見方が実情とずれてしまっていることもある。他人が自分をだまそうと思っているなどとは想像だにせず、身内にとっては、ときにイラ立ちの種ともなりかねない。周囲に純真な人をだまそうとしている人がいないか、注意しておく必要もあるだろう。

> ネガティブな物事の中にもポジティブな面を見ようとするのが純真な人。ただし、周囲にずる賢い人物がいるとカモにされやすいので注意。

浄化（カタルシス）

意味	抑圧された心のしこりを外部に吐き出すこと
類義語	憂さ晴らし／癒し
反対語	汚染／穢れ

ポジティブ度：★★☆　ネガティブ度：★☆☆

こでいう浄化はギリシア語「カタルシス」の日本語訳で、もともとはアリストテレスが『詩学』の中で展開した悲劇論に由来する。それによると、悲劇には恐れと憐みを呼び起こし、感情を浄化する効果があるという。そこから精神医学において、**心の中に溜まった不快感や不安を解放し、気持ちを浄化させる**精神療法の用語へと転じていった。

日常的に、心の中のわだかまりを一気に吐き出すことで鬱憤を晴らすという表面的な使われ方もある。たとえば会社の上司が部下を、指導のためというより自分のストレスのはけ口のために激しく叱責するなど。その場合、当然のことながら、カタルシスとしての目的は達成できても、部下を注意するという目的にはかなっていない。

> 心のわだかまりを吐き出して癒しへとつなげていくのが浄化（カタルシス）。周囲の人へ感情をぶつけることによる浄化はときにトラブルともなり得る。

消極的

意味	自分から物事を進んでしない
類義語	引っ込み思案／否定的
反対語	積極的／目立ちたがり

ポジティブ度：★☆☆　ネガティブ度：★★☆

消極的とは、いつも自信がなさそうにしていること。自分自身に対してもつ自信やプライド、すなわち**自尊感情（→P114）が弱い**ことが原因で、常にまわりと自分を比較しながら「どうせうまくいかない」と、行動も考え方も控えめになってしまう。

自分が他の人より劣っていると感じるがゆえに、人の幸せを妬んだり劣等感にさいなまれたりするだけでなく、他人の弱点を見つけて優越感に浸ることもある。

自尊感情は、**親からの好意的な高い評価や褒め言葉が足りなかったり、過度に厳しくされたりすると、正常に育まれない**といわれている。自尊感情を高め、積極的な生き方を獲得するには、自分を否定せず、自分という存在には無条件に価値があると思うことが必要である。

> 自尊感情が正常に育まれていないため、消極的にしか行動できなくなる。自分を認め、価値がある存在だと思うことで自尊感情を回復させる。

正直(しょうじき)

意味	ウソ偽りがないこと
類義語	率直／実直／本音／律儀／善良
反対語	不正直／ウソつき

ポジティブ度：★★☆　ネガティブ度：★☆☆

正直な性格は、正直さを強く求める親の存在など家庭環境によって形成されることが多い。また、何らかのウソをついた結果、自分が窮地に陥るなどの負の体験が影響していることも多い。過ちは素直に認める、**発言の内容と表情が一致している**（裏表がない）などの特徴から、周囲の評判はおおむね良好な場合が多い。

ただし、どんなに正直であろうとしても、事実を隠さねばならない状況が発生することはあるだろう。そういうとき、正直な性格であればあるほど苦悩することになる。頼まれもしないのに**何に対しても評価をはっきりさせないと気が済まない**のもこの性格に顕著な傾向である。相手にしてみれば、ただ話を聞いてほしかっただけで、意見してもらいたいわけではなかったということは往々にしてある。

> 正直な人は、育った家庭環境やこれまでの体験によって形成されるといえる。正直ということは、何にでもはっきり意見する印象を与えることもある。

小心者(しょうしんもの)

意味	大胆さに欠け、行動が委縮している人
類義語	臆病／負け犬／心配性／傷つきやすい
反対語	不敵／命知らず／傑物

ポジティブ度：★☆☆　ネガティブ度：★★☆

小心者と呼ばれる人のほとんどは、実生活で何か新しいことを始めたり、苦手なことに手を出したりすることに恐れを抱いている。その多くが、**対人関係に対する恐怖心となって表れるのも特徴**である。

見ず知らずの人の前で緊張し、人の輪に入っていくことができないため、集団の中では孤立。自分の意見を周囲にアピールする能力の欠如から、考えていることを共有できないことも不利に働く。反面、**軽率な行動をとることがないという長所をもつ**。行動を起こすまでは、状況をじっくり観察・分析。自分の判断が正しかったということがわかれば、それが自信となり、恐怖心も薄らぐはず。目標を設定するとき、目の前の小さな到達点を意識し、成功体験の数を増やすなどの工夫で小心な自分を克服したい。

> 小心と思慮深さは表裏一体。状況をじっくりと観察し、小さな成功体験を積み重ねていくことで周囲からも信頼されるようになる。

承認欲求
しょうにんよっきゅう

意味	自分を価値ある存在として、認めてもらいたい欲求
類義語	自己顕示欲／自意識過剰
反対語	自己完結

ポジティブ度：★☆☆　ネガティブ度：★★☆

誰かから「認められたい」という欲求の総称のこと。承認欲求が強い人とは、自分の言動や生き方に自信がないので、他者の評価を知りたがる傾向にある。この欲求を細かく分類すると、他人から認めてもらいたい**「他者承認欲求」**、理想的な自己像を思い描くなどして、今の自分を自身が満足しているかどうかを強く問題にする**「自己承認欲求」**の2つになる。

近年、急速に増えているとみられるSNSで「いいね！」の数を増やしたいというのは、他人の目を気にする他者承認欲求の典型である。「今の若い世代はなってない」と上の世代の人がいうのも、基本的には他者承認欲求の表れ方である。さらに、その裏に、老いへの不安や若さへの嫉妬（→P116）という要因があると、実際には自己承認欲求が高まった状態であるといえる。若者を貶めることで、相対的に自己承認欲求を満たそうとしているのだ。

● 承認欲求が強かったら

承認欲求が強い人の改善策としては、「人は人、我は我」の精神をもつようにすること。自分が考えるほどに、他人は自分に対して関心をもっていないものである。**自分だけの世界（趣味、特技）を見つけ**、それを育てたり伸ばすことに意識を向けるようにしよう。

> 承認欲求が強く、そのため他人を批判しがちな人は、自分の中に何らかの不安を抱え、他人に嫉妬していることが多い。

ミニコラム　自己提示で見せたい自分をつくる

これまでの私たちは、会って会話をしたり、行動を共にしたりして関係をつくってきた。このとき、ありのままの自分の言葉を相手に正しく伝えることから始まるが、自己開示（セルフ・ディスクロージャー）が重要である。本来の自分をさらけ出して、関係を築いていく。

一方で、ネットを通じた人間関係の基盤となるのが自己提示（セルフ・プレゼンテーション）である。これは、自分をどう見せたいかによって、操作した情報を相手に伝える。本名や顔、どこに住んでいるかなど、正しい情報を開示する必要はない。自分に関する情報がコントロールできるのである。

近年の人間関係には、自己提示によるものが増えていると考えられる。

情にもろい

意　味	理屈より情に心を動かされる
類義語	ほだされやすい／感情移入しやすい
反対語	冷酷な／人情味がない

ポジティブ度：★★☆　　ネガティブ度：★★☆

情にもろい人は、困っている人がいるとじっとしていられないタイプ。多方面に目配りがきくので、困っている人の存在に気づきやすいといえる。

情にもろい人は同時に感受性も豊かな人である。 カウンセラーやボランティアといった職業に就いている人の多くも、情にもろい性格の持ち主であると考えられる。一方で、他人のことを信じやすい傾向にあるのでだまされたり、他人を甘やかしたりすることが多い。他人に対して親近感を覚えやすいのは一般にポジティブな面と考えられるが、**一度誰かに共感すると、一気に馴れ馴れしい態度に転じる**こともあるので、そこに戸惑いを覚える人もいる。

> 情で動く人は豊かな感性と細かい気配りで周囲の人たちを幸せにする反面、だまされやすく、他人を甘やかしてしまう傾向がある。

情熱

意　味	特定の物事や人に対して激しく燃え上がる感情のこと
類義語	熱情／パッション／執着／欲望
反対語	クール／冷静／冷淡／冷酷／理性

ポジティブ度：★★★　　ネガティブ度：★☆☆

情熱は、結婚相手を射止めたり、受験を突破したり、プロジェクトを成功させたり、**何らかの課題や目標を達成するためには最も頼りになる感情**だが、長くは続かないという欠点も。情熱を燃やしたことで客観的な視野が失われ、自分勝手になってしまい、周囲を翻弄して迷惑をかけるケースも多い。

情熱にかられやすい人が注意すべきポイントは3つある。ひとつ目は行動に移す前に損得を考え、自分や周囲に損失をもたらす可能性が高いことは簡単には始めないこと、二つ目は行動に移す前、あるいは行動している最中に信頼できる友人や知人に相談すること、三つ目は状況を冷静に分析し、自分の都合のいいように考えないこと。これらの点に注意したい。

> 情熱は課題や目標を突破する際の原動力となるが、長くは続かない。何のために挑むのか、頭で理解することが大事。

情熱的 (じょうねつてき)

意味	物事に情熱をもって取り組む人
類義語	熱血漢／血気盛ん／自分勝手／積極的
反対語	冷静／クール／客観的／さめた／やる気のない

ポジティブ度：★★★　ネガティブ度：★☆☆

情熱がみなぎっている人は情熱的・情熱家と呼ばれるが、いつも冷静な人のことを表す言葉が日本語には見当たらない（しいていえば客観的）。

不可能なことを可能にしたり、ピンチをチャンスに変えたりといったことは情熱的な人が向いている。ただ、やや演技的な性格でもあり、目立ったり、拍手喝采を浴びたりすることが好きで、スタンドプレーに陥りやすいという欠点もある。

「熱しやすく冷めやすい」という言葉があるように、たんたんと地道な作業を続けていくことが苦手で、短期的な成果を求めすぎるキライがある。やる気やモチベーションを維持するためには冷静な目ももつようにして、**長期的な視野で行動する必要がある**。

> 情熱的な人はピンチをチャンスに変えたりと、劇的なことを成し遂げる。ただ視野が狭くなりがちなので、周囲の意見に耳を傾けることも大切。

上品 (じょうひん)

意味	礼儀正しく、洗練されている
類義語	高貴／高尚／高潔／淑やか／洒脱
反対語	下品／低俗／下劣

ポジティブ度：★★★　ネガティブ度：★☆☆

物の品質のよいことが上品の第一義。「上品な人」と人の気質を指すが、品質のよい物を指すというイメージもある。一時的なものではなく、常に礼儀正しく洗練されたものであり、一般に裕福な家の生まれで、正統的なルールに基づきながら心身を育まれてきたと考えられていることもある。**社会生活を営む上で故意にトラブルを起こすようなことはしない**。しかし、厳格な規範が設定された状態を普通と考えているので、**変化への対応は必ずしもうまいとはいえない**だろう。

このような人は、自分で判断することを避ける傾向がある。社会規範から逸脱した振る舞いをする人に対しては、軽蔑の感情を抱くこともしばしば。ただし、さほどあからさまな態度に出ないところはやはり上品さの美点といえる。

> 上品な気質は社会集団にとって、トラブルを起こすことが少なく、利益をもたらすことが多い。しかし、厳格さから対人関係に亀裂を生む恐れもある。

所有欲が強い

意　　味	あらゆるものを自分が所有したいという強い欲求があること
類 義 語	独占欲／欲しくてたまらない／自分のものにしたい／偏愛
反 対 語	質朴／質素／堅実／清貧／恬淡

ポジティブ度：☆☆☆　　ネガティブ度：★★☆

所有欲が強い人には、**いろいろなコンプレックスが隠れている**。ひとつは権力コンプレックスともいうべきもので、対象（人やモノ）を完全にコントロールすることに快感をおぼえるタイプ。自分が権威者や権力者になりたいという強い願望があり、人やモノを所有することで願望の一端を満足させている。

二つ目は対象が人である場合、嫉妬心の裏返しの可能性もある。相手の時間や気持ちを100％支配していないと不安でたまらなくなる。

三つ目は対象がモノである場合に、モノそのものに依存する物質嗜癖とモノを手に入れる・所有するという行為（プロセス）に依存するプロセス嗜癖のどちらか、もしくは両方であると考えられる。

> 所有欲が強い人には権力・権威への欲望や強い嫉妬心、モノやプロセスへの依存といった、いろいろなコンプレックスが隠れている。

しらける

意　　味	興がさめて気まずい雰囲気になる
類 義 語	鼻白む／萎える
反 対 語	興奮する／熱狂する

ポジティブ度：★☆☆　　ネガティブ度：★★★

しらけるという感情が起こる際に共通するのは、**その場の雰囲気や状況にあまりにもそぐわない出来事があった際という点である**。たとえば、それまでの話題とあまりにかけ離れた話を突然しだす、予想外に激しい感情をぶつけてくる、たいして面白くもない自慢話を延々と聞かされるといった状況のことである。それによって気まずい雰囲気になるのだ。

そうした状況でしらけるなというのは無理な相談かもしれないが、しらける側に問題がないわけではない。座がしらけてしまったのなら、まわりが和むような話題に転換するなどフォローすればよい。それをしないのは、**座をしらけさせやすい人がいるのと同様に、場面に限らずしらけやすい人もいる**ということである。

> 場にそぐわない急な話題の転換や感情的な発言は、座をしらけさせる要因。ただし、しらける側にもフォローがないという意味で問題あり。

思慮深い（しりょぶかい）

意味	物事を十分に考えるさま
類義語	考え深い／落ち着いている／洞察的
反対語	そそっかしい／軽々しい／軽率／軽薄

ポジティブ度：★★☆　ネガティブ度：★☆☆

ひとつの問題を深く掘り下げることもあれば、周辺の問題へと視野を広げていくなど、縦横に思考を張り巡らせるのがこうした気質の持ち主。問題解決に対して最後まで取り組む根気強さもあり、**仲間内ではアイディアマンとして評価される可能性が高い。**

一方、何時間でも自分の思考に集中する傾向から、他人と接する態度が素っ気ないと思われてしまうところもある。実際、考えることに忙しく、その時間が楽しいために、自ら他人との距離を置きたがる人もいるだろう。**考えごとをしているとき、それを誰かに邪魔されればイラ立つこともある。** したがって、身近に理解者が少ない場合、意外と人間関係には苦労する。

> 広い視野をもち、他の人より深いところにまで考えが及ぶ。自分の内面が世界の中心であるがゆえに人付き合いはうまくない人が多い。

芯が強い（しんがつよい）

意味	自分の考えをしっかりと持ち周囲に影響されない
類義語	ぶれない／徹底した／気丈な
反対語	ぶれやすい／迷いがちな

ポジティブ度：★★★　ネガティブ度：★☆☆

「芯」は「心」から派生した語であり、精神的な領域における中心部分のことを指す。芯が強い人は、自分の信念をしっかりともち、周囲の意見や困難があってもぶれない性格であるといえる。自己評価も高い。自分自身を唯一無二の存在と考えているため、他人と自分を比較することには無関心。**たとえ失敗をしても、的確な判断で対処することができ、** またそれが大きな失敗であっても、立ち直るまでが早いのも特徴的である。

ただし、いまの状況に満足してしまう傾向があるため、**他人と競争することにも無関心**な傾向がある。信念をもっているものの、あらゆることを犠牲にしてでも目標に向かって突き進むという意味での強さはもち合わせていない場合が多い。

> 芯が強い人は自己評価が高く、現状に満足している。他人との競争には関心がなく、出世には意外と無縁。

親近感
しんきんかん

意 味	自分に近いものをもっていると知って親しみが湧く感覚
類義語	共感／共鳴／親しみやすさ／仲間意識
反対語	距離感／敵対感／よそよそしさ

ポジティブ度：★★★　ネガティブ度：★☆☆

　自分と関係が深い、あるいは共通する趣味や考え方をもっている相手に対し抱く感情のこと。たとえそれが錯覚であっても問題ない。「近親者」に覚える親しみの感情も、ときに親近感と同じ意味をもつ場合はあるが、それは、その**近親者に対して血縁関係とは別の要因をともなって親しみを覚える場合**に限られる。

　相手に対して親近感を抱くかどうかは、あくまで主観的なものであり、極論すれば同時に相手が親近感を抱いているかどうかも問題とはならない。一方だけでも親近感は存在するので、言葉を交わしたことすらない芸能人に、自分と同じ趣味をもっているというだけで親近感を覚えてしまうといった例を考えてみればよい。

> 親近感は、血縁の深さや距離の近さは必ずしも問題とならない。主観的に大きく左右される感情であり、錯覚であることも多い。

慎重
しんちょう

意 味	注意深い
類義語	ひかえめ／細心／丹念／苦労性
反対語	軽率／大胆／楽観

ポジティブ度：★★★　ネガティブ度：★☆☆

　慎重な性格の人は、実際に行動し始める前に準備や下調べを十分に行うため、**大きなミスをすることが少ない**。こういう人は組織の中に必ずひとりは欲しいと大抵の人が思うだろう。事実、ビジネスの現場などでは多くの場合、有用な人物に違いない。

　反面、あまりに慎重な性格が強すぎると、いわゆる**「石橋を叩いても渡らない」**状況が繰り返されることになる。また、きわめて確率の低い不測の事態に備えようとするあまり、常に何らかの不安や心配を抱えながら生活することも余儀なくされる。慎重な性格の人がひとりは欲しいといったが、こうした人が同じ組織の中に複数居合わせないようにすることも、組織の活動を円滑に進めるためには必要な配慮であろう。

> 慎重と苦労性は表裏一体である。慎重な性格の人はひとつの組織の中に多すぎない方がよい。

神経質
しんけいしつ

意　味	わずかなことに過剰反応し、いつまでも悩む
類義語	情緒不安定／細かい／悲観的
反対語	鷹揚／大胆／マイペース

ポジティブ度：★☆☆　｜　ネガティブ度：★★☆

　ちょっとしたことにくよくよと思い悩み、いつまでもそのことが頭から離れない状態またはその様子。また、わずかなことにも思い悩む。**自分のそうした精神状態を自覚しているが、自覚自体が精神の不安定さを助長する根本原因である場合が多い**。常に恐怖心がつきまとうため、対人関係がうまく結べなかったり、人生を前向きに捉えたりといったことがひどく困難になる。

　とはいえ、常に周囲へと注意を向けているため、**いち早くリスクを察知し、回避できるのもこの気質の特徴**。不眠や呼吸困難など生活に支障を来す症状をともなう場合は、薬物療法や認知行動療法などの加療が必要となるが、軽度の場合は、自宅や職場にリラックスできる環境をつくるだけでも一定の効果がある。

> まだ起きていない最悪の事態を想像し、自ら行動を縛ってしまう。最悪の事態はたいていやって来ない。そうした事実にもっと目を向けよう。

ミニコラム　色からわかる人の性格

　スイスの心理学者マックス・ルッシャーは、色の好みに人の真理が投影されていると考え、独自の色彩心理テストを作成した。提示した8つの色からもっとも好きなものを選び、その色から性格的傾向をうかがう。

　一方で、性格や心理状態とは無関係に、流行やまわりとの同調を意識して色を選ぶことも多くある。

赤	青	黄	緑
物欲や征服欲、名誉欲などが強く、積極的に欲望を満たそうとする。自己中心的。楽天家。	温和で従順であり、安定した保守的な生活・人生を求める。対人関係への心配りを忘れない。	行動的な野心家で、夢をもっている。人なつっこく、朗らかで快活。	頑固で自尊心が強い。ガマン強い面があり、自分への揺るぎない自信をもっている。

紫	茶	黒	灰
感受性が強く、ロマンティックな面をもつ。直感や感覚を大切にしている。	協調性が強く親しみやすい。安定感があって家庭的な面があり、他人のために労を惜しまない。	理想をもった努力家であるが、飽きっぽい面もある。強いこだわりがあり、現実を変えたい反抗心をもつ。	他人へ依存しやすく、優柔不断。自己防衛の意識から、周囲への関心をあまり払わない。

信念 (しんねん)

意味	自分の行動を正しいと信じて疑わない気持ち
類義語	確信／定見
反対語	無節操(むせっそう)／日和見(ひよりみ)

ポジティブ度：★★★　ネガティブ度：★☆☆

　ある事柄が正しいと信じるためには、それが真に正しいものであるという裏づけが必要になるだろう。信念と呼べるほど確固たる認識ならなおのことだが、この裏づけは個人が取捨選択した情報や経験によるものが多く、**かならずしも客観的な事実だけで固められたものではない**。そのため、自分の信念と矛盾する情報に触れた場合、強い抵抗の態度を示すこともある。特に、対立する信念をもった者同士が対峙したときに表れやすい。

　客観的な裏づけがない信念のうち、共同体などで長きにわたり共有されてきたものは迷信であり、主に個人の中で同様の認識が形成されている場合は固定観念と言い換えることもできる。

> 自分の信念と矛盾する情報に触れると、人は強い抵抗の態度を示す。客観的な裏づけがない信念は迷信や固定観念に陥りやすい。

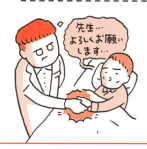

信頼 (しんらい)

意味	人を高く評価し任せる気持ちになること
類義語	信用／信認／心頼み
反対語	警戒／疑念／懐疑

ポジティブ度：★★★　ネガティブ度：☆☆☆

　信頼の類義は「信用」がすぐに思い浮かぶが、もちろん完全に同義というわけではない。信用が、それまでの振る舞いや実績をもとに「任せよう」という気持ちになることであるのに対し、信頼は、主にその人の人間性や逆にその人の自分に対する感情などをもとに成り立っている気持ちだと考えることができる。言い換えれば、**気持ちと気持ちの交流によって芽生える**のが信頼という感情である。

　泣いている子どもが母親にあやされて泣きやむのは、母親が不快な気持ちを取り除いてくれるという信頼の気持ちが芽生えるためである。発達段階でこの感情を獲得するのに失敗すると、他人を信頼することが困難になるといわれているので、乳幼児期の環境が重要である。

> 相手の気持ちを汲み取って任せようという感情が信頼。信頼の感情は乳幼児期の生育環境に大きく左右される。

ストレス

意味	精神的な緊張あるいは緊張を引き起こす要因
類義語	緊張／プレッシャー／鬱憤
反対語	安らぎ／安心／平穏／緩和

ポジティブ度：☆☆☆　ネガティブ度：★★★

ストレスには**身体的なストレス**と**精神的なストレス**がある。身体的なストレスはさらに外的と内的に分けることができ、外的なストレスとして挙げられるのは、病気や怪我、騒音などの環境、食品添加物やアルコール飲料など化学的なもの、ウイルスや花粉など生物学的なもの。内的なストレスとしては、運動不足や栄養の偏り、睡眠不足、不規則な生活、女性の場合なら、月経といった身体的変化も挙げることができる。

精神的なストレスは、学校や職場、家庭など主に人間関係からくる社会的ストレスと、愛する者を失った喪失感や裏切りにあった際の怒り、いじめやハラスメントに起因する恐怖、大きな挫折といった心理的ストレスに分類することができる。

●ストレスによる体調不良

過度なストレスは体の変調（肩こり、胃腸障害、肌荒れ、円形脱毛症、生理不順など）を引き起こすおそれがあり、精神的にも引きこもりや依存症などによって正常な社会生活を営めなくなるなど、多くの問題を招くことになる。**さらにストレスが続けばうつの原因ともなり得るため、過度のストレスを放置しておくことは危険である。**

ストレスがまったくない状態では生体の適応性が弱まってしまうため、適度なストレスはかえってあったほうがよいといわれている。また、文明社会にせよ未開社会にせよ、そこに人間関係と何らかの身体的な負担があり得る以上、いずれにしてもストレスを完全に断ち切ることは不可能だ。したがって、ある程度ストレスの原因を和らげることと、ストレスが溜まりすぎないうちに発散する方法をつくっておきたい。

ミニコラム　ストレスを感じやすい人とは

ストレスを感じやすい人とはどんな人だろうか。アメリカの精神科医ローゼンとフリードマンは、性格を3つに分け、それぞれの特徴を次のように示した。

タイプA
テキパキとしていて行動的。競争好きで野心的である一方、ストレスを受けやすく、心臓病にかかりやすい。早口、早足、早食いで、他人の評価を意識する。

タイプB
マイペースで穏やかな性格。プライベートを大切にしていて、ストレスを受けにくい。他人の評価をあまり気にしない。

タイプC
ガマン強い一方で傷つきやすい。自己犠牲的な行動が多く、タイプAとは別の意味でストレスを抱えやすい。自己主張をしない。がんにかかりやすい。

●ストレスに強い人と弱い人

一般に、ストレスに強いのは、切り替えが早く、いつまでも悩みを引きずらない人で、趣味をもち、そうした趣味を通じて仲間がたくさんいる人だといわれている。逆にストレスに弱いのは、真面目で几帳面な人。納得がいかないことには最後までとことん取り組むタイプの人である。ストレスの対処法を探すには、自分の性格を客観的に見つめ、こうした違いを考慮に入れるのがよいだろう。

仕事への責任感が強い真面目なタイプには、そこにかける時間と労力を少しでも趣味に振り分けるなど、オンとオフの切り替えをハッキリさせるのが有効。逆に精神的には充実しているはずなのに、体の不調が治らないという人は、外的なストレスを疑ってみる必要があるかもしれない。添加物が大量に含まれる食品を取りすぎていないか、睡眠不足やアルコールの過剰摂取に陥っていないかなど、生活全般を見直す。

●忙しいときのストレス解消法

忙しくてどうしても趣味に時間を割くことができない人は、仕事中に少しでもストレスを軽減する努力が必要だ。緊張状態が続くのも十分にストレスの原因なので、これを緩和するために、1時間おきに2〜3分でもいいので席を立ってパソコン画面から目を離すなどの習慣を。咀嚼してアゴを動かすと脳にその刺激が伝わり、リフレッシュ効果が期待できることから、状況が許されるならガムを噛むこともおすすめである。

以上のことを踏まえたうえで、さらに大事なのは、ストレスをあまり苦にしすぎないことである。ストレスのことを考えすぎると、それ自体がストレスになる場合がある。ストレスはあって当たり前。**少しでも原因を取り除けば、前よりはストレスが確実に軽くなる、という楽観的な気持ちが大切である。**

> 過度なストレスは放置せず、早めに緩和するべきである。しかし完全に排除することはできないので上手に付き合っていくことも大切。

ミニコラム

PTSDの主な症状とは

ショッキングな出来事が心に大きな傷を残し、長い苦しみにさいなまれることを「PTSD（心的外傷後ストレス障害）」という。事件などが心に与えたトラウマ（心的外傷）がもとで起こり、引き金となったシーンがよみがえるフラッシュバックや不眠、不安、緊張などのストレスが続く。PTSDを発症しやすい人の傾向としては、精神的にタフでしっかりした人ということがいえる。弱音を吐かず、他人に弱みを見せない人のほうが、自分で何とかしようとトラウマを抱え込み、PTSDを発症するのである。

PTSDの主な症状

1.	ささいなことをきっかけにして、急に事件や事故の記憶がよみがえる
2.	悪夢や不眠などの睡眠障害
3.	急に息苦しくなる、動悸が激しくなる、汗を大量にかく
4.	やる気や集中力がなくなり、仕事や家庭を放棄する
5.	大した理由もなく、怒りやイライラを感じ、危険な行為に身を投じる
6.	自分が自分でないような、リアルな感情が感じられなくなる
7.	好きだったことや趣味にも興味がなくなり、何事にも無関心になり、いずれうつ症状が起きる

第2部…ひとの性格・感情辞典

ずぶとい

意　味	周囲の評価を気にせず、振る舞いに臆するところがない
類義語	図々しい／不遜／恥知らず
反対語	繊細／控えめ／遠慮がち

ポジティブ度：★★☆　　ネガティブ度：★★☆

　高度に情報化され管理の締めつけも強い現代のストレス社会において、誰の評価も気にせず、自己中心的に振る舞えるずぶとい神経の持ち主は、ある意味で羨望の的といえるだろう。とりわけ、あうんの呼吸で互いに理解し合うことを美徳とする日本では、はっきり自分の意見を言うことを多くの人が難しいと感じている。

　むろん、ずぶとい人も、その性格ゆえに空気を読まない言動によって他人の批判にさらされることは多い。しかし、これもまたずぶとい性格ゆえに立ち直りの速さが特徴である。こういう性格の人物が、**たとえばクレーム処理を担当する職場などにいれば、きわめて頼れる存在として信頼を勝ち得る可能性は十分にある**。一方で、客側からすれば、反感を買うこともあるかもしれない。

> ずぶとい性格の人はストレスに対する耐性が高い。仮にストレスを感じても、立ち直るまでが早い。

ズルイ

意　味	自分の利益を第一に考えて上手に立ち回る
類義語	狡猾／こすい／悪賢い／陰険な
反対語	無私の

ポジティブ度：★☆☆　　ネガティブ度：★★★

　ズルイ性格は、**よくいえば世渡り上手であり、相手をおだてたり、根回しをしたりする**など、陰で細かな努力をしている人でもあるが、それが評価につながらないのは、あくまで私利私欲のためだからである。また、その性格が強ければ強いほど顕在化しにくいという特徴もある。なぜなら、ズルさを巧みに押し隠すことで人を安心させ、より多くの利益を自らのものにしようとするからである。そこにズルさが存在するのだ。

　たとえば、見返りが見込めるがゆえに親切にすると常に決めているズルイ人がいたとする。しかし見返りが発生する状況とそうではない状況が交互に何度も起きない限り、ただの親切な人と変わるところは見られない。

> ズルイ性格は、まさにそのズルさのせいで他人には見えにくい。世渡り上手と呼ばれる人はズルイ性格である可能性が高い。

正義感が強い

意味	社会的に守るべきことを順守する
類義語	倫理的な／人道的な／高潔な／道徳的な
反対語	邪(よこしま)な／不誠実な

ポジティブ度：★★★　ネガティブ度：★☆☆

社会の不正に憤る人は多いが、それだけでは正義感が強い人とはいえない。不正に対して見て見ぬふりをすることができず、それを正す**具体的な行動を取るのが、本当に正義感の強い人**といえる。こうした人は**行動的という性格を併せもっている**。当然、自分のためだけでなく、他の人のためにも積極的に困難な状況へと立ち向かう。

一方、**物事の正否をはっきりさせようとしすぎる**のが正義感の強い人の特徴。正義は必ずしも普遍的なものでなく、ある人にとっての正義が他の人にとって不正義だったという場合もある。そういう場合にも、自分は正義を全うしているという信念があるため、他人からは強引で身勝手な存在と映ることがある。

> 心で思うだけでなく、行動を伴いながら不正と立ち向かう。物事の正否をはっきりさせたがるため、ときに強引な行動に出る。

成功回避動機

意味	成功したと思われたくない欲求
類義語	自分を小さく見せたい／謙譲(けんじょう)／卑下
反対語	喝采願望／褒められたい／名誉欲

ポジティブ度：★☆☆　ネガティブ度：★★☆

自尊感情（→P114）が強くても、常に褒められ、拍手喝采を得たいと思っているとは限らない。特に女性の場合、仕事がうまくいったり、難しい試験を突破したりしたときも、いい結果を残したことを喜ぶ気持ちと、あまり注目を集めたくないという気持ちが半々の場合が多い。これを**成功回避動機**と呼ぶ。

米国の心理学者ホーナーが医学部の学生にトップの成績をとったときのストーリーを書いてもらったところ、女子学生のほうが控えめな回答が多かった。ホーナーは、女性は万事控えめにするようしつけられたせいと考えた。成功をアピールすると周囲の反感を買ったり、足を引っ張られたりすることが多い**日本社会では自尊感情を抑制して控えめに振る舞うことで自分を守っている**。

> 自尊感情が強くても常に褒められたいわけではない。特に女性は場合によって自尊感情を抑えて、あえて控えめに振る舞い自分を守る。

責任感
せきにんかん

意味	自らの行いに対して使命を重んじる気持ち
類義語	良心／使命感
反対語	責任転嫁／いい加減

ポジティブ度：★★★　ネガティブ度：★☆☆

責任感が強い人は、正義感や道徳観念にもとづいて行動しており、自分に課せられた使命を果たすことで周囲の人たちが幸せになれることを望んでいる。**自分が身を置く組織や社会に対する忠誠心が強く**、誰かを裏切るなどということは考えられない。重要な仕事やリーダーとしての立場を任せるのにこれほどの適した人物はいないだろう。

ただし、あまりにも強い責任感は、本人に過度のストレスを与えるだけでなく、**そのストイックさから周囲の人たちをも息苦しくさせてしまう**可能性も。たとえば、スポーツチームなどで指導的な立場にある人の責任感が強すぎると、パワハラや体罰のような行きすぎた指導につながる恐れもある。

> 責任感の強い人はリーダーとしての資質を備えている。一方、強すぎる責任感は周囲を息苦しくさせてしまうことがある。

世間体に縛られる
せけんていにしばられる

意味	他人の評価を気にしながら自分の行動を決定する
類義語	人の目を気にする／体面を保つ
反対語	自由に振る舞う／ありのままに生きる

ポジティブ度：☆☆☆　ネガティブ度：★★☆

真面目でプライドが高い人ほど世間体に縛られがち。こういう人は、自分が想定している「世間体」とは、何を基準に形づくられているかを今一度冷静になって考える必要がある。学歴や職業、収入、それらに見合う（と考えている）生活環境など……。世間体とは世間から自分がどう見えているか、ということだが、世間が自分のことを本当に「そのように」見ているかといえばそんなことはない。自分で「世間体」と思っていることのほとんどは、**自分自身でつくり上げた価値観**にすぎないのである。

自分がつくり上げた「世間体」という縛りから逃れたいなら、自分で抜け出すしかないだろう。まずは、他人は自分または自分の身内に対してそれほどの関心を払っていないという事実に気づくべきである。

> 世間体の正体は自分自身でつくり上げた価値基準。自分が思うほど、他人はあなたに関心を払っていない。

積極的
せっきょくてき

意　味	物事に対して自ら進んで取り組もうとするさま
類義語	意欲的／自主的
反対語	消極的／他人任せ

ポジティブ度：★★★　ネガティブ度：☆☆☆

積極的は、「責任感が強い」という属性と関連の深い性格で、**行動する前に周到な準備をし、問題の解決や目標の達成に向けて計画を立てる**という性質をその中に含んでいる。したがって積極的な人もまた、責任感が強い人と同様に、ビジネス・シーンで成功を収める場合が多い。練り上げた計画を実際の行動へと結びつけるのにも意欲的なので、スキルを向上させる機会にも恵まれている。

このように生活全般において積極的であることにデメリットはあまりないが、ストレス（→P132）を感じることがあるとすれば、周囲に消極的な人が多く、自らの積極性に同調してもらえない場合だろう。積極的であるがゆえに、物事が停滞するとストレスを感じることもある。

> 積極的な行動の裏には周到な準備がある。まわりが消極的な人ばかりになるとストレスを感じるので、仕事などではメンバー選びが重要。

せつない

意　味	ある感情が迫って心が苦しい
類義語	やるせない／哀愁漂う／わびしい／やりきれない
反対語	穏やかな／安らかな

ポジティブ度：★☆☆　ネガティブ度：★★★

「せつない」は「切ない」と書き、「心が切られるような思い」というのが元の意味。いわば心の中に欠落した箇所がある状態で、その原因は人によって違うが、**満たされたいと強く思っているのに満たされない状態**である点は一緒である。好きな人がすぐ近くにいるのに、思いを伝えられなければその分だけ心が満たされない。仮に両思いの相手がいたとしても、今よりもっと親密になりたいと思っていれば、現状その思いは満たされていないため、やはり「切ない」という感情が生まれる。

切ないという感情を解消するには、心の中の欠落した部分（すき間）を埋める努力をするしかないが、もともとの欲求が絶対に満たされない状況のときもある。そのときに別の形で満たそうとする行為を**代償行動**という。

> 人は満たされない状態にあるとき切なさを感じる。切なさを解消するには心のすき間を埋める努力をするしかない。

絶望(ぜつぼう)

意味	何の意欲も持てなくなる最悪の状態
類義語	袋小路／閉塞感／失意／悲観
反対語	希望／光明(こうみょう)／楽観

ポジティブ度：☆☆☆　ネガティブ度：★★★

絶望とは未来への希望を失うことであり、幸福だった過去の自分には絶対に戻れないという思い、あるいは思い込みから生まれる感情である。性格的な傾向としては、完璧主義の人ほど陥りやすいと考えられる。うつ病などの精神疾患からくる絶望感は医療の助けを求める必要があり、戦争や愛する人の死など、個人の力では克服することがきわめて困難な状況からくる絶望もある。しかし、それらも含め、**完全に克服されることはなくても、時間が経過するにしたがい少しずつ日常の感覚を取り戻せるようになる、という意味での希望は必ずある。**

生きるのがつらいと感じたときは、誰かに頼るという選択肢があることを思い出そう。助けを求めたほうがよい状態である。

> 絶望とは未来への希望が失われたと感じたときに起こる感情。どんな絶望も永遠に続くわけではないという認識が大切である。

世話好き(せわずき)

意味	他人の面倒を見たがること
類義語	親切／面倒見がよい／情け深い
反対語	冷淡／薄情

ポジティブ度：★★☆　ネガティブ度：★☆☆

世話は「面倒」とほぼ同義。いずれの言葉にも**自分の庇護下(ひごか)、あるいは管理下にある人を助けたりかばったりする**という意味である。誰かを世話することが好きな人は、自分の利益よりも助けたい相手の幸福や満足を優先し、それに喜びを感じる。しかし、その世話の仕方が面倒を見てもらう側にとって唯一絶対の方法とはかぎらない。そもそも、世話をしてもらう側が本当に世話をしてもらいたいと思っているかどうかさえ、定かでないことがある。世話好きを疎ましく思う人が、自分を成長させるためにわざと困難な状況に身を置こうとしたとき、**世話好きの人の行動があだになることもある。**

日頃から世話好きな人が留意すべきは、相手が必要としているときには喜んで力を貸す、という余裕をもった考え方をすることである。

> 世話好きな人は、自分の庇護下にある人を助ける。その世話の仕方がいつも的を射ているとはかぎらない。

繊細(せんさい)

意味	感情が細やかなこと
類義語	神経質／敏感／脆(もろ)い
反対語	大雑把／がさつ／ずぶとい

ポジティブ度：★★☆　ネガティブ度：★☆☆

感受性が強いという意味での繊細な性格の人は、他人が今どのような気分でいて、何を求めているのかを察知する能力に長けている。そのため**相手が何か言葉にして要求する前に、先回りして驚かせることもある**。しかし、繊細だからといって常に相手が考えていることが正しく読み取れているわけではない。読み違えたときには、ただのおせっかいになってしまうこともある。

相手が何を考えているかいつも気にしているため、相手のちょっとした表情や口調の変化にも敏感に反応してしまう傾向もある。結果的に、**繊細であればあるほど、神経質でちょっとしたことにも傷つきやすい性格**ということにもなる。

> 繊細な人は先回りして相手の気持ちに沿って行動しようとする傾向がある。繊細であればあるほど、他人の反応が気になって傷つきやすい。

潜在意識(せんざいいしき)

意味	気づかないまま自らの言動に影響を与える心の奥底に潜んだ意識
類義語	深層心理／無意識
反対語	顕在意識

ポジティブ度：★☆☆　ネガティブ度：★☆☆

人間の精神は**潜在意識と顕在意識の2層構造**になっていて、潜在意識は過去から現在までに蓄積されてきた考えや欲求、心構えといった、**活動はしていてもはっきりとは自覚されていない意識**のことである。眠っているときでも活動を続けている。顕在意識は、日常の中で行われる判断や選択、悩み、願望といった領域を担う意識のことである。

心の奥底に潜んだ潜在意識は精神の深いところで我々を強くコントロールしているが、そこに物事のよし悪しという判断が介入してこない。そのために潜在意識の中に刷り込まれた欲求は実現可能性が高いともいわれている。

> 潜在意識は精神の深いところで我々を強くコントロールしている。潜在意識の中に刷り込まれた欲求は実現可能性が高い。

先入観で判断する

意　味	客観的な事実より自分のイメージを重視する
類義語	偏見をもつ／思い込みが激しい
反対語	事実をありのまま受け止める

ポジティブ度：★☆☆　　ネガティブ度：★★☆

　一般に先入観といえば、「物事の本質を見誤る偏った主観」として退けるべきものと考えられている。しかし、**人間が先入観を抱くという能力をもっていなければ、すべての判断をその場で一から行わなければならない。**すると、情報処理の面から見ると、あまりに手間と時間がかかってしまう。このように、先入観がすべていけないというわけではない。ただし、自分にとって都合のよい情報だけを鵜呑みにする先入観は危険である。たとえば「この投資話にのれば儲かる」といったように、無意識のうちにリスク情報から目をそらせてしまうのも先入観によるもの。どんな人にも先入観で判断するところがある以上、大きなリスクを避けるためにも**日頃から価値観の異なる人や、自分とは違った分野に精通している人と交流することは大切である。**

> 先入観は情報を迅速に処理するのに必要な能力。先入観のリスクを避けるには価値観の異なる人の話にも耳を傾けるべき。

想像力豊か

意　味	見聞きした情報以上に概念やイメージを広げることができる
類義語	洞察力がある／夢想的
反対語	想像力が乏しい

ポジティブ度：★★★　　ネガティブ度：★☆☆

　想像力とは、視覚や聴覚から読み取った情報をただそのままインプットするだけでなく、自分がすでにもっている知識や感覚を補いながら、さらにイメージを広げたり、その根底にあるもっと深い意味を読み取ったりする能力のこと。たとえば、恋人がいつもより饒舌だった場合、機嫌のよさから来るものなのか、隠しごとを悟られないようにするためのカモフラージュなのかを見極めるのも想像力によって行われている。
　想像力が豊かであることと「的確な想像」とは必ずしもイコールではない。あまりに根拠を欠いた想像は、ときに妄想や早とちりをまねく恐れがある。豊かな想像力を的確な想像へとつなげるには、関連する知識の幅を広げて裏づけに厚みをもたせること、人の立場になって考えるなど**多角的に物を見る習慣をつけることが大切である。**

> 豊かな想像力が常に優れた想像力であるとはかぎらず、多角的に物を見ようとする姿勢が的確な想像を導き出す。

外面（そとづら）がいい

意　味	身内には横柄なのに外では愛想がいい
類義語	内弁慶
反対語	外弁慶

ポジティブ度：★☆☆　｜　ネガティブ度：★★☆

外面がいい人は、完璧主義だと考えられる。周囲の人たちから尊敬されたいと思っており、**完璧な自分を演じる傾向**がある。しかもその欲求がすんなりと満たされなかったり、実際の境遇に不満を感じていたりして、ストレスを溜め込んでいる可能性が高い。こういう人が**家族や恋人など身内に対しては横柄なのは、外で溜め込んだストレスの発散**という側面がある。

また、身内からの評価はすでに定まっているという安心感からくるものもあり、これは一種の甘えである。身内に対して気を許しているときの言動が本心である可能性が高いことから、その人となりを見極めるのは比較的簡単。外面がいい人は、横柄な態度によって身内の愛情が冷めてしまうリスクを負っているという自覚が必要であろう。

> 外面がいいのは、完璧主義で尊敬されたいという願望が強いため。身内に横柄なのは外でストレスを溜め込んでいることがある。

尊敬（そんけい）する

意　味	その人の行いや考えなどを優れたものと認める
類義語	崇める／慕う／心服する
反対語	軽蔑する／侮る／侮辱する

ポジティブ度：★★★　｜　ネガティブ度：☆☆☆

誰かを尊敬するという感情を抱く要因は人それぞれ。正直であったり誠実であったりというように人格の素晴らしさを認める場合もあれば、目標に向かって努力し、困難を乗り越えて目標に到達する姿に尊敬の念を抱く場合もあるだろう。そしてそのほとんどに共通するのは、**自分がそうありたいと望む姿がそこに表れているときに抱く感情**だという点である。しかし、その思いが強ければ強いほど、幻滅するような事実が発覚したときに落胆や怒りとの落差が大きくなる。どんなに立派な人物にも欠点はある。その人が本当に尊敬できるかどうか、じっくり見極める必要はもちろんあるが、それと同時に、自分が尊敬する人物をあまり聖人視しすぎず、尊敬すべき点とそうでない点とは切り離して考えることもときには必要だろう。

> 自分がそうありたいと望む人物に尊敬の念が芽生える。どんな尊敬すべき人物も聖人君子ではないと冷静に受け止めることも必要。

楽(たの)しい

意味	愉快で明るい気持ち
類義語	うれしい／気持ちいい／心地よい
反対語	苦しい／つらい／悲しい

ポジティブ度：★★★　ネガティブ度：☆☆☆

苦しい、つらいといったネガティブな感情は、外敵から身を守るという本能に基づいたものであり、誰の感情であってもそれほど大きな違いはないといわれている。それに対して、**楽しいという感情は、人が進化していく中で獲得したいわば後天的なもの**。したがって、感情の中でも個人差が大きいと考えられる。人によって楽しいと感じることが大きく異なるのはそのためだ。

さらに同じ人の中でも、前に楽しいと感じたことが、その後まったく楽しいと感じられなくなることも珍しくない。何が楽しいのかわからなくなっている人は、かつて楽しかったことに固執しすぎているのかもしれない。そういうときは新しい自分を発見するつもりで、一度感情をリセットしてみるといいだろう。

> 楽しいという感情はネガティブな感情と違って移ろいやすい。その時々で新たな「楽しい」を見つけたほうが、より充実して生きることができる。

ミニコラム　心の知能指数EQ

知能指数をIQというが、それに対して、周囲とのコミュニケーション能力や共感能力などをEQという。人間関係を上手に築いていくために欠かせない能力である。どんなにIQが高くても、EQが低いと社会生活では高い評価を受けることができない。学生時代に優秀であっても、その後に活躍できるかどうかは、このEQによって決まるともいえるだろう。

アメリカの心理学者ダニエル・ゴールマンは、人が幸せになるにはIQよりもEQが大切であると指摘した。EQとは、次のような能力を指す。

> 1. 怒りやイライラを自分でコントロールでき、攻撃的にならない
> 2. 他人の立場や気持ちを察し、共感できる
> 3. 協調性や他人への気づかいができ、人間関係を上手につくり、仲間をつくれる
> 4. 自信と希望をもち、目標に向かって努力できる
> 5. 自分の本当の気持ちを理解し、対人関係の中で方向づけができる

大胆(だいたん)

意　味	恥ずかしがらずに迷わず行動すること
類義語	果敢／剛毅(ごうき)
反対語	小胆／臆病

ポジティブ度：★★☆　　ネガティブ度：★★☆

多くの人が、もっと大胆に行動できたらと思いながらそうできずにいる。では、なぜ大胆な性格の人は、よかれ悪しかれそのように行動することができるのか。それは、大胆に行動するだけの自信と勇気があるからだ。逆に多くの人が大胆に行動するだけの自信と勇気をもてないでいるのは、自信と勇気は筋力のように鍛えることで強くするものだという意識がないからである。いきなりアスリートのような筋力をつけることはできないように、**大胆さも、小さな勇気を行使していくことでしか鍛えられない。**

ただし、**信念や理念のない大胆さは無謀でしかない。**なぜそのような大胆な行動に踏み出したいのか、目的や行動の基準を自分で考えながら設定しなければ、大きな失敗につながることもある。

> 大胆さを身につけたければ"小さな勇気"から始めてみる。信念なき大胆さはただの無謀である。

だらしない

意　味	計画性がなく、物事を中途半端に終わらせる
類義語	根気がない／適当
反対語	マメな／行き届いている

ポジティブ度：☆☆☆　　ネガティブ度：★★★

だらしないキャラクターの基盤にあるのは「めんどうくさい」という感情。めんどうくさいと思う原因はさまざまで、日々の生活に追われるなど余裕のなさからくる場合もあれば、成長過程で楽観的な性格が形成された場合もある。こういう人は他人と自分とを比較することにさほど気を使っていないことが多い。本人にとっては楽な生き方かもしれないが、**社会的な信頼が得にくく、異性からも同性からも好感度が下がる危険は否めない。**

まれにだらしない人のほうが、結婚後に気を使わなくて済むから好ましいという人もいるが、それはだらしない性格同士の利害が一致したということである。決して、だらしない人がモテるわけではない。

> だらしない性格は服装や所作など見た目に現れやすい。お互いのだらしなさが認め合える相手とは意気投合する可能性が高いといえる。

だるい

意味	物事に対する意欲が湧かないさま
類義語	しんどい／退屈した／やる気が起きない
反対語	心が軽い／やる気に満ちている

ポジティブ度：☆☆☆　ネガティブ度：★★★

だるいは、「たるむ」や「たゆむ」と同源である。心の状態に使う場合もあれば体の状態に使う場合もあり、いずれの場合でも何となく疲れていてしまりがなくなった状態のこと。だるいと感じるときほど、心と体が影響し合っていることを痛感することはないだろう。

心がだるいと感じたときは、仕事で休みがとれないなど、体に負担がかかっていることが多い。やる気が起きず、先を思うだけで、心がだるくなることもある。十分休息を取っていてもだるさが抜けないのは、精神的なものが解決されていないからであるといえる。そういうときは、自分がだるいということ自体を忘れられるような気分転換を図るように心がける。

> 心のだるさは体の恒常的な疲れが原因となっていることが多い。解決策を無理に探さず、気分転換に目を向けよう。

淡白（たんぱく）

意味	感情を表に出さないこと
類義語	執着しない／ひかえめ
反対語	感情的／しつこい／積極的

ポジティブ度：★☆☆　ネガティブ度：★★★

淡泊な性格の人は、一般に無表情であるため周囲からすれば何を考えているかわからず、冷たい性格だと思われてしまいがち。しかし、あくまで表情に出さないというだけで、決して冷たいわけでない。簡単に喜怒哀楽の変化を見せないということは、感情が安定しているということ。ひとつのことにのめり込まないのは確かだが、そのぶんバランスよく周囲の状況を判断することに秀でており、**問題解決能力が高いのが特徴である。**

こうした性格の人が誰かと親しくなるまでに時間がかかったり、誤解されたりすることを避けるには、意識的に顔の表情を動かすクセをつけるのがよい。今まで無表情と思われていたぶん、ほんの少し口角を上げるだけでも、ギャップが魅力となるはずだ。

> 淡泊な性格の人は問題解決能力が高い。ふだんが無表情な人は意識的に顔の表情を動かすクセをつけることでギャップが魅力になる。

知的(ちてき)

意　　味	言動から知性がにじみ出ている
類義語	聡明／論理的
反対語	愚昧(ぐまい)／感覚的

ポジティブ度：★★★　ネガティブ度：☆☆☆

知的な人の特徴として挙げられるのは、知識が豊富であるのはもちろんだが、**知識を運用して、さらに新たな知を生み出せる点である**。自分のもっている知識をひけらかすだけの人は、知的とまではいえない。真に知的な人は、それまで自分が知らなかったことに出合うと素直に喜び、自分と異なる意見にもひとまず耳を傾けることができる人である。

知識のない人を馬鹿にしたりはせず、知識をひけらかしたり損得の基準を当てはめることもしない。偏見や誤謬(ごびゅう)にさらされたときでも理性をもって対応できるかどうかで、知性がある人かどうかが判断できるだろう。さらに、学ぶ姿勢を忘れず、謙遜の気持ちを忘れないことである。

> 知的な人とは単に物知りなだけでなく、その知識を運用できる人。手もちの知識をひけらかすだけでは知的といえない。

忠実(ちゅうじつ)

意　　味	喜んで自らに与えられた使命を果たすこと
類義語	従順／誠実／義理堅い
反対語	不実／反抗

ポジティブ度：★★☆　ネガティブ度：★★☆

自分に与えられた使命を、たとえ自らを犠牲（程度の軽いものも含め）にしてでも果たそうとするのは忠実な人である。こういう人は**組織や社会への帰属意識が強く、仲間思いで、責任感が強い**。ただし、自己意識に欠け、他者に対し、特に権威ある者に対して依存的な傾向が強く、自らの意識決定の機会には優柔不断(→P195)という欠点を露呈することもしばしばである。

過度なまでに何かに対して忠実な人は、安全なポジションを欲している。幼少期、親の顔色をうかがいながら育った人の中にこういうタイプが多いともいわれている。忠実であるということは、その相手への依存度が高まっているということで注意が必要である。

> 忠実な人は、組織への帰属意識が高くて仲間思い。過度に忠実であろうとする人は他者への依存心も強くなる。

慎み深い（つつしみぶかい）

意味	出しゃばらず品よく振る舞うさま
類義語	謙虚／奥ゆかしい
反対語	出しゃばり／目立ちたがりな

ポジティブ度：★★☆　ネガティブ度：★☆☆

慎み深い人は、ふだんは寡黙で行動の上でも自分が目立つような振る舞い方はしない。しかし、それはいうべきことが何もないわけでも、行動力がないわけでもない。ただ自分だけが目立とうとしたり、人を押しのけてでも欲求を満たそうとしたりすることに対して、快く思っていないことからくる言動の在り方である。注目を浴びることを避け、自分の成功をひけらかさない。したがって、慎み深さはむしろ協調性と結びつきやすい。

日本人は慎み深さが美徳とされているが、価値観の多様化した現代では、**ときにその美徳を曲げてでも主張すべきところは主張する必要もある**。反対意見を恐れず、発言しなければならないときもあるだろう。

自分本位に出しゃばらず、協調性を重んじるのが慎み深さの本質である。いいたいことがないのではなく、必要なときにはいえるのが慎み深い人。

強気（つよき）

意味	失敗を恐れず大胆さを押し通す気概
類義語	勝気／自信／大胆
反対語	弱気／控えめ／不安

ポジティブ度：★★☆　ネガティブ度：★☆☆

強い気持ちをもつことは、あらゆる分野で成功するための秘訣といっても過言ではない。強気の反対語は弱気だが、たとえばアスリートが弱気を見せた途端に、勝利の女神から見放されてしまうという場面を見たこともあるだろう。**その強気が本物かどうかは、そこに強気になるだけの根拠の有無がカギである**。一見気が強そうに見える人でも、実は自分の弱さを隠すための強がりにすぎないことが多い。

しかし、ただ強がっているだけの人でも、芯の部分では負けず嫌いであるがゆえにそうした態度を取っている。だから、自信をもつだけの根拠をつくりさえすれば、たちどころに強気の行動が取れるようになる可能性も十分にある。根拠づくりとして成功者の体験に学ぶことは極めて重要といえる。

気が弱いのは自信をもつだけの根拠がないから。強気になるには自信のある成功者の体験に学ぶなどすればよい。

照れ屋（てれや）

意　味	恥ずかしがるあまり他の行動がすべて止まってしまう人のこと
類義語	内気／初心／はにかみ屋
反対語	目立ちたがり屋

ポジティブ度：☆☆☆　ネガティブ度：★★☆

極端なまでに恥ずかしがったり、謙遜したりする人のことだが、**その感情が心の中を占めるあまり、行動が完全におろそかになることが問題である**。照れるのはほとんどの場合、誰かとコミュニケーションをとっているときなので、いつまでも照れた状態のままだとその場をしらけさせる可能性が高い。相手によっては、だんだん面倒くさくなって、イライラしだすこともある。

多くの照れ屋は自己肯定感（→P97）が低いことが理由とされるが、相手のイライラが伝われば、ますます過剰な自意識に自らを縛ることになってしまう。こういう人は、冷静に状況を振り返り、他人は自分のことをそれほど注目していないという事実を再認識するべきである。

> 軽い照れならかわいいが、心の中をその感情が占めすぎるのは問題。行動がおろそかになり、相手にイライラされることもある。

天真爛漫（てんしんらんまん）

意　味	人の目を気にせず、ありのままでいること
類義語	自由奔放／無邪気
反対語	ひねくれ者／老獪（ろうかい）

ポジティブ度：★★☆　ネガティブ度：★★☆

天真爛漫な性格の人は、人の目を気にせず自由に行動する。先々の計画を立てず、その時々の流れに身を任せているため、周囲の目には**思いつきで行動する**と映るが、どんな結果になろうとも深く反省することがなく、その**結果さえも素直に受け止める**。もっとも、日常レベルで起きる問題の多くは、どのような結果であっても時間が解決してくれたり、悩んでも悩まなくてもさほど大きな違いはなかったりする。それでも天真爛漫に振る舞えない人にとっては、こうした性格の人は羨望の的であると同時にイラ立ちの種でもある。

キチンと計画を立てて行う業務には、計画性のない行動パターンや状況への反応ぶりから一般に不向きとされ、責任ある仕事は任せてもらいにくいこともある。

> 利害関係のない人たちにとって天真爛漫な人は愛されキャラである。計画性が求められる仕事には不向きなこともある。

第2部…ひとの性格・感情辞典

同調圧力（どうちょうあつりょく）

意味	暗黙のうちにまわりの空気を読むことを強要すること
類義語	プレッシャー／排他主義
反対語	自由意志

ポジティブ度：☆☆☆　　ネガティブ度：★★★

少数意見を排除し、多数意見に合わせること、すなわち**「空気を読む」ことを暗黙裡に強要する**のが同調圧力である。他人の意見に対して「NO」と言うのは難しいが、さらに集団になったとき、より反対意見を言うことは困難になる。

むしろ根深いのは、少数意見者の人格を否定したり、他人と違うことを恥だと思わせたりする類の心理に訴える同調圧力で、これらは明確に止める手立てが見つけにくい（ネット上のネガティブ・キャンペーンなどが最たるもの）。多数意見側の中には、あらかじめ圧力を恐れて少数意見を取り下げ、自らそちらに流れる人もいることが考えられる。同調圧力に負けないためには、自分と同じ意見をもつ仲間をつくることである。

> 同調圧力は無言のうちに空気を読むことを強要するので避けるのが難しい。
> あらかじめ同調圧力を恐れて自ら多数意見に流れることもある。

ミニコラム　他人に合わせてしまう同調行動

ポーランド生まれの社会心理学者アッシュは、同調行動について次のような実験を行った。

被験者に右のような図を見せ、Aと同じ長さの線はどれか、B・C・Dから選んでもらう（答えはD）。被験者をひとりにした状態で答えを選択してもらった場合の正解率は99％だった。次に、わざと誤答するサクラと一緒に選択させた場合の正解率は24％になった。被験者は、誤っていると考えたかもしれないが、多くの人が選んだものに流れたのである。

サクラが顔見知りの場合は、さらに正解率は低くなったのである。

一方で、周囲に対して先に大きな声で意見を言えば、自分を中心とした同調行動を誘うことも可能であるといえる。

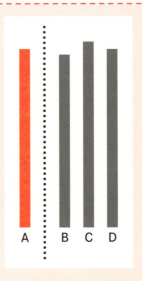

同情(どうじょう)

意味	相手の身になって感情を共有すること
類義語	共感／同調／思いやり
反対語	反感／非難

ポジティブ度：★★★　ネガティブ度：☆☆☆

悲しい、苦しいといった、**主にネガティブな感情を抱いた人に対して、その気持ちを理解し、ともに悲しみや苦しみの感情を抱く**のが同情である。表面的に「つらかったね」「苦しかったね」と言葉でいっても、気持ちの上で本当に相手の身になって悲しみや苦しみを感じていなければ、同情とはいわない。むしろ、いたわりや憐みに属する感情といえる。

同情する人が同情されるべき人のそばにいてあげたいという気持ちになるのは、共感という精神活動が「空間を共有する」という感覚と結びついているからである。これは、必ずしも同じ場所にいるという物理的な空間の共有でなくても構わない。相手の話に耳を傾け、体験を想像するのも同情からくる行為である。

> 他人のネガティブな感情を共有するのが同情。相手の話に耳を傾け仮想空間を共有するのも同情の特徴である。

逃避(とうひ)

意味	イヤなことから目をそらす
類義語	先延ばし／回避／後回し
反対語	実行／即断／即決

ポジティブ度：☆☆☆　ネガティブ度：★★☆

明日は大事な試験が控えている。そんなときにかぎって何度も読んでいる漫画を全巻再読してしまったという経験をもつ人もいるだろう。このように、やらなければならないこととは別のことに手をつけてしまう現象を**「逃避行動」**という。会議のプレゼン資料を作成しなければならないのにネットサーフィンしてしまう、ふだんはやらないのに机の引き出しを熱心に整理整頓してしまうなどというのも同じ。ようするに、**やらなければならないことを先送りしている**わけで、その心理の背景には、その作業に対して自らハードルを上げている、作業の全体像を把握できていないため精神的な負担が必要以上に大きいなどといった原因が潜んでいる。「逃避行動から逃れる」ためには、逃避せずにやるべきことをやった場合のメリット（報酬）を挙げてみるとよい。

> 逃避行動は、気が重い作業を先送りしたいという心理からくる。逃避した場合のデメリット、しなかった場合のメリットを考えるべき。

毒づく

意味	相手の欠点や落ち度を直接的な言葉で悪く言うこと
類義語	罵る／罵倒する／けなす
反対語	讃える／褒める／尊重する

ポジティブ度：☆☆☆　ネガティブ度：★★★

同じことをいう場合でも、普通に非難するのと毒づくのとでは、言葉の選択が異なる。たとえば同僚が何度も同じミスをしたとき、そのミスしたこと自体についてネガティブに触れるのは注意や批判。**毒づく人は、そのミスにかこつけて、「仕事をなめている」「そんなミス、バカじゃないかぎりできない」など、相手の人間性まで貶めるように言う。**

　毒づく人の心裏にあるのは、相手を貶めることで、自分自身に優位性をもたせたいという欲求である。さらに、自分を優位に見せたい心の裏には、本人も気づかない深層レベルに劣等感を抱えていることが多い。つまり、誰かに毒づく人は、ありえそうな自分の姿をそこに見つけて、必死に隠そうとしている可能性がある。

> 相手の人間性まで貶めるような言い方で非難するのが「毒づく」。自分の優位性をそうやって保つことにより、劣等感を包み隠している。

鈍感

意味	感じ方が鈍い／気がきかないこと
類義語	朴念仁
反対語	敏感／多感／繊細

ポジティブ度：★☆☆　ネガティブ度：★★☆

他の人が簡単に気づくことに気づかない、あるいは精神的にそれほどこたえない、という人は鈍感といえるだろう。たとえば、今話している相手が自分に向かって嫌味を言っているのに、それに気づかないなど。**ストレス社会において、これはむしろうらやむべき個性である。**他の人が感じるであろう精神的なつらさを、さらりと受け流すことができるからだ。

　デメリットは、周囲の状況が読めずに、その場にふさわしくない発言をして悪気はなくても他人を傷つけてしまったり、遠回しの発言を理解できずに細かな対応ができなかったりすること。結局のところ本当の意味で（よい意味で）「鈍感力」があるのは、**感性は豊かでありながら、ネガティブな感情に対しての耐性と許容力がある人**である。

> 鈍感でいるということのメリットはストレスが少ないということ。ネガティブな感情に負けない豊かな感性が真の鈍感力である。

長いものに巻かれる

意　味	力のある者のいうことは大人しく聞くこと
類義語	妥協する／権力におもねる
反対語	権力にあらがう

ポジティブ度：★☆☆　　ネガティブ度：★★☆

「長いものには巻かれよ」ということわざに由来する言葉である。ここでいう長いものとは、どうにも手に負えないもののこと。反骨心の強い人にいわせれば、その手に負えないものに抗わなければ人間の尊厳やプライドが保たれないということになるのかもしれない。たしかに長いものに巻かれる人が強い性格の持ち主ということはないだろう。

しかし、**自らの弱さを客観的に推し量るだけの冷静な自己分析力が備わっている**ともいえる。力量不足を顧みず、勝てない勝負に出て案の定負けるくらいなら、いまは長いものに巻かれておいて、地道に力をつけながら、いつか巻き返すチャンスをうかがう。そんなしたたかさをもっているのも、こうした性格の持ち主たちである。

> 長いものに巻かれるのは冷静な自己分析能力があるからともいえる。地道に力をつけて巻き返しのチャンスをうかがうこともときには必要。

流されやすい

意　味	人の意見にあらがわない
類義語	影響を受けやすい／無批判の
反対語	我が強い／わがままな

ポジティブ度：★☆☆　　ネガティブ度：★★★

デートの行き先を決めるとき、自分の意見が言えないわけでもないのに相手に合わせるのは、流されやすい性格の人である。だからといって損をしているとはかぎらない。このような性格の人にとっては**自分で細かな計画を立てることのほうが煩わしく、それならば誰かに委ねてしまったほうがラク、つまり快適なのである**。ただし、何でも自分で決めなければ気が済まないという人以外の目には、ただの優柔不断（→P195）と映ることもあるだろう。

また、友人Aの意見に流されることで、友人Bの意見とは衝突することもある。解決策としては**人によって態度を使い分ける**というのがあり、実際、社会に適応していくにしたがって、そうした能力を高めていく人もいる。

> 流されやすい人は、そのほうがラクだから他人に判断を委ねている。上手に「流される」には、人によって態度を使い分ける必要もある。

内向的
ない こう てき

意味	自分の中で考えたり感じたりしたことにこだわる
類義語	陰にこもった／頑固／自己完結的
反対語	外向的／社交的／周りの意見を重視する

ポジティブ度：★☆☆　ネガティブ度：★☆☆

　心理学者のユングは、人間の性格を大きく「外向型」と「内向型」の2つに分類し、さらにそれぞれを、物事を捉える心理機能に着目して「思考型」「感情型」「感覚型」「直感型」に分けた。

　「内向型」は、心のエネルギーが自分自身の意識や経験に向かうタイプで、わかりやすくいえば、他人の意見よりも自分がどう感じているかを重視する性格である。

　さらに、性格は次のように細かく分けられる。

- ●内向思考型……事実よりも主観を重視し、独自の視点で物事を捉えようとする。はっきりいえば頑固な性格。
- ●内向感情型……ひときわ感受性が強く、自分の内面を充実させることを重視する性格。
- ●内向感覚型……独自の感性や表現力に長けたタイプ。物事の本質を見抜く力があるとされている。
- ●内向直感型……夢見がちなタイプ。ひらめきで行動する傾向をもつので、周囲を翻弄することもある。

　いずれのタイプも、対人面の特徴は、自分がいま関心をもっていることや考えていることに集中していることが多いため、無口、他人と目を合わせない、ふだんは大人しく目立たない、話をしても声が小さくて聞き取りにくい、電話で話をするのも苦手、といったことが挙げられる。

●内向的な人の人付き合い

　内向的な性格であることがよくわかっていない周囲の人には、とっつきにくいと思われてしまうかもしれない。**自分以外の人や物事に関心が向きやすい外向的な人と比べて、人間関係が広がりにくい面をもっている**ことはたしかだ。

　しかし、内向的だからといって、誰もが人付き合いを苦にしているわけではない。自分が興味あることや、与えられた課題にじっくり取り組む粘り強さをもっている人が多く、**感性が豊かであるために他の人が思いつかないようなユニークなアイデアで成果を挙げたりもする**。芸術系をはじめ、クリエイティブな活動に力を発揮するのは、たいてい内向的な性格の人である。

　そして、そういう活躍の場が与えられたこの種のキャラクターは、言葉よりも行動でその意思を示す。無口でもしっかりと成果をあげる人は、おしゃべりで行動力がない人よ

りも、周囲からの評価は高いはずだ。

● 他人との関係の築き方

　他者と良好な関係を築けないことに悩んでいる内向的な人は、**自分の性格が相手にうまく理解されていないせいかもしれない**。悩んでいるということは、自己完結せずに他者と良好な関係を築きたいと思っているわけだから、自分の性格の中のマイナス面だけ変える努力をすればいい。

　自分の考えをはっきり伝える努力はするべきだが、内向的な性格の独創性や感受性の強さなど、プラスの面まで変える必要はないということ。むしろそうした部分にいっそう自信をもつことで、積極的に他人と関わろうとするようになるだろう。そうすれば、周囲の人たちも、少しずつ理解を深めていってくれるに違いない。

　マイナス面も含め、無理に性格を変えようとしないというのも、人によってはひとつの方法である。冷静かつ丁寧に物事に取り組むという特性を生かして、ひとりでコツコツ作業を進める仕事に就けばストレスの多くは避けることができる。ひとりでいても、さまざまな工夫や創造ができるので、そうした面をストレス解消に向けるのもいいだろう。

　また、職場に内向的な人がいたら、仕事に興味をもってもらえるように働きかける。面白く、わかりやすく説明することも、そのひとつである。

自分の内面に意識が向かい、創造性や感受性が強いのが内向的な人。内向的であることを自己卑下する必要はない。自信をもとう。

ミニコラム　内向型人間の恋愛事情

　内向的な人は、他者より自分に関心が向きがちなので、外向的な人より恋愛が成就しにくいのが一般的。しかし、ひとたび恋愛関係になれば、外向的な人よりも長続きすることが多いともいわれている。それは、周囲の意見に流されず、じっくり相手を内面まで深く観察したうえで恋愛感情をもつに至るから。感情を表に出すことが苦手だが、好きになれば真摯、そんなツンデレタイプが多いのも内向的な性格といえるだろう。

泣く

意味	感情が高ぶって涙を流す
類義語	感極まる／感情を解放する
反対語	感情をおさえる／平静を保つ

ポジティブ度：★★☆　ネガティブ度：★☆☆

涙の生理学的な機能は、眼球に栄養を送りこんだり、まぶたを滑らかに動かしたり、雑菌や紫外線から目を守ったりすることだが、感情が高まったことによって流れる涙は、ストレス（→P132）が要因となって溜まった物質を老廃物として外に押し出す機能をもっている。また、**泣いた後には脳内に鎮静効果のあるエンドルフィンが増加し、それによってもストレスの解消が促される**。

つまりどんな感情からであれ、泣くことには必ずストレスを解消する効果があるということ。男性の寿命が女性よりも短いのは、幼い頃から人前で泣くことをタブー視されてきたために、女性よりも強いストレスがかかっているという説もある。たまにはひとりで泣く機会を設けるのもよいだろう。

> 泣くと脳内のエンドルフィンが増加しストレスが解消される。男性の寿命が女性より短いのは泣くことを制限されてきたせいとの説もある。

生意気

意味	自分の立場を考えずに大きな態度をとる
類義語	自信過剰／虚勢
反対語	謙虚／控えめ

ポジティブ度：★☆☆　ネガティブ度：★★★

生意気の属性は世代と関連している。特に年齢を上下関係の基準にする傾向が強い日本では、若者が自分よりも年上の者に対して強気の態度をとることを意味し、それ以外の場合はどちらかといえば「横柄」「尊大」と表現すべきだろう。若者が年長者に対して生意気なのは、**まだ社会経験や仕事のキャリアが浅いために、逆に失敗の経験も少なく、根拠のない自信に満ちあふれているから**だと考えることができる。両親に過度に褒められて育った若者は、いっそうその傾向が強い可能性がある。いわば視野が狭いので、経験を重ねるうちにだんだんと生意気でなくなっていくのが普通である。とはいえ生意気も悪いことばかりではない。若いうちの失敗は、成長していくうえでこれも大切な経験だからである。

> 若者が生意気なのは経験が浅く根拠のない自信に満ちあふれているため。経験を重ねていくプロセスには生意気であることもある程度は必要。

怠け者(なまけもの)

意味	義務や努力から目を背ける人
類義語	ものぐさ／ぐうたら
反対語	勤勉家／働き者

ポジティブ度：★☆☆　ネガティブ度：★★★

他の人たちが体力や時間を費やして努力しているのを尻目に、自ら進んで動こうとしない怠け者は、一般に体力がなかったり不健康だったりする。しかしそれも、日頃の怠惰な生活習慣が招いた結果であることが多い。彼らが怠けているのは、精神的な病気からくるものでないかぎり、**変化を好まず、できるだけ現状を維持したい願望の表れ**と考えることができる。その状況が許されるならば目的は達成できているわけだが、周囲は彼が義務を果たしているとは認めず、そのため低い評価を与えられることになってしまう。本人も成長の機会を度々逃すことになるだろう。

怠け者が自らの行動を反省するには、ときに大きな失敗を経験して目を覚ますことが必要かもしれない。

> 怠け者は変化を好まず、現状を維持したいと考えていることが多い。怠けグセから脱却するにはときに大きな失敗も必要。

ナルシシスト

意味	誰よりも優れている(と思っている)自分のことが好き
類義語	うぬぼれ／自己陶酔
反対語	自己嫌悪

ポジティブ度：☆☆☆　ネガティブ度：★★★

「自分は能力が高く美しい」という自信をもっており、それを周囲から称賛してもらいたいために自慢話や成功体験を自信たっぷりに話すのがナルシシスト。周囲の反応が薄く、不満に思うことはあってもへこたれない。「自分のすごさを理解できるのは一流である自分だけだ」と都合よく解釈するからである。当然の結果として、周囲の人を見下すことになる。

しかし、**ナルシシストは実は大きな劣等感を抱えているといわれている**。実際の自分に自信がもてないため、必要以上にいいところを周囲にアピールしたいのだ。理想の自分に近づくために努力すればナルシシストもメリットに。うまくいかないことがきっかけで引きこもるようなら、自己愛性パーソナリティ障害という診断が下される可能性も。

> ナルシシストは実は大きな劣等感を抱えていることがある。場合によっては自己愛性パーソナリティ障害を疑ってみる。

なれなれしい

意味	対人距離が異常に近い
類義語	ぶしつけな／図々しい
反対語	礼儀正しい／遠慮がち／他人行儀

ポジティブ度：☆☆☆　　ネガティブ度：★★★

知り合ってから何年も経ち、日頃から親しく会話している人同士がなれなれしいのは普通のこと。一般に「あの人はなれなれしい」というときは、さほど親しくもないのに他人のプライバシーにずかずかと踏み込んだり、すぐにあだ名をつけたがったり、やたらとボディー・タッチをしてきたりする場合である。**その多くが対人関係には勢いやハッタリが大事だと考えている人たちで、目立ちたいという感情ともつながっている。**裏を返せばそういう形でしか目立つ方法がないともいえ、表面的ななれなれしさとは裏腹に、芯の部分には自信のなさが潜んでいる。

フレンドリーな性格の人が好かれることを考えると、その違いは、親し気な様子の中に相手を尊重する態度が見られるかどうかであろう。

なれなれしいのは目立ちたがりで、そのためにはハッタリが必要という考えから。相手を尊重する態度をもっていればフレンドリーな性格として好かれる。

忍耐強い（にんたいづよい）

意味	苦しい状況にあっても根気よく取り組む
類義語	打たれ強い／辛抱強い／我慢強い
反対語	あきらめがいい／根気が足りない

ポジティブ度：★★★　　ネガティブ度：★☆☆

ある人が忍耐強くいるためには、冷静、おおらか、心が安定しているなど、**さまざまなポジティブ系の性格を複合的に備えていることが条件**である。気分転換の方法をいくつかもち、気持ちの切り替えが上手であることも忍耐強さと大いに関係している。場合によっては、周囲の人が苦痛に感じている作業に対しても、独自の楽しみを見出している可能性があり、発想が豊かだったり、創造的だったりする人ともいえる。

　おおらかであることが裏目に出るのは、時間制限のある仕事でチームの足を引っ張るおそれがある場合。こういう人は忍耐強さが求められる仕事に専念させて、それ以外のマネージメントを知的で大胆な性格の人に任せるなど、**もち場ごとにふさわしい人選を行うのが得策**である。

忍耐強くあるためには冷静さやおおらかさなどのポジティブな性格が必要。時間に制約のある作業には不向きで、マネージメントは他の人に任せるべき。

人間関係が煩わしい

意　味	集団行動が苦手である
類義語	うまく自己表現できない
反対語	人と接するのが好き

ポジティブ度：★☆☆　ネガティブ度：★★☆

人間関係が煩わしいと考えている人のほとんどは、**集団行動を苦手だと感じている**。したがって、個人間でのコミュニケーションはそれほど苦にしない場合も多い。人間関係を煩わしく感じる原因として考えられるのは、多くの人たちと価値観が違うことや、自分のことを表現するのが苦手なこと。それでいて、わかってもらいたいという欲求が小さいといったことも挙げられる。やさしい人なら、相手の考えを曲げてまでもわかってもらいたくないという気持ちからであり、自己中心的な人なら、逆に自分を曲げてまでも他人と合わせたくはないという気持ちがある。

集団生活における苦痛の解消には、人間関係を軸にするのではなく、その集団の中でどんな役割が果たせるのかなど、**自分が取れる立ち位置を見つけること**が大切だ。

人間関係が煩わしいのは集団行動に馴染めないせい。人間関係を気にするより集団の中での立ち位置を見つけることが大切。

ミニコラム

反対意見を言いにくい集団思考

集団思考とは、仲のよい集団が陥りやすい状態のことである。ひとつの意見に対し、それがどんなに変わったものであっても、検証をあまりせずに多数者の意見や行動に合わせる（同調行動）。このような状態は反対意見が言いにくくなり、物事が正しい方向に進まなくなってしまうことがある。

集団思考に陥りやすい傾向として、アメリカの心理学者ジャニスは、次のような特徴を挙げた。

・優秀で団結力のあるグループには楽観論が生じやすい

・団結力が強いと、その場の雰囲気を否定しにくいので、同調しやすくなる

・優秀で団結力のあるグループは、危険性が高いにもかかわらず、成果が期待できるというリスキーシフト現象を招きやすい

・一方で、大きな成果よりも確実な路線を選ぶコーシャスシフト現象に陥る場合もある

このような場面で自分の意見を述べたいのであれば、論理的に攻めることが一番である。しっかりとした根拠や裏づけをもとに主張することで、納得させるのだ。

抜け目がない

意 味	自分にとって得になりそうなことへの嗅覚が鋭い
類義語	ずる賢い／立ち回るのがうまい
反対語	抜けている／そそっかしい

ポジティブ度：★★☆　ネガティブ度：★★★

　自分が得になりそうなことを見つけ出す嗅覚が鋭く、実際に上手に立ち回る人をいう。人事異動の季節になると、それまでのんびり働いていたのに俄然営業成績を上げようと頑張る、上司と飲みに行って人間関係を良好にするなどが、わかりやすい例である。

　抜け目ない人がいる一方、抜けがけをされた人もいる。そうした人たちからは嫌われる可能性もあるが、極端に抜け目がない人は、それすらもうまく切り抜けるだけの立ち回り方をするかもしれない。本人だけが得する抜け目のなさならそれでも不満は招くだろう。しかし、組織で利益を求めるときには、**同じ組織に属していると得する者がいるので、それで丸く収まり、さらに抜け目がないということになる。**

> 抜け目ない人もいれば、抜けがけされて不満に思う人もいる。組織全体の得になるような抜け目なさを発揮できれば、周囲も納得する。

熱血漢

意 味	何ごとにも闘争心をもってぶつかっていく人
類義語	感激屋／姉御肌／正義漢
反対語	冷血漢／皮肉屋

ポジティブ度：★★☆　ネガティブ度：★☆☆

　熱血漢は、周囲に「どうせうまくいかないさ」などとさめた発言をする人がいれば、その意見に対して激しく反論し、相手が自分と同じ熱い気持ちで事に当たるようになるまでその態度を変えない。それは、熱く事に当たるという行為の内に、仲間とともに頑張るという連帯感を実感することが含まれているからである。ようするに感激屋なわけだが、**同調する仲間にとってはムードメーカーとしての役割を兼務するという意味での頼りになる存在**といえるだろう。

　しかし、ときとして冷静さを欠き、その**ムードに流されるという失敗を犯しかねない、困った存在ともなりうる**。また、熱血漢同士が衝突する場面に出くわすこともある。一歩引いて冷静に状況を判断する人が周囲にいれば、そうした状況を回避できるだろう。

> ムードメーカーとして仲間を鼓舞する存在が熱血漢。ムードに流されすぎて失敗する恐れがあるのもその性格ゆえ。

熱しやすく冷めやすい

意　　味	あれこれ手を出してすぐに飽きること
類 義 語	気まぐれ／雰囲気に流される
反 対 語	計画的／首尾一貫している

ポジティブ度：★☆☆　　ネガティブ度：★☆☆

趣味でいうと、あるとき料理にはまったかと思えば、その3カ月後には登山にはまってみたり、英会話を始めてみたり、といった具合に、次から次へといろんなことに手を出すのが熱しやすく冷めやすい人である。短所は、**一つひとつがあまりものにならない**こと。一方で長所もある。一度それを体験したということは、同じ体験をした人と気持ちが通じ合う可能性が高く、そのぶんだけ人間関係が豊かになる。何か新しいことを始めたいという**チャレンジ精神を常に発揮し続けていれば、いつか本当にやりたいことも見つかる**だろう。

すぐさめてしまうのは、うまくいかないことへの失望、つまり完璧主義からくるものかもしれないので、ちゃんとはまれば一気に粘り強い性格へと転じる可能性はある。

> 手を出したことがものにならないのは短所。チャレンジ精神は旺盛なので、はまればいろんな可能性が手に入る。

粘り強い

意　　味	始めたことは最後までやり遂げること
類 義 語	初志貫徹／しつこい
反 対 語	気まぐれ／あきらめが早い

ポジティブ度：★★★　　ネガティブ度：★☆☆

その人が粘り強い性格かどうかは、失敗に対する反応をみるとわかる。**一度や二度失敗したくらいでは、たとえそれが大きな失敗であっても、立ち上がり、再挑戦する。**一発勝負の受験などでは、失敗したら何度でも挑戦すればいいというわけにはいかないが、それ以前に受験対策の段階から、わからない問題でも粘り強く最後まで取り組むために、受験そのものを失敗しない可能性が高い。

しかし、それでも自分が設定した以上に高いハードルでは失敗することもあり得る。粘り強く何度も挑戦した結果、すべてが失敗に帰すると、それは粘り強いではなくただあきらめが悪いということになってしまう。**自分の能力を見極め、現実と折り合いをつけることもときには必要であろう。**

> 一度や二度の失敗にくじけず、何度も挑戦するのが粘り強い人。自分の能力を見極めないとただのあきらめが悪い人になる。

恥
<ruby>はじ<rt></rt></ruby>

意味	人に知られたら面目ないと思う失敗や欠点
類義語	不名誉／汚点
反対語	自慢／誇り

ポジティブ度：☆☆☆　ネガティブ度：★★★

　自分や自分と関係ある人が、社会の価値観から外れていると感じるような失敗や欠点、またはそれを苦にする感情のことを指す。社会の価値観とは、常識や差別意識、倫理観、伝統的な美意識といった、はっきりとは規定できなくても社会の構成員が共通してもっている認識のこともあれば、法律のように明確に規定されているものもある。

　いずれにしても、何らかの社会的な価値観に基づく。動物には恥という感情は見られず、**人間にとっても何が恥となるかはその人の価値観に左右される部分もある**。極論ではあるが、たとえ法律に触れることでも、その人が恥と思っていなければ、その人にとっては恥の範疇からは外れる。

> 社会の価値観から外れると感じるような失敗や欠点が恥。価値観は人それぞれなので、何を恥と思うかも人それぞれである。

恥ずかしい
<ruby>は<rt></rt></ruby>

意味	欠点や失敗を他人に知られて気持ちが動揺すること
類義語	照れくさい／決まりが悪い／みじめ
反対語	誇らしい

ポジティブ度：★☆☆　ネガティブ度：★★☆

　社会的な価値観から外れるような欠点や失敗を他人に知られることで、人は「恥ずかしい」という感情を抱く。公共の場で唾を吐いたり、服装がだらしなかったりするのを恥ずかしいと思うのは、それが**多くの人の価値観から外れていること**だから。そう考えれば、恥ずかしいという感情は社会生活を営む上で大切なものだということがわかる。

　一方、倫理的な問題はないのに恥ずかしいと感じるケースもある。受験に失敗したときなどはその一例。しかし、本当に感じるべきは**失敗から学んでより高いレベルを目指そうという反省**である。すぐに恥ずかしいと感じてしまう人は、自己評価を下げ、その評価に甘んじてしまう、つまり向上する意欲が低下してしまうおそれがある。

> 恥ずかしいという感情は、健全な社会生活を営む上で大切になる。しかし、何でも恥ずかしいと思いすぎると、向上心が低下するおそれも。

八方美人(はっぽうびじん)

意　味	誰に対しても自分をよく見せようとする
類義語	無節操／日和見主義／ごますり
反対語	一途

ポジティブ度：★☆☆　ネガティブ度：★★☆

八方美人のもともとの意味は「どの方向から見ても美しい女性」だが、そこから転じて、現在は「誰に対してもいい顔をする人」という悪い意味で使われている。「美人」という言葉はついているが、男性の性格や振る舞いについても使われる。

八方美人になるなのは、**他人から悪く思われたくないという感情から**である。恋愛相手に何でも合わせてしまう人も同様。しかし、結果的に誰に対しても愛想よくしていると、**誠実さのない人と思われ、逆に悪感情をもたれてしまう**ことがある。対立する人たちのいずれの意見にも追従するような言動をすれば、信用を失うおそれがあるので注意が必要である。

> 八方美人の人は、人から悪く思われたくないと考えている。しかし、誰にでもいい顔をしていると誠実ではない人と思われて、逆効果になることもあるので注意。

ミニコラム　八方美人にならないために

八方美人だと、かえって信用のならない人と思われたり、自分自身の心が疲弊してしまったりするのがオチ。そうならないためには、しょせん、人はすべての人から好かれることなど不可能だと心得るべき。また本当に誠実であろうとすれば、ときとして相手に厳しい意見を言わなければならないこともあるという認識をもつことも大切である。

また、「みんなから好かれていないのでは」「どう思われているのだろう」と周囲の目が気になるのは対人認知欲求というものである。誰もがもっているものではあるが、「人から認められたい」という思いが強くなると、過剰に人間関係を気にしたり、特定の相手に依存することになる。

派手(はで)

意味	姿かたちや言動で周囲の目をひきつけたがる
類義語	大げさ／自己顕示欲が強い
反対語	地味／控えめ

ポジティブ度:★☆☆　ネガティブ度:★★☆

　いかにも値の張りそうなブランド服や時計、アクセサリーを身に着けているのは、実は自信のなさの表れといわれている。**衣服はいわば鎧のようなもの**で、これさえ身に着けていれば、相手に負けない、優越感にひたれる、立派な人だと思ってもらえるといった心理からである。派手なメイクも本来の自分の顔を隠し、自信をつけるための鎧である。また、まわりの目をひき、自分に注目してもらいたい気持ちが含まれる場合もある。

　自分らしさを大切にしていれば、自分にとって本当に似合うものを自然と選ぶようになるだろう。その結果、派手な身なりをどんどんエスカレートさせて、周囲の人がリアクションに困るようなことも起きることはない。

> 衣服は鎧のようなもの。自信をもちたくて派手になる。自分らしさを大切にすれば派手さがエスカレートすることもない。

腹黒い(はらぐろい)

意味	自分の満足や相手の不利益のために隠しごとをしている
類義語	計算高い／ずるい／あざとい
反対語	私心がない／正直

ポジティブ度:☆☆☆　ネガティブ度:★★★

　腹黒い性格の人は、平気でウソをつく、弱い立場の人を利用する、強い立場の者には取り入る、などの**自己中心的な行動がそのまま自分の利益につながる行動をとる傾向にある**。満足のいく目的を遂げるために、周囲の人たちや状況を十分に観察し、計画的に行動する必要があるため、計算高い、物事を最後までやり抜く根気強さがあるという属性とセットと考えてよいだろう。人心を掌握することにも長けている場合が多いので、その意味では一見人あたりがいい人との見分けもつきにくいので注意が必要。

　しかし、**人をだましてばかりいると、大切な人を傷つけるおそれもある**。そのことに気づくことが、腹黒さにブレーキをかけるきっかけともなるだろう。

> 自分の利益のためにはウソをつくことも平気なのが腹黒い人。腹黒さに歯止めをかけるには、大切な人を傷つける危険を顧みることである。

母親依存（ははおやいぞん）

意味	母親のいない自分が考えられない
類義語	マザーコンプレックス
反対語	母親離れ

ポジティブ度：☆☆☆　ネガティブ度：★★★

母親に強く依存した男性のことを「マザコン」と揶揄したり拒絶したりする風潮は根強いが、こうした性向は**実は女性にも多くみられる**。休日は母親と外出し、料理も母親任せ、就職後も実家に暮らしている、恋愛のことを母親に相談する、などの行動パターンをもっている人は、母親に依存している傾向が強いといえるだろう。母親と良好な関係を築くこと自体は悪くない。

しかし、小さいころから母親に干渉され、その期待に応えようといい子を演じてきたケースは多く、それが結婚や恋愛、就職など人生における重要な判断にまで強く影響してしまうようであれば、健全な親子関係とはいえない。**そのことに息苦しさを覚えたときが、それまでの親子関係を見つめ直すチャンスであろう。**

> 母親に強く依存する人は、男性だけでなく女性にも多い。母親との関係で息苦しさをおぼえたときに、親子関係を見つめ直し、新たな関係を築きたい。

ミニコラム　母親離れができない性格の問題

気分の波が激しく感情が不安定なことを特徴とする境界性パーソナリティ障害の原因のひとつとして、**適切な母親離れができていない**ことが挙げられる。一般に子どもは、乳離れする1歳半〜3歳の間に母親離れの時期を迎える。しかし、これがうまくいかないと、境界性パーソナリティ障害になりやすい。

問題なのは、子どもが離れていくことに母親が不安を感じ、無意識のうちに自分の思い通りにコントロールしようとするところ。それによって子どもは、母親を裏切ることは悪いことだと刷り込まれ、**従順ないい子を演じるか、逆に徹底的に反抗するかの両極端に走るようになり、成人した後もずっとそのことが影響して**しまう。深刻な場合は、専門医を受診することも必要となる。

反社会的
はんしゃかいてき

意味	社会のルールや法律に反した行いをする
類義語	不道徳な／非倫理的／非常識
反対語	法律を順守する／道徳心のある

ポジティブ度：☆☆☆　ネガティブ度：★★★

法律や社会常識などを守る意識に欠け、実際に犯罪行為に及ぶことを反社会的行動といい、そうした人たちが集まって組織化すると反社会的勢力とも呼ばれる。**幼少期に他人との情緒的な触れ合いが不足していたり、虐待を受けていたりというケースもあり、攻撃性が強い**のが特徴である。自己の利益のみを求めて他人を傷つけることには無頓着。しかし、その自己に対しても、衝動的で危険な行動をいとわないという点で傷つけることをおそれていないといえる。反社会的な性格を短期間に変えることは難しいが、**自身の過去と向き合い、その原因を知ること**はひとつの有効な手立てであろう。

> 反社会的な性格は、幼少期に情緒的体験が不足していたことが原因のひとつと考えられる。そのため、自身の過去と向き合うことは反社会的性格を克服する手立てのひとつである。

ミニコラム　パーソナリティ障害とは

　パーソナリティ障害とは、神経症やうつ病などの心の病気とは異なります。何でも他人のせいにして自分を正当化したり、恋人を疑い過ぎて異常に束縛するなど人間関係がうまく築けなかったりする人がいます。また、出来事に対する受け取り方や感情表現、相手の感情を捉えることが苦手な人もいるでしょう。このような人たちは、もしかするとパーソナリティ障害かもしれません。

　これらは病気ではないのですが、社会的規範や一定の常識からかけ離れた思考・行動をとるため「変わった人」と思われることが多いのです。

　アメリカの精神医学会の統計的診断基準マニュアル「DSM」によると、特徴によって細かくタイプが分けられていますが、大きく分けると次の3つになります。

A	自閉的で、変わった妄想を抱くタイプ
B	ストレスに非常に弱く、感情の起伏が激しいタイプ
C	ストレスを抱えやすく、常に自信がなく不安におびえるタイプ

反抗的
（はんこうてき）

意味	権威や法律に逆らう態度をあからさまにする
類義語	喧嘩腰／不満げ
反対語	従順／素直

ポジティブ度：★☆☆　ネガティブ度：★★★

　上司や年上からの意見や説教、指導などに対して口答えをしたり、生意気な言動をとったりする特徴がある。**子どもの頃に両親や教師が支配的な環境で育った人に多い傾向で、強く自由を求める気持ちの表れ**であることも。世の中の矛盾に疑問を感じ、異議申し立てをするような性質の反抗的な態度をとる場合は、長じて社会改革に情熱を燃やす人も多い。

　反抗的な人は、自分の行動によってどんな結果を招くのか、メリットとデメリットの見極めをする必要があるが、それが重大な犯罪でないかぎりは、反抗的であることもときに周囲の目には魅力的に映るだろう。思春期においては、**反抗も大事な経験であり、その後の成長に大きな影響を与える。**

> 子どもの頃に抑圧されていた経験が反抗的な態度を生みやすい。反抗的な行動がどんな結果を招くのか、メリットとデメリットの見極めが大事。

被害者意識が強い
（ひがいしゃいしきがつよい）

意味	被害者ぶることで自分の立場を強くしようとする
類義語	すねる／根にもつ
反対語	楽観的／サバサバしている

ポジティブ度：☆☆☆　ネガティブ度：★★★

　「一生懸命頑張っているのに、誰も私のことを評価してくれない」「〇〇さんは私のことを嫌っているんだ」など、真偽のほどはわからないのに自分が被害者であるかのように他の人にアピールするのは、**自身が他の人から責められるのを極度に恐れている場合**が多い。責められるより先に自分の正しさを強調しておきたいのだ。周囲の人がいくら手を差し伸べても、こういう人は同情を集め続けたいと思っているので、素直に助けを受け入れられず、そのやり取りに周囲の人たちが疲れてしまうことも珍しくない。

　どのみち、本当に得たいと思っている評価は得られないという事実に気づくことが、被害者ぶることをやめるひとつのきっかけにはなるだろう。

> 被害者意識が強いのは他人から責められるのを恐れる感情から起こる。同情を集めたいと思うために周囲の助けにも素直に応じない。

悲観的(ひかんてき)

意味	ネガティブな考えにとらわれ、悪い結果しか頭に浮かばない
類義語	マイナス思考／厭世的(えんせいてき)／絶望的
反対語	楽観的／ポジティブ／前向き

ポジティブ度：★☆☆　ネガティブ度：★★★

　数分先から数十年先に至るまで、**あらゆる未来について悪い結果を思い描き、その未来予想図に縛られて行動が消極的になってしまう人**が悲観的な性格である。

　たとえば職場で上司に叱られると、「他の同僚は叱られていない」→「自分は上司から嫌われている」→「出世は望めない」→「リストラされるかもしれない」→「スキル不足から再就職できない」→「恋人から愛想を尽かされる」→「路頭に迷う」……など、次々と悪いビジョンが思い浮かんでくるのが悲観的思考の典型である。

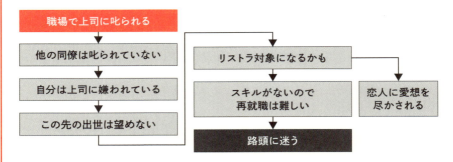

　本当は、ただひとつのミスで叱られただけにすぎず、そんな最悪の事態まで起こることなど滅多になく、原因は上司に叱られたことではないかもしれない。むしろ、そうした最悪の状況を予想することで、自己を否定したり、不機嫌になったりした結果、ますますミスを重ねたり、上司や同僚との信頼関係を失ってしまったりすることのほうが、よほど問題である。

●悲観的な人は悪循環を起こす

　このように、**ネガティブな未来を予測しすぎた挙句、かえってネガティブな方向へ向かうという悪循環**が、悲観的な性格の問題点である。最初は小さな悲観でも、日々それを繰り返すことで、どんどん大きな悲観へと膨れ上がり、どんな場面であれ成功することは難しくなってしまうだろう。悲観主義は周囲の気持ちもうんざりさせる。だから、多くの人は悲観的な人を避けるようになり、結果、悲観論者は容易に孤立してしまう。

●自分が悲観的か調べる実験

　自分が悲観論者であるかどうかの判定は、アドラー心理学の思考実験で簡単に行うことができる。コップに水が半分入っている状態のとき、それを見てどう感じるか？と

いう問題だ。

このとき、楽観論者なら「まだ半分もある」と答えるが、悲観論者は「もう半分しかない」と答えるだろう。**与えられた条件はまるで一緒なのに、楽観論者と悲観論者とでは、捉え方がまったく逆になる。**

●ネガティブ思考から逃れる方法

ただし、悲観主義がすべてにおいてデメリットというわけでもない。**先々まで見通し、長期的にものを考えられるのは長所**といえる。いま目の前にある事実だけしか見ない短絡的な人や、なんでもよい方向にしか未来を予測しない楽観的な人よりも、リスクマネジメントの面では優れている可能性が高い。

しかしそれも、状況を冷静に分析し、必要なデータを集めた上でなければ真のリスクマネジメントとはいえない。先々まで見通せる豊かな想像力は積極的に自己評価しつつ、ネガティブな思考に陥りやすいという負の部分はできるかぎり解消すべきである。そのためには、**頭の中で展開されている負のシナリオともいうべき想像の連鎖を、根本から変えていく必要がある。**

根拠のない予言でも、信じて行動することにより本当にそれが実現する現象を予言の自己成就というが、これを悲観ではなく、楽観に適用するのだ。無理にでも未来をよい方向にだけ想像し、ネガティブな想像は極力排除する。

形から変えることにより、少しずつでもネガティブな想像の連鎖から逃れられれば成功である。「大丈夫」「うまくいく」など、本当にそう思っているかどうかとは関係なく、機械的にポジティブな言葉を発してみるだけでも、効果はある。

> 同じものを見てもマイナスに捉えて嘆くのが悲観的な人。頭の中の負のシナリオを断ち切らないと悪循環に陥る。

ミニコラム　悲観論者は短命？

アメリカの心理学者マーティン・セリグマンの調査によると、ペシミスト（悲観論者）とオプティミスト（楽観論者）を比べた場合、前者のほうがうつ病にかかる割合が高く、平均寿命も短いとの結果が得られたという。

また、大統領候補の発言を収集・分析したところ、悲観的な発言をした候補より楽観的な発言をした候補のほうが当選率は高いとの結果もある。あらゆる意味で人生の成功者といえる人の多くは楽観論者だということが、彼の調査からも明らかになっている。

控えめ
ひか

意　味	多くを語らず、多少のことなら受け流す
類義語	遠慮がち／謙虚／節度がある
反対語	出しゃばり／積極的

ポジティブ度：★☆☆　　ネガティブ度：☆☆☆

　控えめな性格は、謙虚と属性が近いが、少し違うのは、より**争いごとを避けたがる**ところである。同僚と比べて仕事量が多くても、そのことで自分から文句をいったりはしない。仕事量が同じで、先に仕事を終えたら余分な仕事が回ってきた、なんていうときにすら、その状況を受け入れてしまうのは、そのことを問題にして争いごとが始まるのがイヤだからである。

　しかしそれは、控えめな性格の人が器用で何でもソツなくこなせるということも意味している。したがって、その姿を長く目の当たりにしている人からは、評価され、信頼されるだろう。**自分を信頼してくれる人の評価に応えながら、少しずつ自信を高めていければ、的確な自己主張もできるようになる**にちがいない。

> 控えめな性格は、争いを嫌うことに起因している。地道な努力が評価されれば自信につながる。

ひがみ

意　味	相手の言動を自分の主観で悪く受け止めること
類義語	思い込み／疑心暗鬼
反対語	素直

ポジティブ度：☆☆☆　　ネガティブ度：★★★

　ひがみっぽい性格の人は、自分に自信がないために、どんなに褒められても「本当はそんなこと思っていないくせに」などと、相手の言葉を素直に受け止めようとはしない。言い換えると**自信さえつけば、本当は優越感に浸りたいと思っている人でもある**。したがって、基本は自分に最も関心があり、周囲の人たちからもよい意味で関心をもってもらいたいと考えている。しかし、**実力がともなっていないためにひがむわけだから、克服するには実力をつけ、なりたい自分になることが有効である**。そのプロセスで苦しむ人は、今は力をつけている段階だから仕方がないという謙虚な気持ちをもつようにすることが必要。自分の長所や、これから目指そうとしていることをノートなどに書き出してみるのもよいだろう。

> ひがむのは自信がないからであり、本当は優越感に浸りたい。克服するには、自信がもてるよう実力をつけるのが有効。

卑屈 (ひくつ)

意味	いじけた態度で余計に自分を小さく見せる
類義語	自嘲的／自虐／気後れ
反対語	尊大／自己顕示

ポジティブ度：☆☆☆　ネガティブ度：★★★

　ある人が卑屈な態度をとるのは、自己の能力に懐疑的なため。それでいて、他人からそう思われるのは苦痛であり、少しでも認められたい、同じ仲間だと認められたいという願望がある。常々人の欲求には応えたいと思っており、そのため気がきくのはひとつの長所であろう。しかし、自分自身が本当の意味で望むことはあまりわかっていないことが多い。**心の奥には抑圧されていることへのイラ立ちや不満が渦巻いているのかもしれない。**

　卑屈な態度をとってしまうのを克服するには、自己の重要性や価値を認識すること。人の意見に従いがちなため、自己主張をしたり、物事を決定する能力を身につけたりすることが必要である。

> 卑屈な態度をとるのは自己の能力に懐疑的なためである。卑屈な人のまわりにいる人は、愛情や支援、同意を求めているので、それらを与える行動をとる。

非常識 (ひじょうしき)

意味	やってはいけないと思われていることを平気ですること
類義語	型破り／反社会的
反対語	常識／真面目

ポジティブ度：★☆☆　ネガティブ度：★★★

　人と会ったらあいさつをする、お世話になった人には感謝の気持ちを述べるなどは、法律で定められていることではないが、社会通念として常識とされている。非常識な人は、そうした常識を軽視し、**その非常識を指摘されても態度を改めないという点でただの無知とは異なる。**しかし、世の常識を疑うことはときに必要な性格で、エジソンやスティーヴ・ジョブズなどの社会に多大な利益をもたらしてきた発明家は、常識を疑うことを発想の原動力としてきた。**他の人がしり込みすることにも、柔軟に行動し、挑戦する姿勢は間違いなく長所**。「非常識だ」とみなされるのは、誰かが迷惑に感じたとき。自分がされたらイヤなことはしないという心がけさえあれば、非常識な性格もポジティブに捉えてもらえるようになるはず。

> 非常識な人は自分の考えを正当化し、指摘後も態度を改めない。他の人にはない柔軟な発想ができるのは非常識の長所。

引っ込み思案

意　味	自己主張できず、人の陰に隠れていること
類義語	内気／気後れ／照れ屋
反対語	積極的／目立ちたがり

ポジティブ度：☆☆☆　　ネガティブ度：★★☆

「こんなことを言ったらバカなやつだと思われるのではないだろうか」「失敗したらどうしよう」と**不安から消極的になっているうちに、ひとりでいるほうがラクだと感じ始め、その状態が長く続いている**のが引っ込み思案な人と考えられる。話し声が小さく、話をしている間も目を合わせようとしないのも特徴である。周囲がどんなにざわついていても、自分をその渦中に置くことがないため、騒動に巻き込まれないのはメリット。

しかし、根っから孤立することを望んでいるわけではないので、人の助けを借りたくてもそうできない場合に、不安と絶望感を覚えるおそれはある。**自分を大切に思ってくれる人のことは自分からも信用して心を開くのが、対人関係への自信を取り戻す第一歩**になる。

> 他人からの評価を気にしないでいられるひとりの状態をラクだと感じている。自信を取り戻すには、大切に思ってくれている人に心を開くことから。

人あたりがいい

意　味	人との接し方が穏やかで安心感を与える
類義語	物腰がやわらかい／温和な
反対語	人あたりがきつい

ポジティブ度：★★★　　ネガティブ度：☆☆☆

笑顔を絶やさず、それでいて穏やかで威圧感を与えない。服装や髪型、メイクなども個性がきつすぎず、見た目にも安心感を与える。決して口数が多いわけではないが、求められれば、助言や手助けなどもイヤな顔をせずにしてくれる。**自然と周囲には良好な関係の仲間が増えるため、人あたりがいい人自身も、周囲から助けられる**など、よい意味でのもちつもたれつな関係が生まれやすい。

人あたりのいい人になりたければ、**まずは相手の気持ちを思いやる姿勢を心がけることである**。一朝一夕に信頼関係を築くことはできない。人あたりがいいと思われるのにもそれなりの時間がかかると心得よう。

> 人あたりがいいと威圧感を与えず、安心感を与えるので周囲から信頼されやすい。そのような人になるためには、相手の気持ちを思いやる姿勢を心がけることが大切。

否定的（ひていてき）

意味	他人の言動に異を唱えたがる
類義語	あまのじゃく／口が悪い
反対語	肯定的

ポジティブ度：☆☆☆　ネガティブ度：★★★

誰の発言に対しても返答の言葉が否定から始まる人は、自分の意見が常に正しいと思っているか、そう思いたい人である。もし、自分が知らない話題を振られたら、そこに新たな自分の意見を加えてでも、自分の発言が結論部分を担う形をとろうとする。**自分を少しでも優位な立場に置きたいということだが、それは自分の弱さを見せたくないという心理とほぼ同じ**である。ようするに、相手を認めるのは自分の弱さを認めることになると思っているのだ。否定される側はやがてその人を避けるようになるだろう。否定する側は、その理由がはっきりとはわかっていない場合が多く、悩んでいるかもしれない。親しくなった相手が自分を認めてくれていると実感できれば、否定的な発言の割合も少なくなる可能性にある。

> 否定的な発言を繰り返す人は自分を認めてもらいたいと思っている。自分を認めてくれる人がいれば否定的な発言も少なくなることも。

ミニコラム：本音が見えてくる口グセ

口グセは、その人の本音や考え方の偏りが表れやすい。そのため、口グセから性格を知ることができる。

次の4つの例を参考にしてほしい。特に相手から「だから」「つまり」といった接続詞が相手からよく出てくるときは、相手が自分ともっとコミュニケーションをとりたいと考えているときである。

また、話す内容だけでなく、語り口や言葉づかいにも深層心理は表れるので、相手が何を考えているのか参考になるだろう。

だから	自己主張が強いタイプ。自分が正しいという気持ちから、周囲に認めてもらいたい。
そうですね	人の意見を肯定的に受け入れようとしつつ、実は自分の思い通りに動かしたいタイプ。
つまり	論理的に話そうと努力しているが、空回りしていることが多いタイプ。
すごく	感情的で、平凡なことも「すごく」を使って強調して話したがるタイプ。

ひょうきん

意　味	おかしなことをして人を楽しませる
類義語	ユーモラス／サービス精神
反対語	根暗／生真面目

ポジティブ度：★★★　ネガティブ度：★☆☆

どんなに生真面目な人でも、ときおりユーモラスな表情をのぞかせることはあるが、それとは違って、人を笑わせたり楽しませたりする言動のほうが普通の状態なのが「ひょうきんな人」。深刻な場面でも周囲の空気を和ませて明るくする冗談を言ったり、おどけた表情を見せたりすることが多く、**センスのよいジョークがいえる人は性格がよいうえに知的な人という印象があるため好かれやすい。**

一方で、どんな状況でもふざけた態度をとりがちなので、状況判断ができずに暴走すると、**真面目な人を怒らせてしまうおそれも**。さらに、目立ちたがりでもある。このような人は、相手の反応を見るなど冷静になろうと意識することでバランスを保つ必要がある。

> センスのよいジョークで周囲を和ませる人は好かれるキャラクター。一方で、深刻な状況ではひょうきんになりすぎないよう自制が必要。

無愛想（ぶあいそう）

意　味	失礼と感じさせるほど態度が冷たい
類義語	素っ気ない／つっけんどん
反対語	愛想がいい／社交的／人あたりがいい

ポジティブ度：☆☆☆　ネガティブ度：★★★

何を話しかけても笑顔が見られず、声のトーンも常に同じ。といって機嫌が悪いわけでもなさそうなのが、無愛想な人の特徴である。**こういう人は、容姿を含め、自分に自信がもてない。**もし、親しい人や気になる人に無愛想なところがあるなら、ほんの少しでも明るい表情を見せたときに「笑うと素敵ですね」などと声をかけて自信をもたせると効果があるだろう。

プライドが高いうえに正直な性格で、相手の話が面白くないと思っていることを露骨に表情に出す人であれば、**放っておくというのも手である**。人間関係に不自由を感じることがあれば、自ら改めようとするだろう。適度な距離感で付き合っていくことが大切である。

> 無愛想の理由は、自分の自信のなさの表れであることも多い。プライドが高い人なら付き合わずに放っておくのも手。

不機嫌
ふきげん

意　味	気に入らないことがある
類義語	気難しい／不満
反対語	上機嫌

ポジティブ度：☆☆☆　ネガティブ度：★★★

不機嫌な態度の典型は、眉間にしわを寄せる、黙り込む、大声を出す、物に当たる、さしたる根拠もないのに相手を否定する、など。疲れている、寝ていないなど、身体的な辛さから不機嫌になる人も多いが、**心理的な要因としては、思い込みの強さ**が挙げられる。思い込みが強い人は、その分自分が思っていることと違う状況や意見を前にして、イライラする機会が増えるのだ。

また、どんな人にも他人から認められたいという欲求があるが、自己評価が低い人は相手から否定されるのではないかと恐れるあまり、不機嫌になるという手段を使って**相手をコントロールしようとする傾向**がある。ただし、不機嫌になれるのは自分より下に見ている相手か近親者など、それが許されると判断した相手にかぎられる。

> 思い込みの強い人は不機嫌になりやすい。不機嫌な人はとにかく褒めるポイントを見つけて褒めること。

無作法
ぶさほう

意　味	マナーを知らない、そのような態度をとる
類義語	失礼／無礼
反対語	礼儀正しい

ポジティブ度：☆☆☆　ネガティブ度：★★★

無作法は作法（マナー）に忠実でないという意味で、その要因はさまざまである。単純に知識がない場合もあるが、**知っているのに忠実（→P145）であろうとしないのは、権威や伝統への反発心から**と考えられる。また、作法は文化に依存した様式であるため、自分がよって立つ文化への忠誠心から、他の文化の中で形成された作法を軽視する場合もあるだろう。

文化が多様化し、その一方で異文化間の交流が活発でもある現代において、**無作法な振る舞いは大きな人権問題や社会問題に発展するおそれもある**ので、十分な注意と理解が必要といえるだろう。そもそも知らない、という人には教えてあげる必要もある。

> 無作法な態度をとろうとするのは、権威や伝統への反発心から。作法を否定することは特定の文化を侮辱することにもなりかねない。

不安 (ふあん)

意　味	よくないことが起こると予想し落ち着かない状態
類義語	心配／憂慮(ゆうりょ)／気がかり
反対語	安心

ポジティブ度：★☆☆　ネガティブ度：★★☆

　恐怖(→P84)と不安は似て非なるところがある。どちらも自分や自分に関することで悪い状況を懸念する感情だが、現在起こっているか、すぐにでも起こり得る問題について感じるのが恐怖であるのに対し、**不安はもう少し先、あるいはずっと先の未来を予測することで発生する感情**である。

●恐怖と不安

　たとえば、凶器を所持した暴漢が目の前に迫っているときに抱くのは恐怖の感情。一方、通り魔事件が発生し、犯人が逮捕されていない事実を新聞記事で知った際に抱くのが不安である。具体的に犯人が近くに潜伏しているという事実はなくても、世の中に無差別的な暴力事件を起こす人間が存在するというだけでも不安は生じ得る。このように不安は、いつ起こるかはわからず、見通せないほど遠い将来のことだとしても、漠然と心の中に湧き上がる感情だともいえる。その意味でも、主として具体的に目の前に存在するものを対象とする恐怖とは異なる。

●不安という欲求

　フロイトによれば、不安とは、自己保存の欲求の表れだという。つまり、予測される未来の危険を察知したときの反応であり、「逃避反射」と結びついている。過去の知識や経験に基づき、今自分がいない場所で起こるかもしれない状況も含め、未来を予測できるのは、前頭前野が発達した人間だからこそ。つまり**不安とは、きわめて人間的な感情**なのである。

●不安を感じる事柄

　また、同じ人間でも、何を不安と感じるかは人それぞれである。なぜなら、ある事柄が起こるとこういう結果になるという因果関係は、前述したように人の知識や経験に基づいて予測されることであり、因果関係のパターンはそれぞれの人によって異なる場合もあるからだ。

　したがって、A氏が感じる不安を、B氏やC氏も必ず不安に感じるとはかぎらない。

　もちろん、文化や文明の段階によっても異なってくる。たとえば日蝕は、地球から見た太陽がちょうど月に隠れる位置に来たときに起こる現象だという知識をもっていれば、昼間に突然太陽が欠け始めても不安になることはない。

逆に考えれば、不安を解消するには、できるだけ正確に未来を予測できるよう知識なり情報なりをもっと的確なものにすることである。将来が不安なのは、たとえば、結婚後の生活資金がどれくらい必要か、はっきりわかっていないせいかもしれない。この不安を解消するには、どれくらいお金が必要かを把握すればよいのだ。そうすれば、結婚をもう少し先延ばしして貯金に努めるなどの人生設計もしやすくなり、漠然としていた不安も和らぐことになる。

　フロイトも、人が自分に危険が降りかかってきたときにとるべき行動は、不安になることではなく、自分自身の力をその脅威の大きさと比較して冷静に推し量ることだと述べている。そのうえで、防御の姿勢をとるか、逃走するか、自分から攻めていけばよいかを決定すればよいのであって、**不安が大きければ、行動そのものを麻痺させてしまいかねない。**

●不安から離れること

　あまりにも不安が大きくなると、漠然とした未来に対する予測にすぎなかったものが、今すぐにでも目の前に現れるかのような「恐怖」へと変わっていくのである。そうならないようにするためには、とりあえず今、自分が実際にいるその場から離れてみることだ。そうすれば、いったん恐怖の感情から抜け出し、前頭前野が再び活発化して新たな解決策が生まれるかもしれない。

> 人は未来の脅威を予測し、自己保存に備えるために不安を感じる。不安が大きすぎると、行動が制限されてしまう。不安を解消するにはできるだけ正確な未来の予想図を描くことが必要。

ミニコラム　不安と知能の関係

　不安や喜怒哀楽などの感情は、大脳辺縁系と呼ばれる情動脳によって生成される。これは、脳に入力された外部からの情報について、快／不快、安全／危険など瞬時の判断をするセンサーとしての働きと捉えればいいだろう。ここの働きがいつまでも強いと、感情の統制や計画、立案に関与する前頭前野の働きが抑えられてしまう。不安を感じすぎると正しい判断がしにくくなるのは、脳における以上のメカニズムからだと考えられている。

プラス思考

意 味	どんな物事でもよい方向に捉えようとする考え方
類義語	ポジティブ／楽天的／自己肯定
反対語	マイナス思考／厭世的

ポジティブ度：★★★　ネガティブ度：★☆☆

プラス思考の「プラス」は、常に「マイナス」という概念と対である。つまり、**同じ物事の中にもプラスの面とマイナスの面があり、それらのうちプラスの面だけを見るという考え方が「プラス思考」といえる。**

たとえば、胃潰瘍で入院したとする。このとき、「今まで健康だけが取り柄だと思っていたのに、もうそんなことはいえない」と考えるのはマイナス思考（→P166）。「胃がんでなくてラッキー」あるいは「ここで人生、一度ゆっくりしなさいという天の声だ」といったように前向きな捉え方をするのがプラス思考である。起きてしまったことは変わらない。にもかかわらず、捉え方の違いだけで、イメージはほとんど真逆といっていいほどである。

●プラス思考はストレスを感じにくい

いま挙げた例からもわかるように、**プラス思考のメリットは、逆境の中でも前向きになれること。**こういう思考の持ち主は、日常的にもストレスを感じることが少ない。

たとえば上司に叱られても、そのおかげで今、自分は確実に成長していると捉えることができるから、落ち込んだり、怒りに駆られたりしない。失敗しても当たり前だと思っているから、マイナス思考の人より積極的に行動でき、緊張や恐怖にすくみあがることなく、伸び伸びとしていられる。失敗したらどうしよう、ではなく、失敗しないようにするにはどうしたらいいかを考えるのも、プラス思考の特徴である。

●プラス思考になるには

とはいえ、**先天的にプラス思考という人はいない。**もともと人間の脳の働きがネガティブな思考に向かうようにできているからで、自己防衛の観点からいえば、ネガティブな情報に素早く反応することは理に適っているともいえる。もし、ネガティブな情報にまったく反応せず、問題を見過ごし続けていたら、後で取り返しのつかないことになる。小さな体の不調を放置しておくことで、深刻な病気の予兆を見逃すといった状況を想像してみればよいだろう。ネガティブであることがすべて悪いというわけではない。

しかし、あらゆることにネガティブではマイナス思考から抜け出せなくなる。特に日本人は、国民的な気質としてマイナス思考に傾きやすいともいわれている。そこで、**適度にプラス思考になるよう、意識的にトレーニングする必要がある。**

●プラス思考に向かわせる「リフレーミング法」

　マイナス思考に傾きがちな心を、プラス思考に向かわせる方法を「リフレーミング」という。リフレーミングは、物事を捉えるときの枠組み（フレーム）をいったん外した後、次にそれとは異なる枠組みで捉え直す心理療法（家族療法）の一種。先述した「胃潰瘍になってしまった」を「がんでなくてよかった」と捉え直すのもリフレーミングである。「失敗した」は「教訓を得た」、「ひとりで寂しい」は「自分の時間がもてる」、「怒りっぽい人」は「感情表現が豊かな人」に言い換えるのも同様である。

●幸福感が増す方法

　アメリカの心理学者マーティン・セリグマンが創始したポジティブ心理学で推奨する、幸福感を増すための方法も有効である。**一日の終わりに、その日あったよいことを3つ書き出す**。人に何かを与える（親切にする）。他人と自分を比較しない。自分の強み（長所）を紙に書き出す。

　これらを心がけることで、人は主観的な幸福感が増すという。そして、幸福感が増せば、人は生産的、行動的、創造的、友好的といった、プラス思考につながる感覚が強まるだろう。

人は先天的にマイナス思考（ネガティブ）に傾く習性がある。プラス思考になるためには意識的なトレーニングが必要。おすすめはリフレーミング法と、よいことを書き出す方法。

ミニコラム　過大なプラス思考は危険

　過大なプラス思考が、かえって目標達成を阻むこともある。成功した自分を空想して、そのことに満足し、具体的な努力を怠るような場合がそれである。ずっと先の結果まで空想してしまうと、人は直面する問題に目を向けず、達成感だけはあるため前に進まなくなる。こういう問題を回避するには、過大なプラス思考の空想を避け、すぐ目の前の小さな課題に意識を集中すること。無理のない小さな達成感を肯定的に受け入れるのもプラス思考の重要な点である。

フラストレーション

意　　味	欲求や希望がかなえられず、不満を抱え、緊張を強いられていること
類義語	欲求不満／不足／抑圧／欲求阻止／ストレス／悩み
反対語	満足／充足／充実／歓喜／快適

ポジティブ度：☆☆☆　　ネガティブ度：★★★

　自分の欲求や願望がかなえられないときに感じるイライラした気持ちをいう。日本語でいう欲求不満、欲求阻止とほぼ同義である。

　フロイトの精神分析理論によれば、**人間は自分の欲求を満たせないとリビドー（欲動＝欲求に変換が可能な心的エネルギー）の解放が阻害されてしまい、不快な緊張感や焦燥感を感じやすくなる**という。あるいは、イライラとして落ち着かない気持ちから、他人を攻撃したり、強い調子で非難したりするなど、怒り（→P50）の感情を覚えやすくなるとも考えられている。

　たとえば、長時間労働が続いて疲れがピークに達し、休息したいという欲求があるにもかかわらず休めない。パートナーがこちらからの性的な欲求にまったく応える気配をみせない。他者と快適な意思の疎通を図りたいのに、逆に話をするほど不快な気持ちにさせられる。このようなことが、フラストレーションの例として挙げられる。

　こうしたフラストレーションを募らせた状態があまりにも長く続くことで、イライラや怒りさえも通り越してしまうと、**やる気が出てこなくなり、抑うつ状態や無気力状態になることも多い**。当然、フラストレーションが長く続けば深刻な事態となるため、人はこれを解消しようとさまざまな方法を試みることになる。最も基本的な対処の仕方として考えられるのは、障害となっていることをできるだけ回避するというものだ。

●フラストレーションの回避

　そのためにはまず、フラストレーションの原因を特定し、これを回避することが他の何よりも重要だという冷静な判断が必要である。先述の例でいえば、上司と相談してきちんと休暇をとる、より環境のよい職場に転職するといったこと。

　しかし、たった今フラストレーションを溜めている人が、こうした冷静な判断をすること自体難しく、また、対処したからといって必ず欲求が満たされるともかぎらない。その場合は、代償行動をとるという方法も考えられる。代償行動とは、**欲求を本来のものとは別の対象に置き換えることで充足を図る行動**のことを指し、たとえば、**性欲が満たされないフラストレーションをスポーツに打ち込むことで解消する**といったことが、これに当たる。

　ただし、代償行動には、実際の憎悪の対象にぶつける感情を抑圧する代わりに、よりぶつけやすい弱い立場の者を攻撃するといった、不健全なやり方もある点については注意しなくてはならない。

●フラストレーション耐性とは

　また、フラストレーションが生じたときにある程度感情を抑えてガマンし、自分をコントロールすることができる力のことを、**フラストレーション耐性**という。フラストレーション耐性の強さには個人差があるが、この耐性が高いほど合理的に行動しやすくなることはたしかである。人間関係が原因の場合、フラストレーションが怒りや攻撃的な言動に発展しないよう、いったん心を鎮めて相手の立場になって考えることで、イライラやフラストレーションを軽減できる場合もあり、これは特に共感的理解と呼ばれる。

　いずれにしても、フラストレーションが本人の耐性を超えるほどの強さになると、怒りの感情や攻撃欲求をセルフコントロールすることはもはや困難になり、他人への攻撃性や反社会的な衝動性が実際の不適応行動（迷惑行為、犯罪行為など）につながってしまう可能性がきわめて高い。したがって、フラストレーションはどんなときでも軽視しないほうがよい。

> フラストレーションとはリビドーの解放が阻害された状態のこと（現代的にはもっと広く捉えられている）。**本来の欲求を別のものに代えることで発散する代償行動は解消法として有効である。**

◆フラストレーションの3つのタイプ

フラストレーションについて、人は次の3つのタイプに分けられる。

外罰型

失敗の原因を他人や環境に求める。敵をつくりやすく、人から反発されがち。
【ログセ】「自分はやったのに、〇〇さんがミスをした」「時間がなかったので」

内罰型

原因を何でも自分のせいにする。何事にも消極的。
【ログセ】「自分がもっとしっかりしていれば防げました」「自分のミスです」

無罰型

誰のせいにするでもなく、自分を責めるでもなく、「仕方がない」と割り切る。事なかれ主義で失敗を繰り返しがち。
【ログセ】「仕方がないですね」「こういうこともあります」

（ローザンツァイク Rozenzweig の分類を参考）

ミニコラム　フラストレーション攻撃仮説

　フラストレーションの状態にある人間が攻撃行動に走ることを指摘したのは、アメリカの心理学者J.ダラードとN.E.ミラー。それがフラストレーション攻撃仮説である。フラストレーションが高まると、不快な生理的緊張と情動的な怒りも高まり、その不快な緊張や怒りを解消する手段として攻撃行動が現れる。

　逆にいえば、攻撃的な人物の粗暴な振る舞いを止めるのには、フラストレーションの回避が有効ということにもなる。

ふしだら

意　味	性的な行動に走りやすい
類義語	卑猥／好色／背徳的
反対語	品行方正

ポジティブ度：☆☆☆　　ネガティブ度：★★★

ふしだらは、「だらしない、けじめがない」というのが本来の意味だが、特に性格を形容する言葉としては**性的な関係においてけじめのないことを指す場合が多い**。夫婦が性的な関係を結んでも「ふしだら」といわれないのは、法的にも社会規範上も禁忌とはみなされないためだ。また、性交時に全裸の状態でいても、「卑猥」といわれることはあるかもしれないが「ふしだら」とはいわれないだろう。

人がふしだらな行動に走る要因として考えられるのは、性欲がきわめて強いことのほか、自己評価の低さ、自分は愛されていないという不安がある、などがある。このような状況から脱するには、無条件で愛してくれる人と出会うことで、ゆがんだ性格を克服できる可能性は高い。

> ふしだらであることの基準は社会規範から外れた性行動かどうか。無条件で愛してくれる人がいればふしだらな行動には走りにくい。

ふてくされる

意　味	不満そうな態度を示す
類義語	すねる／いじける
反対語	言葉ではっきり伝える

ポジティブ度：☆☆☆　　ネガティブ度：★★★

不満に対する反応が「ふてくされる」だけとはかぎらない。自分の主張を通すためにはっきり口にする人もいる。しかし、ふてくされる人は、不満の内容をはっきりと伝えず、表情や態度で不満を表すだけだ。そして、その態度から不満を読み取った人に、解決方法を委ねる。これは子どもが親に駄々をこねるのと同じで、**相手に甘えているのである**。周囲に悩みを打ち明ける相手がいないのも問題だが、ふてくされてばかりいると人間関係に影響を及ぼし、さらにふてくされるという悪循環にも陥りかねない。誰も自分のことをわかってくれないとふてくされる前に、まずは自分が自分をわかってあげることから始めてみる。ふてくされてしまった原因と、どうすればその気持ちが解消されるのかを冷静に考えるため、ノートに書き出してみるのが有効。

> ふてくされるのは子どもが親に駄々をこねるのと同じなので、自分が自分をわかってあげるようにする。気持ちをノートに書き出して整理してみよう。

不満(ふまん)

意味	自分が置かれた状況に納得がいかないこと
類義語	不服／鬱屈
反対語	満足／納得

ポジティブ度：★★☆　ネガティブ度：★★☆

勉強、スポーツの成績、仕事、結婚、子育て、健康など、人生のあらゆる面においてすべて満足な結果が得られてきたという人は皆無だろう。その結果を受けて、自分が置かれた状況に不満を覚えたとしても、それがもっと自分を向上させるためのモチベーションになるのであれば、**不満はポジティブな感情**と捉えることができる。勝利したアスリートが「結果には満足していますが、内容には不満です」と発言することが多いのも、あくなき向上心からだろう。

しかし、あまりに不満が強すぎると、何をしても面白くないという気持ちになり、努力する前に投げ出したり、責任を放棄したりしてしまうおそれがある。どんな失敗の中にも小さな達成が積み上がっているという前向きな気持ちをもつことが必要だ。

> 不満が向上するためのバネになるのであればポジティブな感情。どんな小さな目標でも到達できれば不満解消のきっかけとなる。

暴力的(ぼうりょくてき)

意味	物事の解決手段として暴力を使いがち
類義語	威圧的／攻撃的
反対語	平和的／温和

ポジティブ度：☆☆☆　ネガティブ度：★★★

暴力は他者へ直接強いメッセージを発する手段であり、その多くが自分の主張を通したり、相手の主張を拒絶したりするために行使される。その傾向が強い暴力的な性格の人は、**言葉を用いてのコミュニケーションより暴力のコミュニケーションを多用する性格**だということができる。

要因として考えられるのは、極端に短気な性格、幼少期に保護者から暴力を振るわれた経験がある、共感力が低い、といったことなど。ふだんは一見おとなしそうな人が、状況次第で一気に暴力的な行動を起こすのも、自分の考えを相手に伝えることが苦手であるがゆえと考えれば説明がつく。暴力は連鎖し、何かを破壊するばかりで生み出すものがないと理解することが、暴力的な性格を克服するためには不可欠だ。

> 暴力的な人は言葉を使ったコミュニケーションの能力が欠けている。暴力が生むのは破壊だけと理解することが必要である。

惚れっぽい(ほ)

意味	恋愛感情を抱きやすい
類義語	感情移入しやすい
反対語	淡泊／冷淡

ポジティブ度：★☆☆　ネガティブ度：★★☆

「惚れる」ではなく「惚れっぽい」というからには何人もの人を立て続けに好きになることである。原因として考えられるのは、いわゆる「ストライクゾーン」が広いこと、極度の寂しがり屋、相思相愛の相手がいることに自分の価値を見出す、単純な好奇心、など。いずれの要因にしても、真実の愛でなければわずかな期間で破局を迎える点は肝に銘じておきたい。

立ち直りが早いのは惚れっぽい人の長所だが、**積極的なアプローチを繰り返すあまり、相手に合わせることに慣れすぎて自分を見失う危険もある**。追いかける苦しさに疲弊する前に、もっと自分を高めるほうへ意識をシフトするべきだろう。そうすれば、ちょっと気になる程度の人を必要以上に美化することもなくなる。

> 自分から好きになってばかりいると相手に合わせることに慣れてしまう。疲弊する前に自分を高めるほうへ意識をシフトすべき。

奔放(ほんぽう)

意味	自分の言動を常識や社会規範に押し込めず自由なこと
類義語	自由／自分勝手
反対語	抑制／束縛／控えめ

ポジティブ度：★☆☆　ネガティブ度：★★☆

奔放な人は一般にマイペースで他人からの評価をあまり気にしない。セックスの話を人前で堂々としたり、人の好き嫌いを平気で口にしたり、社会的にタブー視されている話や常識的には言いにくいことが気軽に言えてしまう。人前で自己主張することが苦手な人にとってはこうした性格の人が嫉妬の対象であり、羨望の的でもある。

しかし、奔放であるがゆえに**周囲の人たちが、その言動をどう受け止めるのかはあまり気に留めない**。ときには、社会常識がある人たちを軽蔑することがあり、しばしば人間関係に軋轢(あつれき)を生じさせる結果にもなる。よほど実力や才能があって勝手な振る舞いを許される立場の人でないかぎり、生きていくうえで多少は奔放さを抑制することが必要だ。

> 奔放な性格の人は他人の評価をあまり気にしない。それでも社会に身を置く限り、多少の抑制は余儀なくされる。

マイペース

意　味	他人の意見に流されない
類義語	自然体／鷹揚（おうよう）／のんびり屋
反対語	せっかち

ポジティブ度：★☆☆　ネガティブ度：★★☆

　一般にマイペースといえば、のんびりした人がイメージされる。実際のんびりした人も多いが、マイペースな人の特徴は**他人の意見に流されないという点**。自分にとって程よいペースを重視するので、他の人がのんびりしているときに、かえってペースを上げることもある。また、自分の意見をしっかりもっているため、目標や決断がぶれず、周囲がその意見を認めたときは尊敬される人となるだろう。

　ただし、**周囲がマイペースな人の意見を変えさせるのは難しい**。マイペースなだけに、自分の意見を曲げてでも他者と良好な関係を保とうという気持ちがないから。それがその人の個性だと認めるのも手だが、プラス面を引き出すためにも、自分の行動がまわりにどのような影響を与えているのかを一度考えてもらうようにしよう。

> 他人に流されず、自分の意見をしっかりもっているタイプである。一方で、協調性がないため、自分の意見を翻すことは少ない。

前向（まえむ）き

意　味	逆境に対してもプラスの方向で考える
類義語	建設的／肯定的
反対語	否定的

ポジティブ度：★★★　ネガティブ度：☆☆☆

　もし、ある人が前向きな性格だとして、その性格がひときわ顕在化するのは逆境に直面したときである。他の人が、困難であまりやりたくないと思っていることでも、前向きな人は、**成長できるチャンス、新しいことが発見できる機会だとプラスの方向で考える**。楽観的（→P202）とも一部の属性がかぶるが、違うのは自分に足りない部分を理解し、その部分を改善してレベルアップを図る意欲ももっているところ。一人の人間の力には限界があることも知っているので、改善しても足りないところは、他人の力を借りる選択をすることもあるだろう。

　こういう性格の人のよいところを見習いたければ、**後悔ではなく反省を、自己否定でなく自己肯定を心がけるべきである**。

> 逆境に直面したとき、成長できるチャンスと思えるのが前向きな人。自分の欠点を理解し、改善する意欲ももっている。

マメ

意味	労をいとわずによく動くこと
類義語	勤勉／几帳面
反対語	無精／ものぐさ

ポジティブ度：★★☆　ネガティブ度：★☆☆

労をいとわずに自ら進んでよく動くことをマメという。それが広く万人のためになるような働きなら勤勉と言い換えることができるが、**その性格が必ず他者の幸福のために発揮されるとはかぎらない**。たとえば、メールや電話を欠かさず、何人もの異性に同時にアプローチする人の浮気性も、マメな性格に由来していることが多いが、この行動が不幸を呼ぶこともある。

ポジティブな面は、**行動力や同時にさまざまなことをこなす器用さ、人より先に動き出すためには欠かせない観察眼の鋭さがあるところ**などが挙げられる。そのメリットを上手に活かせば、信頼を得やすく、どこでも良好な人間関係を築くことができるはずである。

> マメな人は自らが動くので、他者と良好な関係を築きやすい。ただし浮気性な人もマメであることが多かったりする。

満足（まんぞく）

意味	不足した部分が満たされ心が落ち着いた状態
類義語	充足／愉快／納得
反対語	不満／挫折

ポジティブ度：★★☆　ネガティブ度：★☆☆

寂しさや不満、まだ達成されていない目標があるとき、人は心の中に何らかの「足りない部分」があると感じ、その問題が解消されると、ちょうど空腹が満たされたときのように満足を覚える。このように、「満足」とは**文字通り心の中の不足した状態が、満ち足りたときに起こる感情**である。こうした感情には、短い間だけ持続する満足と、長く続く満足とがあり、前者の場合、再び不満な状態に戻ると新たな満足を得ようという気持ちになる。

一方、**あまり満足した状態が続くと、心が一種の飽食状態に陥る**ため、向上しようとしなくなったり、意欲が減退したりすることもある。日々の生活では、適度な満足度合いが重要といえるだろう。

> 心の中の足りない部分が満たされると、人は満足を覚える。満足した状態が続きすぎると向上心を保つのが難しくなりやすい。

見栄っ張り
（みえっぱり）

意味	自分が実際よりよく見えるよう策をめぐらす
類義語	目立ちたがり／うぬぼれ
反対語	謙虚／控えめ

ポジティブ度：☆☆☆　ネガティブ度：★★★

　見栄っ張りな性格の人は、人からどう見られているかを常に気にしている。そして、ただ見られているだけでなく、周囲の人たちと比べて見栄えがいいかどうかも気にする。高級ブランドに身を包む、高級住宅地に住むなどの行動は、それが他人の目から見てもわかりやすい記号である。それゆえ見栄っ張りな人は、**往々にして物質主義的**である。

　一見人あたりはよいが、それもうわべを取り繕うものなので、それからの付き合いで**第一印象よりもよい評価を得ることは難しい**。こうした人たちが自らの言動を薄っぺらなものだと感じるのは、見栄を張る余裕すらない重大な試練や失敗を経験したときであろう。

> 見栄っ張りな人は物質主義的であることが多い。うわべをよく見せるのに熱心だが第一印象よりもよい評価は得られない。

未練がましい
（みれんがましい）

意味	過去をいつまでもひきずっている
類義語	執念深い／恋着（れんちゃく）
反対語	淡泊

ポジティブ度：☆☆☆　ネガティブ度：★★☆

　それまでの幸せな状況から一転、不幸に見舞われてしまったことが納得できず、**いつまでも過去の幸福に執着する**のが、未練がましい人である。とりわけ、恋愛関係にあった相手から別れを切り出されたときなどに、過去をひきずるといった未練がましい性格が表れやすい。

　別れた後も、しつこく連絡したり、心変わりの理由を何度も問いただしたりするのは未練がましい態度といえるだろう。これは、男女どちらにも見られるものだが、どちらかといえば男性のほうが未練を残す傾向が強いといわれている。女性が自分の辛い経験を周囲の人に話したり、泣いたりしてうまく発散するのに対し、男性はプライドが高く、誰にも相談しないで自分ひとりの中に抱え込んでしまうためである。

> 女性よりも男性のほうが、未練がましい性格である。男性はプライドが高く、辛い経験をひとりで抱え込んでしまうのが、その理由といえる。

無気力(むきりょく)

意味	やる気を起こさないこと
類義語	無感動／無関心
反対語	活発／情熱的

ポジティブ度：☆☆☆　ネガティブ度：★★★

何に対してもやる気が起きない無気力と、特定の状況にのみやる気が起きない無気力の2種類がある。一時的な無気力の原因として考えられるのは、**特定の作業における徒労感、やりたくないことからの現実逃避、失敗に対する恐怖**などだ。克服できなければ、いつかは心身に重大な影響を与えるおそれがある。

まずは、無気力になる原因を特定し、どうしてもやる気が起きないなら、その作業をいったん中断するなどして、環境を変えてみることだ。それでもやる気が起きないときは、それ自体が自分に向いていないということに気づくかもしれない。また、長い間何もしたくないと思ってしまう場合は、**うつ病の初期症状の可能性**もあるので、専門医に受診することを検討すべきである。

> 一時的な無気力なら、やる気が起きないときはやめてみる。長い間何にもやる気が起きないのはうつ病の初期症状の可能性がある。

無口(むくち)

意味	極端に口数が少ないこと
類義語	寡黙／大人しい／無愛想
反対語	おしゃべり

ポジティブ度：☆☆☆　ネガティブ度：★★☆

無口な人は、自分が話をすることで、それを聞いた人が不快に思ったり、軽蔑したりするのではないかと心配していることが多い。あるいは、個人情報を知られることで自分が不利な立場に立たされるのではないかと恐れるケースもよくある。どちらにしても、**考えすぎてしまい、自分に自信をもてないのが根本的な原因**である。

もともと口下手で、相手に自分の考えていることがうまく伝わらないという経験をしたことで、自信を失う場合もあるだろう。それでますます誤解されるおそれもあるが、話す代わりに行動で誠実さや真摯さを示すことができれば、たとえ時間がかかっても理解してくれる人は現れるもの。そうなればうまく話せなくても、無愛想という印象をもたれることはないはずである。

> 無口な人は他者との意思疎通に不安を感じている。話すことが苦手なら行動で気持ちを表すこともできる。

無神経(むしんけい)

意味	思いやりや配慮に欠けて周囲を苛立たせる
類義語	無遠慮／露骨／無頓着
反対語	神経質

ポジティブ度：☆☆☆　ネガティブ度：★★★

無神経な人は、自分でも気づかないところで他者を傷つけたり、イラ立たせたりする言動をとる。そのことを注意する人がいなかったり、立場的に言えなかったりする場合、そうした言動が改まることはない。ポジティブな面があるとすれば、**自分の本性を隠して相手を陥れるといった策略を図ることはないため、その人が何を考えているかを理解するのは比較的容易**なところである。

どうしても改めてほしい場合は、具体的に話をしてやはり本人に気づかせる必要がある。最初は理解されなくても、他者との共感が欠如したことで、人間関係にひびが入るような出来事が発生すれば、乱暴な物言いや自分勝手な行動を改めるきっかけとなるかもしれない。

> 人にどう思われるか気にしていないので裏表もない。本人に他者と共感することのメリットに気づかせることが克服への道になる。

無責任(むせきにん)

意味	自分がしたことの結果に責任を負いたくない
類義語	いい加減／でたらめ
反対語	誠実／真面目

ポジティブ度：☆☆☆　ネガティブ度：★★★

何か事を起こせば、必ずそこに何らかの結果が導き出されるが、無責任な性格の人は、文字通りその責任を負いたくないと思っている。それは必ずしも能力が低いためではなく、**責任から逃れるためなら印象を操作したり、引き際をはかったりする巧妙さをもち合わせている**ことも多い。だから、自分が積極的に関わりたいと思っていることに対しては、あえて責任をかぶって実績にするという行動に出ることもある。単にあらゆることから距離を置きたいと思っている怠惰とは、その点が異なる。

しかし、その人が責任を逃れたことで別の人が責任をかぶらざるを得ないとしたら、それはやはり改めるべき性格ということになるだろう。そもそも無責任な行動それ自体が有責であることをはっきりと悟らせるべきである。

> 単に怠惰なだけでなく、巧妙に責任から逃れる賢さがある。無責任な行動をすれば、その行動をした責任が生じることを理解してもらおう。

無念(むねん)

意　味	耐えがたいほどの強い悔しさ
類義語	残念／悔しい
反対語	正念／満足／納得／愉快／うれしい

ポジティブ度：★☆☆　　ネガティブ度：★★★

無念はもともと仏教語で、第一義は、迷いのない境地だが、現代では第二義のほうが一般的である。すなわち、「残念無念」から、心残りがあるという意味の「残念」に引き寄せられ、「無念」も悔しいという気持ちを強く表すようになった。あるいは、これも仏教語で、**雑念の去った安らかな心を意味する「正念」をなくした状態**と解釈することもできる。激しい悔しさに襲われたとき、他に何も考えられなくなるのは人間の反応としてごく自然だ。

行動の強い動機になるのも悔しさだ。悔しさだけをエネルギーとするためには、いったん時間をおいて冷静になり、うらみや悲しみといった他の雑念を払うことも必要。そのとき初めて、悔しいという意味の無念は、無我の境地の無念に近づくかもしれない。

無念といえるほど強い悔しさは行動を起こす強い動機ともなりうる。激しい悔しさを純粋なエネルギーに変えるには、他のネガティブな感情を振り払うこと。

名誉心(めいよしん)

意　味	よい評価を重んじる気持ち
類義語	誇り／晴れがましさ
反対語	恥辱

ポジティブ度：★☆☆　　ネガティブ度：★☆☆

社会的に認められている価値が名誉である。狭い意味では、その人の功績を称えて贈る称号のことである。いずれにしても、**権威づけられた他者の評価を重んじる**ということを意味する。その権威の本質を吟味せず、無批判に名誉とみなすのは、服従的な態度か、さもなければ単純な見栄からくるものと考えられ、その場合は名誉心がかぎりなく虚栄心（→P85）に近いものとなる。

　名誉を得るために努力しようとしている人は、なぜそれを名誉に思うのか顧みないと、人生の目的を見誤ることになるかもしれない。自分なりの基準をつくって重んじるのであれば、自分らしさを保ちやすいだろう。何かに対して誇りをもって取り組むことは、大切なことではある。

名誉とは権威づけられた他者からの評価のこと。名誉を得たい人は、その行動を見直してみることも必要になるだろう。

ものぐさ

意　味	できるだけ楽な方法をとりたがること
類義語	横着／面倒くさがり／無精
反対語	マメ／勤勉

ポジティブ度：★☆☆　ネガティブ度：★★★

他人のためはもちろん、自分のためですら、積極的に何かをしようとは思わないのが、ものぐさな性格の人。職場など義務的な行動が求められる状況で、なおかつものぐさであれば、それは怠慢と同義になり、その人物が高く評価されることはない。

こうした性格を克服するには、**ものぐさでいることが許されない状況に身を置くのがもっとも有効**。周囲に手を差し伸べてくれる人がいなければ、自分のことは自分でするようになるかもしれないし、それすら面倒なら、ラクができるようにさまざまな工夫をするモチベーションとなるかもしれない。便利であることを是とし、そのために文明を発達させてきたという一面をもつ人間にとって、ものぐさは人間がもち続けてきた性格ともいえるのかもしれない。

> 不便な状況はものぐさな性格を克服するきっかけになる。ものぐさな性格があってこそ生まれた工夫もある。

物事(ものごと)にこだわらない

意　味	細かい条件で自分を縛らない
類義語	無頓着／鷹揚
反対語	神経質／細かい

ポジティブ度：★★☆　ネガティブ度：★☆☆

物事にあまりこだわらない人は、すべてに完璧を求める人とは対極の位置にいるキャラクターといえるだろう。社会の価値観や常識からは自由で、自分にはどうにもならないことにとらわれたりしないので、周囲からは好きなことをして生きているという印象をもたれている。しかし実際は、他の人と同じような不自由さや問題を抱えている場合もある。ただそれを、他の人と違っていつまでもひきずらない。つまり、それだけの度量や明るさを備えている人ということになる。

自分が好きなことには細かくこだわる分、それ以外のことには無頓着という場合もある。こだわる部分がまわりの人と違っているため、こだわりに気づいてもらいにくいという点もある。

> 物事にこだわらないのは社会の価値観にとらわれず、自由なためといえる。好きなことにはこだわり、他のことには無頓着という人もいる。

物静か
<small>もの　しず</small>

意　味	落ち着いていて静かに話す印象がある
類義語	穏便／穏やか
反対語	騒々しい／口うるさい

ポジティブ度：★★☆　ネガティブ度：★☆☆

　一般に物静かな性格といわれる人に、人前でしゃべるイメージはあまりない。それでも、まったくしゃべらないわけではなく、その点は無口と異なる。さほど意味のない世間話などに興味はなく、他人から聞いた話を断りもなく第三者にもらすような口の軽さがないというだけで、言うべきことは落ち着いて理路整然と話すため、口の軽い人に比べたら口数が少なく、物静かな印象を与えるにすぎない。

　こうした性格の持ち主は、両親が物静かであったり、しつけやマナー教育が行き届いたりしていることが多いのが特徴。したがって、**他人とむやみに衝突することはないが、何を考えているかわからないといって苦手に感じる人はいるかもしれない**。本音を聞き出す技術が必要だ。

> 口が軽かったり、無駄な話をしたりしないだけで、無口とはその点が違う。しつけやマナー教育が行き届いている人が多い。

ものわかりがいい

意　味	他人の気持ちを理解し同調する
類義語	分別のある／聞き分けのよい
反対語	察しが悪い／聞き分けが悪い

ポジティブ度：★★☆　ネガティブ度：★☆☆

　他人の気持ちを素早く理解し、それに同調するのは共感力が高い証拠である。ただし、何にでも同調する傾向がある場合、**相手から嫌われたくない、好かれたいという気持ちの表れであり、逆にこれは自己愛的な欲求と考えられる**。周囲の人たちを喜ばすことで、自分の欲求が満たそうとし続ければ、最終的には自分を見失うことにもなりかねない。

　また、あまりによい子を演じすぎると、相対的に周りの人たちは自己嫌悪に陥ってしまうことから、かえってものわかりのいい人を疎ましく思うことさえある。これでは逆効果。無理に反論する必要はないが、同調しても結果は同じなら、意見が一致しないというリスクをおそれず、誠実な態度で本音を語るほうがずっとましだろう。

> ものわかりがいいのは嫌われたくないという気持ちの裏返し。ものわかりがよくても相手が自己嫌悪になるなら、本音で話してもいい。

やさぐれる

意　　味	無気力でいい加減な態度を見せる
類義語	すねる／くさる／自暴自棄になる／ふてくされる
反対語	やる気を出す

ポジティブ度：☆☆☆　ネガティブ度：★★★

やさぐれるとは、無気力でいい加減な態度をしてみせること。「宿なし」を意味する不良の隠語「やさぐれ」からきており、**無気力な態度の中にはふてくされる気持ちが含まれている**と考えてよい。そのため、やさぐれる人の心理の裏には、「放っておいてほしい」「他人が信じられず、相手の好意や意見を素直に受け入れられない」「どうせ自分なんか何をやっても駄目だ」など、**他者や自分自身に対する拒絶の気持ちがある**とみることができる。

あからさまにやさぐれて見せるのは、放っておいてほしいと言いつつ周囲の人に救いを求めるサインとも考えられるが、まずは、このままだと負のスパイラルにはまり込むという危機感を本人がもつことだろう。

> やさぐれるのは、他者や自分を拒絶する気持ちの表れ。あからさまな「やさぐれ」は救いを求めるサインかもしれないので、受け止めることも必要。

野心(やしん)

意　　味	大きな成功を願う志
類義語	大志／野望／豊富
反対語	諦念(ていねん)

ポジティブ度：★★☆　ネガティブ度：★☆☆

野心とは、自分の身の丈をはるかに超える大きな成功を願う気持ちで、そうした志を抱く人＝**野心家が野心をもつようになるには、屈辱的な出来事など、忘れられない挫折体験が引き金になっていることが多い**。同じ経験をしても野心をもたず、挫折感をひきずる人がいることを考えれば、野心家は負けず嫌いという属性を併せもっているともいえる。

野心を抱くのは、自分の限界を押し広げることにつながるので、基本的にはプラスの面が多いといえるだろう。しかし、**結果にこだわりすぎる傾向がある**ため、プロセスを大切にしない、本当の意味での人間関係を軽視するといったマイナス面があることも頭に入れておくべきだ。

> 負けず嫌いな性格の人が屈辱的な体験をすると野心家になる。結果にこだわりすぎ、人間関係を大切にしなければマイナスになることを忘れずに。

やさしい

意　味	他人に対して思いやりがある
類義語	親切／気配りができる／気がきく／温かい
反対語	冷たい／残酷な／人嫌いの／冷淡

ポジティブ度：★★★　ネガティブ度：★☆☆

　口調が穏やかで、終始にこやかな人は周囲にやさしい印象を与える。滅多に怒ることはなく、仮に気分を害することがあっても、声を荒げることはまれである。内気な性格ゆえに、穏やかな物腰がやさしいと映る場合もあるが、周囲からやさしいと思われる人の多くは**親切さをもち合わせていて、気配りもよくできる**。だから、その点を評価されている人は他者と積極的に関わる人でもある。したがって、深く付き合えば内気な性格とは異なることがわかるだろう。

●やさしさをもつには余裕が必要

　むろん、誰にでも他人にやさしくしようとする一面はある。しかし、自分に余裕がなければ他人にやさしくするどころではない。言い換えれば、やさしい人は、**他人にやさしくするだけの余裕がある**ということ。自分がやるべきことをこなしたうえで、なお余力があるか、自分がやるべきことをこなしながら、同時に他の人の心配をする度量の持ち主ということである。

　たとえば、何か困っている人にやさしくする局面は、その人が自分の中にトラブルを抱えている場合だけとはかぎらない。こちらに被害が及ぶ失敗をした相手に対し、頭ごなしに怒りをぶつけることをせず、恐縮する相手の事情をかえって思いやるといった種類のやさしさもある。

　こういうやさしさを示せる人は、対人関係の面でメリットが多いのは言うまでもない。たいていの人が、やさしい人と敵対関係になることなど考えにくいし、むしろ積極的に親しくなろうとするだろう。恋愛対象としても、結婚相手としても、やさしいというのは好ましい条件なので、必然的に異性にもてる可能性が高い。だから、**やさしい人の周囲には、自然と人が集まりやすくなる**。

●やさしい人はストレス・疲労がたまる

　デメリットは、その対人関係に疲れる状況に陥りやすい点である。現代社会は多様な他者と接することを余儀なくされる。その人が「やさしい性格の持ち主」だと見るや、それにつけこんで頼ってきたり、利用しようとしたりする人もいるだろう。やさしい人は、人間関係を大切にする傾向もあるため、だます・陥れるといったはっきりと深刻なものでないかぎり、できるだけ応えようとするに違いない。**やさしくしてもらう側には何のデメリットもないが、やさしくする側はそれが疲労やストレスにつながるおそれ**もある。

●やさしさをもち続けるために

　こうしたデメリットに対処する方法としては、ひとりになる時間をつくり、やさしい人であることから適度に離れてみるというのが有効である。どのみちまったくの別人格にはなれないのだから、そのキャラクターから少しぐらい距離を置いても、その人がやさしい性格であるという評価はゆるがないはずだ。

　また、自分を欺いたり利用したりする人に対しては、その非をはっきりと指摘するのがやさしさのひとつだという認識をもつことも必要。**相手の顔色をうかがいながら言う内容を考えるのは、結局のところ他人からの自分の評価を気にしているだけで、本当のやさしさとはいえない。**そういうところにまで気持ちが行き届くようになれば、結果的に、周囲の人たちとの信頼関係もいっそう強いものになるだろう。

> やさしい人は、他人に親切にするだけの余裕をもっている。相手のためになることなら、ときに厳しいことをいうのもやさしさである。やさしさにつけこまれて、ストレスを溜めこまないように。

◆援助行動の5段階

　やさしい人は人を助ける行動を起こすことがよくあります。そもそも人は、援助行動を起こすまで次の5つのことを判断しています。

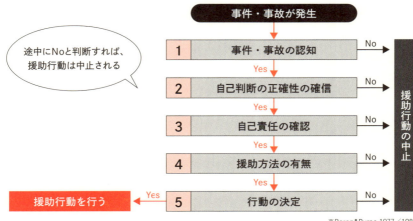

※Baron&Byrne,1977／1984を改編

ミニコラム　相手の立場に立って考える

　他人からやさしいと思われたいと考えるか、それとも本当の意味でやさしい人でありたいと考えるか。後者であるための条件は、相手の立場に立ってものを考えることである。何でも容認し、思い通りにさせるのはただの甘やかしにすぎない。甘やかされた人は、自分が間違った方向に進んでいることに気づかず、さらに苦しい立場に立たされてしまうかもしれないのだ。そう考えたら、やさしい人と思われたいという自らのエゴを捨てて、その人のために心を鬼にするべきであろう。

憂うつ(ゆう)

意味	心配事やつらさが心を占めて／他のことが考えられない
類義語	陰気／物悲しい／心が重い
反対語	朗らか／陽気

ポジティブ度：★☆☆　ネガティブ度：★★★

精神医学的に定義された「憂うつ」は、ヒポクラテスが唱えたメランコリーとほぼ同義。気分の落ち込みにより思考や幸福感、行動意欲などの精神の動きが不活発になった**「抑うつ状態」の中でも、とりわけ深刻な精神状態**だと考えられている。こうした憂うつまたはメランコリーは、さらに重い状態になると「うつ状態」と呼ばれる。

うつ状態になりやすい性格は「メランコリー親和型性格」といい、自分に厳しく責任感が強い人、几帳面(→P80)な人、他人との衝突を避ける、などの特徴をもっていることが多い。うつ病の危険信号としての憂うつは放置しておくべきではないが、たとえばルネサンス期以降のヨーロッパでは、こうした気質が芸術や創造に深く関わるものという捉え方もされてきた。

> 几帳面で責任感が強い性格の人は憂うつな気分になりやすい。ヨーロッパでは伝統的に、芸術や創造に深く関わる気質ともされてきた。

優越感(ゆうえつかん)

意味	競争意識をもっている相手と比べ自分を高く評価する
類義語	自己肯定感／選民意識
反対語	劣等感／自己嫌悪

ポジティブ度：★☆☆　ネガティブ度：★★★

序列を明確にすることは、主に群れをつくる動物の中で自然に行われている。人間も例外ではないが、犬や猿と人間のそれが違うのは、体格や体力といった原初的な尺度だけでなく、学歴や経済力、職種、名誉の有無など、さらに細かく抽象的な分類がなされている点である。

しかし、優越感をもつということは、**一方で他者を下に見る差別意識をもつことにもなりかねない**。他者を不当に差別したり、他者から優越感をもたれて自らが劣等感にさいなまれたりすることを避けるには、優越感の根底にある序列の尺度はあくまでかぎられた文化や文明、時代状況に左右される相対的なものであるという事実を知ることである。

> 優越感は差別意識と表裏一体の感情。優越感を生む序列はあくまで相対的な尺度である。

勇敢（ゆうかん）

意味	困難や危険を承知のうえでそれに立ち向かう気概
類義語	果敢／大胆不敵
反対語	臆病／気弱

ポジティブ度：★★★　　ネガティブ度：★☆☆

勇敢とは、**困難な状況に勇気をもって立ち向かうこと**だが、正しい規範に沿って行動しようとする正義感、他者を危険から守りたいという義侠心、逃げずにぶつかっていくことで自分を成長させたいという向上心などが要因と考えられる。卑劣な手段で他人を蹴落としたり搾取したりといった行動をとることも、社会常識を逸脱する踏ん切りという意味での勇気が必要かもしれないが、その場合の行動は勇敢とは見なされない。

このことから全体としてはポジティブな感情であると捉えることができる。ただし、**差し迫った状況で勇敢が前面に出てしまうと、やや熟慮を欠いた行動となってしまうことがある**ので注意したい。

> 困難な状況に正しい規範に沿って行動するのが勇敢な人である。差し迫った状況で熟慮を欠いた行動になりがちな点はマイナスに。

優柔不断（ゆうじゅうふだん）

意味	気が弱くて決断できない
類義語	煮え切らない／他人任せ
反対語	即断即決／頼りがいがある

ポジティブ度：★☆☆　　ネガティブ度：★★☆

レストランで何を注文するか決められず同席者をイライラさせる、好意を寄せる相手をデートに誘うことができない、仕事の決断が遅れがち、など、優柔不断な性格の人は人生のさまざまな局面に訪れる大小の決断が、他の人よりも遅いか、極端な場合は決断すらできずに他人任せにしてしまう。**失敗を極度に恐れたり、他人からの評価を気にしすぎたりするのが原因**だが、過去に大きな失敗を経験したことで優柔不断な性格に変わっていくケースもある。

克服法は、ほとんどの決断がどんな結果を招いても生死に関わるほどではないと言い聞かせるか、すぐに決断したことが少しでもうまくいったと実感できる経験を重ねること。優柔不断であることのデメリットを心配したほうがいい。

> 優柔不断な人は他人の評価を気にしすぎる傾向がある。ほとんどの決断は、生死に関わるほどのものでないと考えるべき。

欲望（よくぼう）

意味	人間社会において何らかの不足を満たそうとする気持ち
類義語	飽くなき欲求／衝動／憧れ／煩悩
反対語	無欲／理性／忍従／耐乏（たいぼう）

ポジティブ度：★☆☆　　ネガティブ度：★★☆

フランスの精神分析学者ジャック・ラカンによると、「欲求（need）」「要求（demand）」「欲望desire）」という一見よく似た概念は、人間の精神活動を正確に把握するためには区別して考えるべきだという。

「欲求」が自分の中で完結した生理的または心理的な欲、「要求」が他者に向けられた求めであるのに対し、「欲望」は、**他者が欲しているものを欲することであり、手が届いたと思った瞬間にはさらに次の欲望に駆り立てられるという性質**をもっている。

たとえば、欲求の範疇（はんちゅう）に数えられる食欲は、自分自身が、お腹がすいたと感じているために生じたにすぎず、満腹は完全にその欲が満たされたことを意味する。そして、一度この状態になれば、再び空腹になるまでその欲が生じることはない。

これに対して欲望は、たとえばクルマという機能は同じでも、A車よりもB車のほうに乗りたいと感じる、といった例で示すことのできる欲である。このときA車よりもB車に「欲望する」のは、B車のほうがカッコイイから、性能がいいから、ブランドイメージがいいなど、さまざまな理由があるだろうが、それはいずれにおいても、何か他のものと比較をして初めて結論づけられる判断。つまり、他人の尺度を基準にして自らの欲望を規定していることになる。

●欲望のループが始まる

しかし、**他人の尺度が常に絶対のものとはかぎらない**。いま挙げた例で考えても、何をカッコイイと思うかは（多少の共通認識はあったとしても）人それぞれ。そのため、欲望が満たされたと思った瞬間には、「やっぱりこっちのほうがいいかも」と、すぐ次の欲望が生じるという無限ループが始まる可能性はある。

196

ならば、そうした状況を回避するために欲望を抑えるというのも、ひとつの倫理的な態度である。しかし、人間とは元来、それぞれが固有の現実世界をもつ孤独な存在である。だから余計に、他者との関係性が問題となる欲望が、**人間の複雑な社会システムをつくり上げ、維持するのに不可欠な要素**ともいえる。

　もし人間が、自らの中で完結した欲求だけを追求する存在だったら、それはかぎりなく野生動物に近い状態になることを意味する。他者のいない世界で欲求のみを充足するのが動物的な行動だとしたら、仮想現実や間接的な人間関係を基盤とするネット社会は果たして人間的なシステムなのか?という議論も今後さらに必要となってくるだろう。

●本当に求めているものは何か

　一方でラカンは、「欲望において譲歩してはならない」ともいう。これを、消費をあおるためのフレーズとして使う場合もあるが、ことはそう単純ではない。むしろ、貨幣経済にしばられた消費活動に特化した欲望の充足などは、ただの幻想にすぎないといっている可能性もある。

　今、満たされたと感じた欲望は、**自分が本当に求めていたものなのだろうか**。人間として、もっと豊かで高次な欲望が充足した状態があるのではないか。どんな欲望を求め、どんな欲望を捨てるのかといったことも含め、欲望において譲歩してはならないという主張は、さまざまなことを考えさせる。

> 欲望とは、他人が求めるものを自分も求めること。欲望が満たされたと思った次の瞬間には新たな欲望が芽生えるが、その気持ちが本当なのか見直す必要がある。

ミニコラム　欲望と嫉妬

　欲望がしばしばはまる落とし穴に、「隣の芝は青く見える」というのがある。他人がもっている秀でたもの(富や容姿の美しさ、才能など)を羨み、自分も同じものを欲しいと強く思う気持ち。そこで自分なりに努力しようとすれば、嫉妬も欲望充足のためのエネルギーとなり得るが、強すぎる負の感情は、前向きに努力することを阻む可能性が高い。といって、欲望を抑えれば、これも努力をやめてしまうことになる。人のもっているものに嫉妬を覚えたときが自分を磨くチャンスだと前向きに考えるのが、正しい欲望の在り方だろう。

　そもそも嫉妬とは、自分より優れているものに対して、羨んだり妬んだりすることである。恋愛においては、好きな相手が、自分以外の人に愛情を向けることを不快に思う気持ちを指す。

欲求(よっきゅう)

意味	心や体の均衡が崩れた状態をもとに戻そうとする感覚
類義語	要求／願望／欲情／飢餓感／不満
反対語	充足／満足

ポジティブ度：★☆☆　ネガティブ度：★★☆

欲求とは、個体の生命維持や環境への適応のために保たれるべきバランスが、何らかの要因で崩れたときに、それを**もとのちょうどいい状態（均衡状態＝ホメオスタシス）に戻そうとする感覚**、または**その状態**のこと。人間にかぎらず、あらゆる動物がもっているものだ。

たとえば、体内に十分な栄養が蓄えられていない（栄養が足りない）状態のときに生じる欲求が食欲。十分な睡眠がとれていないときに生じるのが睡眠欲である。アメリカの心理学者アブラハム・マズローは、人間の欲求には優先順位があり、それは大きく5つの階層に分けて説明することができると考えた。いわゆるこれが「マズローの欲求5段階説」。この理論によると、人間の基本的欲求は**「5段階のピラミッド」**のようになっていて、下位の欲求が満たされると、順次、1段階上位の欲求が出てくるという。

◆マズローの欲求5段階説
（上にある欲求ほど高次）

- 自己実現の欲求
- 承認の欲求（尊厳欲求）
- 所属と愛情の欲求（社会的欲求）
- 安全・安定の欲求
- 生理的欲求

●5段階の欲求

第一段階の**生理的欲求**とは、「食べる」「寝る」「排泄する」などの、人間が生命を維持するのに最低限必要な欲求のこと。第二段階の**安全・安定の欲求**は、事故の防止、健康維持、経済的な安定など、心身の安全を求める欲求。第三段階の**所属と愛情の欲求（社会的欲求）**は、自分が社会に必要とされていることを実感したい、誰かから愛されていると感じたい、孤独から逃れたいという欲求。第四段階の**承認の欲求（尊厳欲求）**は、自分が集団から価値のある存在だと認められ、尊重されたいという欲求で、これはさらに、他者から尊敬されたり、地位や名誉、注目を集めたりすることによって満たすことができる低いレベルの欲求と、自分で自分を尊重したり、評価したりすることを求める、より高レベルな欲求とに分けることができるとされている。また、高いレベルの尊重欲求が得られないと、人は劣等感や無力感などを覚えるという。

そして最後の**自己実現の欲求**は、自分のもつ能力や可能性を最大限に活かして、自分がなりたい者になりたいという欲求である。

●欲求が満たされないと……

このうち、生理的欲求・所属と愛情の欲求・承認の欲求を**基本的欲求（欠乏欲求）**といい、この3つが満たされないとき、人間は欲求不満（＝フラストレーション→P178）に陥るともいわれている。マズローは所属と愛情の欲求なら50％、承認の欲求なら40％満足できれば、より高次の欲求に気持ちを転換できると考えた。基本的欲求がなくなるわけではないが、自己実現の欲求や自己超越欲求などの高次の欲求が優先されれば、欲求不満の状態さえ楽しめるようになるのだ。

基本的欲求に対し、自己実現の欲求は成長欲求という括られ方をすることもあり、基本的欲求は多くの人が日常的に満たしているが、成長欲求を満たす人はそれと比べると少ないと考えられている。5段階の欲求をすべて満たした人には、創造性に富み、他者に対して寛容な心をもち、善悪の区別がはっきりしているといった特徴がみられるという。

> 心身のどこかが「足りない」と感じたときに欲求が生じる。人間の欲求には段階があり、下位が満たされると上位の欲求が出てくる。

ミニコラム　自己超越欲求

マズローは晩年になって、5段階の欲求階層の上にもうひとつの段階があると考えた。それが「自己超越欲求」である。目的の達成に向けた自分の行動に対し、一切のエゴを捨ててひたすらその目的のためだけに集中する欲求と捉えればよいだろう。自己超越欲求が満たされると、人は一種の悟りにも似た境地に達し、自己にも他者にも強い肯定感を抱くという。

精神科医で作家のヴィクトール・フランクルは、人間存在の本質は自己超越性にあるとまで言い切り、自己実現は自己超越の副産物にすぎないとしている。

陽気(ようき)

意味	どんなときでもとにかく明るい
類義語	前向き／にぎやか／社交的
反対語	陰気／暗い／無口

ポジティブ度：★★★　ネガティブ度：☆☆☆

　見知りせず笑顔を振りまき、おしゃべり好きなところが陽気な人の特徴である。その話の内容も、グチや他人への誹謗中傷ではなく、周囲の人たちを笑わせるような明るい話題。ムードメーカーとしての存在感は十分で、**たいていはグループの人気者というポジションにいる**人物である。

　ただし、常に高いテンションでいるため、そうしたムードに馴染めない人や、そういう気分ではないという人にとっては、一緒にいて疲れるキャラクターと思われてしまうかもしれない。まわりの反応を見る目をもとう。人見知りしない分、他人と余裕をもって交流できる点を利して、周囲の空気を読み取る努力をすれば、よりよいムードメーカーになるだろう。

> 周囲を明るくする人気者になれる人。社交的でもあるので、空気を読むことを覚えれば、どんな人にも嫌われない、グループに欠かせない人になれる。

用心深い(ようじんぶかい)

意味	問題が起きないよう先回りして考える
類義語	警戒心が強い／慎重な
反対語	迂闊な／そそっかしい

ポジティブ度：★★☆　ネガティブ度：★★☆

　用心深い性格の持ち主は神経質なことが多く、不安や緊張を感じやすいため不測の事態に備えるセンサーが敏感である。誰よりも問題点にいち早く気づき、また、同じ失敗を何度も繰り返すことがないため、**リスク管理能力が高い人として周りの信頼は得やすい**。不安を感じやすい自分の性格に悩んでいる人は、そうした用心深さを上手に活かし、失敗しないという成功体験を重ねることで、この性格をメリットに変えるとよいだろう。もしそうすることができれば、どんな用心にも無駄はないと実感するはずだ。

　ただし、"石橋を叩いても渡らない"のは用心深さを通り越し、ただの臆病である。これでは失敗しない代わりに成功もしない。用心しつつ、一歩踏み出す勇気は必要だ。

> 用心深い人は危機管理能力が高く周りから信頼される。不安になりがちな人は用心深さを失敗回避の武器にすべきである。

喜ぶ(よろこぶ)

意味	うれしい気持ちになること
類義語	快く思う／はしゃぐ
反対語	悲しむ／沈む

ポジティブ度：★★★　ネガティブ度：★☆☆

喜ぶという感情は、主に欲求が満たされたときに湧き起こり、**その欲求が大きければ大きいほど、または意外性のある喜びであるほど、喜びの感情も強くなる。**

たとえば、第二志望よりも第一志望校に合格するほうが喜びが大きいし、第一志望校に合格する可能性が自分でも低いと思っていた場合のほうが、合格したときの喜びは余計に大きくなる。ただし、意外性のある喜びを知りすぎてしまうと、特にそれを追い求めてしまう傾向が人にはあるので、その点は注意しなければならない。具体的には、背徳的な喜びのことである。浮気や違法薬物の濫用などは、それが反社会的な行為だという認識があるからこそ、かえって現実とのギャップに燃えるという人が多いので注意しておきたい。

> 喜びは、意外であるほど、また欲求が大きいほど強くなる。意外性の高い背徳的(反社会的)な喜びには注意が必要。

弱気(よわき)

意味	自信を失くして積極性が失われること
類義語	ネガティブ／悲観的
反対語	強気／楽観的

ポジティブ度：☆☆☆　ネガティブ度：★★★

「自分の弱気を克服したい」と思っている人は多いはず。弱気は自信をなくして積極的に行動できなくなることで、行動が制限されれば克服するチャンスを失い、ますます自信をなくす悪循環にはまり込む。

弱気を克服するには、まず自分が何に対して自信がないのかを特定すること。そうすれば、失敗の原因も見つけやすく、その部分を修正する努力を行えばよいのである。たとえば、気になる異性とうまく話せないという人は、自分の容姿に自信がないのかもしれない。それならば、異性に好感をもってもらえる容姿とはどのようなものかを研究してみるのも、ひとつの方法。それで弱気を完全に克服できるわけではないが、**小さな成功体験の積み重ねが前進につながる可能性は高い。**

> すべてのことに弱気だという人は滅多にいない。小さな成功体験を重ねることが弱気の克服につながる。

楽観的
らっかんてき

意味	明るい未来を予測して不安を感じない
類義語	楽天的／陽気
反対語	悲観的／ネガティブ

ポジティブ度：★★☆　ネガティブ度：★★☆

楽観的とは、**これから起こることに対してよいイメージを抱き、あたかもそれがきわめて高い確率で実現すると信じて疑わない感覚**である。

仮にいま何か悪いことが起きていたとしても、これから先はよいことに転換するという期待も、その中には含まれている。

たとえば、自分に対して迷惑な行為をする人がいる場合も、それは何かの誤解か勘違いであって、時が経てばその誤解も解けると考えるのが楽観的な人の特徴である。こうした感覚をもっているから、相手のよい部分だけを見ようとするし、難しい状況でも他人の悪口を言ったり、不満を口に出したりすることはない。

明るい未来を信じているので、未知のことにも尻込みするどころかむしろ心待ちにする。**新しい仕事や勉強に積極的に取り組む姿勢をもち、知識や人脈を広げていくことから、さまざまな分野で実力を発揮する**のも楽観的な性格ゆえである。表情は明るく、話し好きで、ユーモアのセンスももっているため、多くの場合グループの人気者というポジションにいる。失敗して憂うつそうな様子をしている人がいれば、持ち前の明るさで力強く励ましてくれる心強い存在でもある。夢を追いかけて努力する人がいれば共感し、うまくいけば自分のことのように一緒に喜びもする。

●ポジティブな人のネガティブな面

だが、ポジティブな楽観主義者にも、ネガティブな面がまったくないわけではない。

楽観的なほうが悲観的であるよりも、いろいろなことで失敗する可能性が低いとはいえ、極端なまでに楽観的であった場合は別かもしれない。現実を直視できず、相当に深刻な状況を見過ごしてしまえば、**危機管理能力が低い、お気楽な性格**と見なされても仕方がないだろう。そういう評価を与えられたとき、さらに困るのが、周囲が深刻に感じている際にもまだ楽観的な発言を繰り返したり、行動をした場合だ。一生懸命に打開策を模索している周囲の人たちにとって、それはイライラの種でしかない。最終的には、周囲の足を引っ張る人という評価へとつながっていく。

●楽観的な人の長所を活かして

先々のことに視野が行き届く、想像力豊かなキャラクターであるところは、悲観主義者と同様に長所である。楽観的と短絡的との違いを明確にし、楽観的な性格の長所だけを活かすには、よい結果以外の可能性があることも認め、現実をよりよい未来予測へと少しでも近づけられるようにしたい。そのためには、**自らの予測の実現可能性**

を評価する客観的な情報を集める努力をすること。

　たとえば、独立起業して明るい将来を夢見ているなら、必要な市場調査や資金の調達方法、先行するビジネスモデルの確認、月々の仕入れ代やその他の必要経費の算出などを具体的に行うことで、漠然としたイメージが現実味を帯びてくる。そこで問題点が明らかになったら、持ち前の楽観主義を発揮しながら前向きに解決の方法を探ればよい。あるいは、周囲にいる慎重な性格の人や神経質な人と協力し合うことで、お互いの長所を活かしてバランスよく物事に取り組むというのも、ひとつの方法である。

　ただしその場合は、先述したように互いの性格にストレスを感じるおそれもあるので、よほどコミュニケーションを密にしなければならないかもしれない。

> 未知のことにも積極的に取り組むため楽観的な人にはさまざまな可能性がある。短絡的になることを避けるには、実現可能性を裏づける客観的な情報を集めることだ。

ミニコラム　ポジティブな褒め言葉を

　人は褒められると伸びるもの。これをピグマリオン効果というが、楽観的な人はポジティブな言葉をたくさんもっているので、人を褒めることにも向いている人といえるかもしれない。

　たとえば営業成績があまりよくない後輩に、「営業力はなかなかのものがあるから、これからがとても楽しみだ」と声をかけたとする。するとその後輩は「自分にこの仕事は向いている。もっと頑張って、結果を出そう」という気持ちになるのだ。

　他人からもたらされる自分に関する情報によって、行動が変化していくことを自己成就予言という。プラスの評価が重要な役割を果たすのである。楽観的な人は意識的に褒める言葉を使っていけば、まわりの成長が期待できる。

利己的(りこてき)

意 味	自分の利益を守ることが一番大事
類義語	自分本位の／私利私欲の
反対語	利他的

ポジティブ度：★☆☆ | ネガティブ度：★★★

どんな人にも自分の利益を追求する権利がある。また、自分を大切にしない人は、他人を大切にしない傾向にあることも指摘されている。**自分の利益を追求することが、結果的に社会に利益をもたらすこともあるだろう**。そのような場合であれば、利己的であることもまったく悪ではない。

しかし、利己的であることが他者の利益を著しく損なうケースも数多く存在する。それは、利己的な性格の人の多くが、まわりの人も同じように利益を追求する存在だという認識に欠けているせいである。極端な利己主義は、他者からの信頼や共感を得られないため、長い目で見ると本当の意味では自分の利益につながらないと気づくべきである。

> 自分の利益を追求することが社会の利益につながることもある。他者も同じように利益を求めている存在だというバランスのとれた認識が必要。

ミニコラム　心理テクニック　人間関係にも仕事にも使える

人間関係を円滑にするテクニックは、ビジネスの場でも使えるものが多い。特に次の3つは、相手と交渉を行ううえで最もよく使える方法である。営業テクニックとして有効だが、買物での値引き交渉などでも使うことができる。

フット・イン・ザ・ドア・テクニック（Foot-in-the-door technique）

まずは簡単な要求をして引き受けてもらい、それから本来の難しい要求を行っていく。常に一貫性のある行動をとりたいという心理を利用。

ドア・イン・ザ・フェイス・テクニック（Door-in-the-face technique）

最初に承諾できないような大きな要求をして、それが断られてから要求の内容を下げ、本来の要求をする。最初の依頼を断ったという後ろめたさを利用。

ロー・ボール・テクニック（low-ball technique）

最初に相手が受け取りやすい条件（ロー・ボール）を投げ、それから本来の要求を受け入れさせる。ローボールを承知して人間関係を発生させ、義理・人情を利用。

利他的
（りたてき）

意　味	自分のことよりまず他人のことを考える
類義語	無私無欲／自己犠牲的
反対語	利己的

ポジティブ度：★★★　ネガティブ度：☆☆☆

　利他的な性格の持ち主は、自己主張しない人とは違う。むしろ**積極的に他人のために奉仕し、困った人を見かけたら手を差し伸べる**。たとえば混雑した電車の中で、自分から高齢者や妊婦に席を譲るのは、主体性のある行動といえるだろう。親の子に対する無償の保護や、特定の宗教を信仰する上でその教義に則った自己犠牲的な行いも、利他的行動の一種と考えることができる。

　このように利他的行動は基本的に無償の行為ではあるが、脳科学的に分析すると、こうした無償の行為で脳の報酬系が刺激されるというメカニズムが働くために、まったくの無償行為ではないことになる。「共感」も、他人の苦しみを自分の苦しみであるかのように感じるという仕組みから、利他的行動の要因のひとつに数えられている。

> 利他的な行動は、自己が代価や労力を払って他者に利益をもたらすこと。いかなる利他的行動も、脳の報酬系が刺激されるという意味で、まったくの無償行為とは言い難いという面もある。

ミニコラム　利他的行動に見られる利己的な動機

　自分のポケットマネーから寄付をするという場合、他者にその行為を見られているときのほうが、見られていないときよりも頻度が上がる。

　こんな実験結果が報告されている。多くの人の利他的な行動の中に、自分のことをよく見られたいという動機があることが、このことからわかる。もちろんこれが動機のすべてではなく、本文で紹介されているものを含め、複合的に作用している可能性もある。

理想主義（りそうしゅぎ）

意味	崇高な世界を思い描き、その実現に向けて行動する
類義語	アイデアリズム／空想的／現実離れ
反対語	現実主義／合理主義

ポジティブ度：★☆☆　ネガティブ度：★☆☆

文字通り、**理想を追い求める人**のことを理想主義者という。このタイプの人は、目標を掲げ、道筋よりも結果を追い求める。物事を考えるとき、理想から入り、実現に向けて行動を起こす。一方で現実主義者は論理的で、真面目でリスクを避ける考え方をする。

どちらがよい、ということではなく、理想主義には理想主義なりのよい面もある。あまり現実的なことばかり考えてしまうと、それがかえって足かせとなり、「こういう障害があるから、その目標には無理がある」などとやる前からあきらめてしまったり、独創的な発想ができなかったりするが、理想主義者にそのようなデメリットは少ない。挑戦的で好奇心旺盛（→P96）である。

> 理想主義者は、目標への道筋より結果についてまず考える。やる前から無理とあきらめることはしない。

理不尽（りふじん）

意味	納得がいかないこと、またそのような思いをさせる人の性格
類義語	不条理／無茶／強引
反対語	道理／正論

ポジティブ度：☆☆☆　ネガティブ度：★★★

理不尽な性格の人は、相手の立場になって考える想像力が欠如しているか、自分の立場が相手より上だと判断して強引な態度に出ているかのどちらかだと考えられるが、いずれにせよ自己中心的な性格であることに変わりはない。理不尽な対応でまわりを振り回す。

理不尽な思いをさせられている人がすべきは、**相手の言葉を適度に受け流すこと**。たとえば上司の指示に一貫性がなく振り回されがちな場合は、言われたことをすべてそのまま受け止めるのではなく、マメに中間報告をして、その都度指示を仰ぐようにすること。具体的に確認していくことで、急な変更などにも対応できるだろう。それを繰り返すことで、やがて相手も自分の理不尽さに気づくかもしれない。

> 理不尽な性格の人は自己中心的で想像力に欠けている。理不尽な人の言葉はすべて鵜呑みにしないで適度に受け流すことも必要。

リラックス

意味	緊張から解放された様子
類義語	伸び伸び／気楽
反対語	緊張／圧迫

ポジティブ度：★★★　ネガティブ度：☆☆☆

精神と肉体の緊張がほぐれた状態がリラックスである。別の言い方をすれば、**ストレス（→P132）を感じない状態**のこと。人は強いストレスを感じると、交感神経の働きが活性化しすぎてしまい、神経が異様に高ぶるなどさまざまな変調を招く。交感神経の働きを抑制するには、逆に副交感神経を活性化させることが必要になる。つまり、リラックスする＝副交感神経を活性化させることと考えてよい。

副交感神経活性化のための方法として有効なのは、**音楽を聴く、ぬるめの風呂に浸かる、深呼吸をする**など。食べ物の咀嚼や消化も副交感神経の働きを高め、リラックス効果がある。自分に合ったリラックス方法を見つけておくと、ストレスが溜まったり、疲れたときにすぐ対応できる。

> リラックスすることとストレスを感じないことは同じ。ストレスを抑えるには副交感神経の働きを高めるのが有効なので、その方法を身につける。

臨機応変（りんきおうへん）

意味	その場の状況に応じて適切に行動すること
類義語	柔軟／当意即妙
反対語	頑固／融通がきかない

ポジティブ度：★★★　ネガティブ度：☆☆☆

臨機応変をわかりやすくいえば、柔軟に対応できるということ。たとえば、ある作業を今日中に終わらせる必要があるとき、まずは最後まで手をつけ、不備があった場合に後から修正を加えてその場にうまく対応するのは、臨機応変といえる。もちろん、それがそういった対応が許される状況だというのが条件である。

人が臨機応変であるためには、**その時々の状況を的確に把握する冷静さと分析力、そして何よりフットワークの軽さ**が求められる。集団で行う作業では、先入観の強い人（→P140）や融通が利かない人との間で揉め事が生じる可能性もあるが、本当に臨機応変な人ならば、そうした人たちとも柔軟に対話し、最良の方法を見つけようとするだろう。

> 臨機応変な人には、的確に状況を把握する力とフットワークの軽さがある。集団においては、融通が利かない人と揉める可能性もある。

礼儀正しい

意　味	他人に対する態度に尊敬の念が感じられる
類義語	折り目正しい／うやうやしい
反対語	無礼な／生意気な

ポジティブ度：★★★　ネガティブ度：★☆☆

　対人関係や集団生活を円滑に保つのに必要な規範が「礼儀」である。とくに尊敬の念を表すために使われる。この場合の規範とは決め事なので、当然ながら、その決め事が正しく運用されているか否かが問題になる。

　礼儀正しい人は、意識的にせよ無意識的にせよ、そうした決め事をきちんと守っていれば、安心して社会生活が営めると思っている。実際、礼儀正しくしていたほうが生活に不便を感じることは少ないが、**そればかりに固執しすぎると、表面的な態度という印象を与え、かえって尊大な人と思われてしまうおそれもある**。いわゆる慇懃無礼だ。相手に余計な威圧感を与えない、適度な距離感の礼儀正しさを保つだけの柔軟さがほしい。

> 集団生活を円滑に保つには適度な礼儀正しさが必要。決め事に固執しすぎると慇懃無礼になるので注意して。

冷静

意　味	物事に落ち着いて対処する様
類義語	平静／平然／落ち着き
反対語	乱心

ポジティブ度：★★★　ネガティブ度：★☆☆

　冷静な人は、**軽率な行動を避け、結論を焦らず感情よりも理性に基づいて物事に対処する**。そのほうが、物事がうまくいくことを知識や経験を通じて知っているだけでなく、たとえ何か失敗したとしても、最悪の事態などそうそうあるものではないと考えられるだけの大胆さをもっている人ともいえる。あるいは、長い時間悩んだり試行錯誤したりしても無駄だと考える合理的な性格の持ち主かもしれない。

　いずれにしても冷静な人はそれだけで魅力的に見えるものだが、まったくマイナス面がないわけではない。感情を表に出す傾向のある人の目に冷静な人は「冷たい」と映る可能性が高い。**個人的感情が絡む場合、冷静と冷淡の境界はきわめてあいまい**である。

> 冷静な人は感情よりも理性に基づいて行動する。感情豊かな人は冷静な人を「冷たい」と感じるかもしれない。

冷淡(れいたん)

意味	態度が素っ気なく突き放した様子
類義語	非人情／冷酷／薄情
反対語	親切／熱心／やさしい

ポジティブ度：★☆☆　ネガティブ度：★★★

物事や他者に対しての関心が薄く、それが素っ気ない態度や顔の表情にまで表れてしまうのが冷淡な性格の人。とくに、他人の目から見て冷淡だと感じられるのは、**自分以外の人の幸不幸に無関心な点**である。

競争に勝ち抜くには、ある程度他者の幸福は無視して冷淡なほうが、たしかに有利であろう。しかし、長い目で見れば、支え合う仲間に恵まれず、成功を持続させるだけの基盤づくりに失敗する可能性が高い。うまく立ち回ることばかり考えずに、共感し合うことの重要性に気づければ、仲間や長期的な成功を手に入れることができるかもしれない。一方で、一般的な人が打ち砕かれるような場面でも、冷淡であるため、難なく先に進めるようなこともある。

> 他者に冷淡であることは一面において成功への近道である。しかし、長い目で見れば支え合う仲間に恵まれないおそれがある。

ミニコラム：霊的なものを感じる人とは

「霊的」の直接的な反意語は「肉体的」あるいは「肉的」で、**精神や霊魂に関わりのあるものを形容するときに用いられる**。狭義には、精神が神聖なものや宗教的なものと深く結びついている様を示すと考えられ、現代の科学では証明が難しい現象、たとえば死後の世界や神の存在を実感するとか、言葉を交わさずに他者と精神の深いところで共鳴し合うといった、主に精神面での人智を超えた現象と関連づけられる。

人がこの種の霊的なものについて思いをはせ、近づいてみたいと思うようになる要因としては、厭世的(えんせいてき)な気分や崇高なものへの憧れ、死に対する漠然とした恐怖などが挙げられるが、中には心霊現象などを実際に体験したことがあるからだと主張する人もいる。

恋愛を楽しむ

意　味	恋愛を前向きに捉えて自分の糧にする
類義語	恋にときめく／好きになることを怖がらない
反対語	恋愛に臆病になる／恋心が湧かない

ポジティブ度：★★☆　　ネガティブ度：★☆☆

恋愛は、努力すれば必ずかなえられる、というものではない。好きになった人が全然振り向いてくれないこともあれば、その人にはすでに恋人や結婚相手がいるかもしれない。恋愛が成就したら成就したで、今度はそれを維持するための涙ぐましい努力をしたり、振られるのではないか、裏切られるのではないかという不安にさいなまれたりすることもありうる。

●ドキドキが与える変化

しかし、**それでも恋愛は人間にとって有益なもの。人は恋をすると魅力的に見えるようになる**というのは、脳科学的にも証明されている。

恋心が芽生えると人は胸がドキドキする。このドキドキは、脳内で快感ホルモンであるドーパミンや、幸福感をもたらすセロトニンが大量に分泌されることによって起きる現象である。ドーパミンやセロトニンが分泌されると人は**前向きな気持ちになり、表情が明るくなる**。女性の場合はさらに、女性ホルモンの一種であるエストロゲンの分泌も活発になり、**肌や髪の質がよくなる**ことがわかっている。

男性の場合は、男性ホルモンの一種であるテストステロンの分泌が促される。その結果、**性格や顔つきが男性らしさを増し、体格がよくなる**ため、女性がそれを見て魅力的に感じる可能性が高くなる。

そして何より、女性にしても男性にしても、恋する相手を意識することで、ファッションやメイク、髪型、体型などに気を遣うようになり、また、仕事や学業で評価され、尊敬されたいと思うようにもなり、そのための努力をする。テストステロンの活発な分泌は競争心を高める効果もあるので、さらに努力をすることになるだろう。そこで自信がつけば、ますます魅力がアップするという相乗効果が期待できるのである。

●二次元も片思いもOK

身近に素敵な人がいなくて恋愛に発展しにくいという人でも、**疑似恋愛をするだけで同じ効果が期待できることもある**。あこがれの芸能人やスポーツ選手、アニメのキャラクターだってかまわない。妄想するだけで、幸福感が得られ、キレイになるホルモンがどんどん分泌されることだろう。

片思いだって同様。何かをきっかけに誰かを好きになると、人はそんな自分の心情を思うだけで幸せな気分になれるものである。傍から見ていかにも「恋愛を楽しんでいる」と感じさせる人は、恋が成就するかどうかを気にするのではなく、恋をしている状

況そのものを前向きに味わっている人ということができるだろう。結局は、そういう人のほうが、先述のように魅力が増すホルモンが増え、向上心が高まるため恋愛が成就しやすくなるのである。

恋する気持ちそのものが湧かないという人は、その原因として、自己評価が低いというのも考えられる。どうせ、あの人は自分を好きになってくれるはずがない、というわけである。逆に、自己評価が高すぎても、相対的に周囲の人への評価が低くなり、やはり恋愛へは発展しにくくなってしまう。

●恋愛感情を楽しむこと

いずれにせよ、恋愛が運命的な偶然の出会いから始まるなどというのは、ごくまれなケースと考えるべきだろう。自ら能動的、しかもその対象を広げて、柔軟に恋愛を楽しむ人にこそ、恋愛のチャンスは訪れる。

本来の恋愛といえば苦しいものではあるが、恋愛"感情"は楽しむことができる。自尊感情が高まると同時に、他者と関わることが増える。友人が増えたり仕事への愛情も高まる。

> 人は恋愛を前向きに楽しむと、ホルモンの分泌が活発になり魅力が増す。恋愛は成就するかどうかより、状況を楽しむほうが結果的に幸せになれる。

◆恋と好意の境目を見極める

「あの人のことが好き」といったとき、それが恋（LOVE）なのか好意（LIKE）なのか、悩む人もいるだろう。アメリカの心理学者ルービンは、「ライクとラブの尺度」を考案した。

下記のテストの空欄に、その人の名前を入れてみる。該当の項目数を数え、恋愛尺度の該当項目が多ければラブ、好意尺度の該当項目が多ければライクということがわかる。

恋愛尺度（LOVE）

1. ＿＿の元気がなかったら、励ましてあげたい
2. ＿＿を全面的に信頼している
3. ＿＿の欠点は気にならない
4. ＿＿のためなら、どんなことでもしてあげたい
5. ＿＿を独り占めしたい
6. もし＿＿と一緒にいられなくなったら、私は不幸になる
7. 寂しいとき、＿＿に会いたいと最初に考える
8. 私にとって一番関心があるのは＿＿が幸せになること
9. ＿＿がどんなことをしても、私は許すことができる
10. 私は＿＿を幸福にすることに責任があると思う
11. ＿＿と一緒にいるときは、時間が一瞬のうちに過ぎる
12. ＿＿から打ち明け話をされると、とてもうれしい
13. ＿＿と仲良くできないのはつらい

好意尺度（LIKE）

1. わたしは＿＿と一緒にいると、いつも同じ気分になる
2. ＿＿は非常に適応力がある
3. ＿＿を責任のある仕事に強く推薦したい
4. ＿＿は人間的に成熟している人物だと思う
5. ＿＿の判断力には絶大な信頼を置いている
6. ＿＿に会って話をすれば、誰もが好意をもつと思う
7. ＿＿と私はとてもよく似ている
8. クラスやグループで責任ある仕事に＿＿を推薦したい
9. ＿＿は人から尊敬されるような人間だと思う
10. ＿＿はとても知的な人だ
11. ＿＿は私の知人のなかで、最も好ましい人物だ
12. ＿＿のような人物になりたいと思う
13. ＿＿は賞賛される人物だと思う

LIKING scale&LOVING scal (Rubin,Z.,1970)

わがまま

意　味	自分の思い通りに振る舞う様子
類義語	自分勝手／自己中心的
反対語	従順／素直

ポジティブ度：☆☆☆　ネガティブ度：★★★

周囲の意見を聞かず、自分の要求だけを通そうとし、それが聞き入れられないと不機嫌（→P173）になるのはわがままな性格である。自分がわがままだとは思っていないので、大人しい性格の人が何も文句をいわずに聞き入れてくれても、当然のこととして、特別なことだとは考えない。**共感力や想像力に欠けるという人**といえるだろう。

これら二つの能力が欠けている以上、環境によっては必然的に不平や不満が増え続けることになるだろう。**わがままな性格を克服するには、こうした負のスパイラルに自ら気づくか、親しい人からはっきり意見されたときがひとつのチャンスになる**。しかし、もともとが周囲の意見を聞かない性格なので、わがままのまったく通用しない、よほど差し迫った状況にでもならないかぎりは難しい。

> わがままな人は共感力や想像力が欠けている。周囲の意見を聞き入れないだけに克服のチャンスは少ない。

笑う（わらう）

意　味	喜びやおかしさ、楽しさなどの感情を表現する
類義語	喜ぶ／楽しむ
反対語	泣く／悲しむ

ポジティブ度：★★★　ネガティブ度：☆☆☆

笑いはきわめて**人間的な感情だといわれている**。それは、怒りや悲しみは動物ももっている感情なのに対し、笑いは人間だけがもっている感情だからである。その理由として、笑う者に対して必ず笑われる者の存在がある、つまり自分と他者を分離化できるのは人間だけだからである。

身体的な反応としては、主に顔の表情に表れるが、そのほかにも副交感神経が優位な状態になることなどが特徴。笑うことでストレスが解消され、がんや各種成人病、認知症の予防などにつながると考えられているのも、このメカニズムによるもの。また、笑いには**社会的緊張の緩和、すなわち個人間や集団間に高まった緊張を緩める**という効果もある。

> 笑うことで、人間は副交感神経が優位になりストレスが解消される。緊張した場面を和らげる効果も期待できる。

第3部

心理学でわかる
ひととの付き合い方〈実践編〉

人の悩みの多くの根源は、対人関係にあります。人見知りで初対面の人とうまく付き合えない、すぐにイライラしてしまう、好きな人に振り向いてもらえない……。

ここでは心理学を活かして、人とうまくコミュニケーションをとるための具体的な解決方法を紹介していきます。ぜひ実践してみてください。

1 引っ込み思案で孤立しがち。人付き合いをラクにする方法

Before

似た人との付き合いから交際範囲を広げる

　内向性の強い人（→P152）は心的エネルギーが自分自身に向いているため、外の世界にあまり関心がなく、人付き合いが苦手です。いったん仲良くなった相手と深い関係を育むことにかけては素晴らしい能力を発揮しますが、広く浅い交際はあまり得意でありません。

　本音は「私のことは放ったらかしで全然OK！」なのですが、チームワークが必要な職場などではそういうわけにもいきません。そんなときは、**まわりの人たちをよく観察してみましょう**。自分と同じようにポツンと座っている人、趣味や好みの合いそうな人はいないでしょうか。たったひとりでもかまいません。まずはそこから始めましょう。少人数の相手と人間関係を築いていれば、いつのまにかそれなりに交際範囲が広がっていきます。

　結婚式の二次会など、その場限りのお付き合いでは、演技で乗り切るという手もあります。映画『男はつらいよ』シリーズで知られる俳優の渥美清氏は、たいへんシャイな性格でしたが、明るくて口が達者で誰とでもすぐ友達になる主人公・寅さんを"等身大"で演じ、国民的コメディアンになりました。**俳優になったつもりで、しばしのあいだ外向的（→P68）な社交家になりきりましょう。**

　これは本当の自分を無理に押さえつけ、別の人間になれということではありません。心理学的に表現すれば、新しいペルソナ（→P18）を意識的につくりましょう、という

POINT		
	1	まわりの人を観察し、似た人を見つける
	2	交際上手な性格を演じる
	3	最低限のソーシャル・スキルを身につける

ことです。**外向的な自分を演じ続けていると、いつのまにか自然に振る舞えるようになっていきます。**

スキルを身につける

　とはいえ、あらゆる人と仲良くなることなどそもそも不可能ですし、必要もありません。最低限の社会適応技能（ソーシャル・スキル）さえあれば、どんな場所でも問題なくやっていけます。

　最低限のソーシャル・スキルとは、**具体的には「あいさつをする」「相手の目を見る」といった初歩的なマナーです。**また、人見知りの人は縄張り意識が強いのかもしれません。その場合、**意識的にバリアを下げてみてください。**相手を飲み込むほど大きくパーソナルスペースを広げると「外から侵入された」という不快感が薄れ、不安や恐怖を感じにくくなります。

　また、「雑談する」「世間話をする」なども、ソーシャル・スキルのひとつです。

One Point
会話に名前を入れる

　初対面の人と親しくなるための簡単な方法のひとつが「会話の中に相手の名前を入れる」というもの。名前を呼ぶことは親近感を抱く効果があるのです。「週末はどちらに行くのですか？」を「山田さんは週末どちらに出かけるのですか？」とします。

　ただし、あまりに名前を呼びすぎるのは逆効果で不信感を抱かせます。5分に1回程度呼ぶのに留めましょう。

2 うちの子は何を考えているの？人の気持ちに気づく方法

相手の身になって考え、共感性を高める

　まったく悪気がないにもかかわらず、相手を怒らせたり会話がしらけたりしてしまう。そんなすれ違いは、夫婦、親子など身近な人とのあいだでも起こります。
　よくあるのが、思春期の子ども（特に男の子）がほとんど口をきかなくなり、「うちの子は何を考えているのかわからない」という悩み。一生懸命話しかけているのに、ロクに返事もしてくれない……親の心情としては、何とも悲しい限りです。
　しかし、**子どもの表情や動作を、もっとよく観察してみてください。たとえ言葉を発さなくても、ほんの少しだけうなずいたとか、一瞬だけ立ち止まったとか、何らかの反応を示しているはずです。**
　相手が出してくるサインを見逃さず、その心情を思いやることを**「共感性」**といいます。共感性の能力が高い人は、相手の立場になって考え、相手の意見を尊重することができます。思春期の子どもと付き合うことは、共感性を高めるよい訓練になります。
　共感性を磨くことは、恋愛や結婚においても大切です。一般に、女性は事実そのものよりも心情への同意を求めるといわれます。たとえば、**愚痴を言うときはただ単に聞いてほしいだけで、分析や助言を求めてはいません。**一方、**男性は感情よりも事実を重視**します。会話に意味・目的を求める傾向が強く、何気ない一言を重大に捉えて落ち込んだり、不機嫌になることがあります。ですから、男性との会話では適度にアドバイスしたほうがよいのです。

POINT		
	1	表情や動作などからサインを読み取る
	2	相手の気持ちや立場を想像する
	3	自分の思いに気づくようになれば、相手の思いにも気づくようになる

　男女間では脳の働きが違うので、すべてが以心伝心というわけにはいきません。愛し合っているのに口論が絶えないという人は、このことを念頭に置いて、言葉を選ぶようにしましょう。

高すぎる共感性にも注意

　ただ、共感性があまりに高すぎると「他人の顔色をうかがう」人生になってしまう危険もあります。**自分自身の本音・本心をありのままに感じ、受け入れてください**。自分の思いを敏感に感じ取れるようになればなるほど、他人の思いにも気づきやすくなります。

　また、相手の期待に応えようとするだけでなく、自分の期待に応えてもらうことも必要です。言葉できちんと伝えれば、たいていの人はわかってくれます。**それでも話が通じない相手とは距離を置くという選択もあります**。

One Point
自己開示とは

　自分の個人的な話をありのままに伝えることを「自己開示」（→P110）といいます。

　一般に、男性は女性に比べて自己開示しにくいといわれています。ですから、思春期の男の子が難しいのは仕方ないと受け入れて、気長に見守りましょう。

　将来の進路を話し合いたいときは、父親が自分の経験を話すなど親のほうから自己開示すると、それに合わせて応えてくれる可能性が高くなります。

第3部…心理学でわかる ひととの付き合い方〈実践編〉

3 先入観に振り回されてトラブル発生。冷静に判断する方法

Before

古い先入観を捨て、最新の事実に近づけると正しい判断に

　実際の経験や十分な知識に基づかない価値判断を**先入観（→P140）**といいます。先入観というと間違ったもの、というイメージがありますが、たとえば、店員が初めてのお客さんを見て「この人はきっとこういうものが好きだろう」と先入観に基づいて品物を薦めるのは、別に悪いことではありません。問題が起きるのは、先入観が事実と違っていたとき。**先入観に固執して事実を無視すると、トラブルの原因になります。**

　先入観を形成する要素のひとつが**第一印象**です。初対面の相手がいかにも無愛想な態度でいたら「この人は怖い」、しわだらけの服を着ていたら「だらしがない人だ」というように、見た目や雰囲気から相手の人間像を決定してしまうのです。

　もうひとつの要素は、周囲の噂や評判です。しかし、これほどアテにならないものはありません。そのような情報にはすでに多くの人たちの先入観が入っているからです。「私は○○ができる／できない」「私は○○な性格だ」といった自分自身に対する先入観も、他者の目を通して見せられた自分の姿だったりします。

　いったん先入観が形成されると、人間の脳はその証拠集めを始めます**（確証バイアス）**。先入観に沿わない事実は無視されるので、「この投資話は儲かる」と思い込んだらリスクには気づきません。

　「Aさんは頑固だ」と思ったらAさんの勤勉さ、やさしさ、明るさなどはわかりません。**ある特徴が後光のように光り輝き、全体像を見えづらくしてしまうハロー効果もまた先**

POINT		
	1	先入観と異なる事実を受け入れる
	2	第三者からの情報を鵜呑みにしない
	3	新しい情報を進んで取り入れる

After

入観の強化に一役買っています。

　根強い先入観を手放すには、新しい情報を進んで取り入れる姿勢が大切です。相手に関心をもち、物事を多角的に捉えるようにしましょう。先入観と事実の違いを認め、修正・調整していかなければなりません。

　新しい情報を手に入れる手段として、いろいろな人に会って話すことや、インターネットで調べたり新聞や雑誌を読むことなどが挙げられます。

　多くの先入観の裏には、親から刷り込まれた価値観や社会的・文化的な判断基準が潜んでいます。過去の似たような経験が尾を引いている場合も少なくありません。

　先入観に振り回されないために、**外部からの影響や過去の経験と、今現在の自分自身の判断とをしっかり区別する必要があります。**

One Point
バイアスをかけた見方

　脳が事実をゆがめて認知する働きを「バイアス」といいます。バイアスにはさまざまな種類があります。

　自分に都合のいい情報だけを集める確証バイアス、不快な経験を強く記憶するネガティブ・バイアス、災害や事故などで自分だけは大丈夫と考える正常性バイアス、すでに結果が出たことを前々から予測していたかのように考える後知恵バイアスなど、私たちは物を見るとき、これらにとらわれていることが多いのです。

4 自分のことばかり話す人とストレスなく付き合う方法

つまらない弾丸トークは逃げるが勝ち

　自分のことばかり一方的にまくし立てる人は、自分でそのことに気づいていない場合がほとんどです。話の内容が自慢話である場合、**優越コンプレックス**が考えられます。

　優越コンプレックスとは、簡単にいえば「強がり」。自信満々に振る舞っているように見えますが、内面では常に自分と他者とを比較して嫉妬心や競争心にさいなまれ、弱みを見られまいとして都合のいいことだけをしゃべりまくる。周囲から羨望の眼差しを集めたい、すごいねと言ってもらいたい、そうしなければ自分で自分の存在を認めることができない。本来自然なものである自己顕示欲（→P111）が、ここでは不健全な形で表れています。**自慢話ばかりする人は、本当はとても弱くて寂しがり屋なのかもしれません。**

　こうした人たちを相手に"おとなの対応"をするには、ある程度の割り切りが必要です。**いちばん簡単なのは、適当に聞き流すこと。**「なるほど」「よくご存知ですね」などヘタに相づちを入れると、こちらが興味をもっていると勘違いして、同じ話を繰り返すので要注意です。

　携帯に着信があったとか、お手洗いに行くとか言って、さりげなく席をはずすという手もあります。電話であれば、最初から「この後は用事があるから30分だけね」のように、時間制限を設けておくとよいでしょう。グループで話し合いをするような場面では、

POINT		
	1	自慢話は劣等感の裏返し「優越コンプレックス」
	2	あえて相づちを入れない
	3	積極性と勇気をもって話の腰を折る

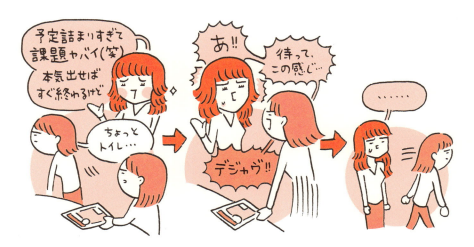

あらかじめ進行係を決めておき、ビシビシ仕切ってもらいましょう。

　もうひとつの可能性は、単なる「おしゃべり」（→P64）という場合。興が乗ってくると、相手の反応おかまいなしに、自分がしゃべりたいことをいつまでもしゃべり続けます。

話を挟んでも相手は気にしない

　ひとりでしゃべりまくる人がいて、まわりが何も言えないというのは「人の話を途中で邪魔するのは失礼だ」という考え方があるからです。これは日本文化に特有の悩みで、欧米人は当然のように人の話を遮ります。むしろ、**話の途中で自分の意見をさし挟むぐらいの積極性**が称えられます。「わたしは欧米式でいく！」と開き直って話題を変えてみましょう。

　ただのおしゃべりは、文字通り、ただしゃべりたいだけなので、ふいに話題を変えられても思ったほど抵抗してきません。

One Point
コンプレックスの種類

　劣等感をコンプレックス（→P105）といいますが、本来は「劣等コンプレックス」が正しい呼び方です。コンプレックス（心的複合体、感情複合）とは記憶や欲求、衝動などが感情と複雑に絡み合ったもので、分析心理学をつくったユングによって広まりました。

　日本ではファザコン、マザコン、ロリコンなどが有名です。その他、シンデレラコンプレックス（男性に高い理想を求める）、カインコンプレックス（兄弟姉妹間）などがあります。

5 初対面の人と打ち解けられない。簡単に壁を乗り越える方法

人見知りは性格的な欠点ではない

　最初に知っておきたいのは**「人間関係は基本的に閉じている」**という事実です。カフェに入ったとき、電車に乗っているとき、隣の席に人がいてもふつうは関わりをもとうとしません。それと同じように、初対面の相手に対して打ち解けられないのは性格の問題ではなく、当たり前のことなのです。

　もともと閉じているものを開くには、何かしらの道具が必要ですが、いちばん使いやすいのは**「あいさつ」**です。

　あいさつをするときは、相手の顔を見て、きちんとお辞儀をして「こんにちは」と声に出しましょう。このように**自分の気持ちを行動に乗せることを「セルフシンクロニー」**といいます。セルフシンクロニーを示すと相手は必ず反応してくれるので、その次に言うことをあらかじめ決めておきます。「天気の話をする」「相手の服を褒める」など、自分の中でマニュアル化してしまうのです。

　銀座のホステスなど雑談のプロともいえる人たちは、日頃から話題のネタを仕入れています。スポーツ、芸能、政治、経済などなど、いくつも話題の"エサ"をまき、そのどれかにお客さんが食いついてくるのを待つわけです。同じように、**いくつかネタを用意しておいて、相手が乗ってきたら、あとは聞き役に徹します**。美容師が「お客さん、今日はお仕事お休みですか？」から雑談にもち込むように、質問形式で会話をつなぐ方法も使えます。

POINT		
1	挨拶と話題のネタをマニュアル化しておく	
2	相手が乗ってきたら聞き役に徹する	
3	スキル（技術）は実践を繰り返すことで身につく	

また、電話をしているときの相手の様子や言動から、相手との関係性がわかることもセルフシンクロニーです。

スキルを身につければいい

これらはソーシャル・スキルのひとつで、性格とは関係ありません。**スキル（技能）は実践を通して磨かれるもの。最初からいきなり完璧を目指さないことが大切です。**完璧主義は「対人恐怖」につながりやすく、軽いものなら「あがり症」で済みますが、人によっては引きこもり、うつ病、パニック障害などを引き起こします。

対人恐怖は社会不安障害、社交不安障害とも呼ばれ、若い女性に多いといわれます。神経質で小さいことにこだわる人、人前で恥をかいたトラウマがある人も要注意。生活に支障をきたすようなら、無理をせず、心療内科や神経科を受診してください。

One Point
社会不安障害

社会不安障害には次のようなものがあります。

- 振戦恐怖⇒人に見られていると手が震える
- スピーチ恐怖⇒人前で話すのが怖い
- 赤面恐怖⇒顔が赤くなることが不安
- 自己臭恐怖⇒体臭・口臭が異常に気になる
- 電話恐怖⇒人前で電話に出られない
- 視線恐怖⇒変な目で見られていると感じる

6 こんな自分が大キライ。過去を手放し自分を肯定する方法

紙に書くことで認知のゆがみを訂正する

　自分で自分を嫌っている人は、他人のことも好きになれないといわれます。「こいつイヤだな」という思いは必ず相手に伝わるので**（エコー効果）**、ますます人間関係がこじれていく。その結果「またやってしまった……」「どうして私はいつもこうなの?」と、自己否定のループ再生に陥ります。

　実は、**自己否定（→P116）は成人特有のもの**です。何かがうまくいかないと、自分に能力がないせいだ、性格がよくないからだ、と自分を責め始めるのです。一方、ハイハイがうまくできないといって落ち込む赤ちゃんはいません。何が違うのかというと、認知の仕方が違うのです。

　認知とは「ものの見方」のこと。**ある出来事を失敗と捉えるか、単なる経験と捉えるか、はたまた成功と捉えるか?**　発明王トーマス・エジソンは、実験結果が思わしくないときも「失敗した」とは考えず「うまくいかない方法がまたひとつわかった」と言いました。そんなエジソンはたいへんな自信家で、自己肯定感のかたまりのような人でした。

　自己否定の強い人は、自分の性格や過去の経験をネガティブに捉え、マイナス面ばかりに注目しています。そもそも人間の脳は「うれしい記憶よりイヤな記憶が残りやすい」という性質**（ネガティブ・バイアス）**をもっているので、意識的に認知を変える必要があります。

　そのためには、まず自分のイヤなところを洗いざらい紙に書き出します。次に、**そのリ**

POINT		
	1	人はネガティブなマイナス面に注目しがち
	2	頭の中で悩まず紙に書き出すことで客観的に判断できる
	3	日記をつけることもひとつの手段

ストを別の表現に書き換えていきます。たとえば「臆病」→「慎重」、「口下手」→「聞き上手」、「優柔不断」→「思慮深い」というように。

あとで見たら何てことない、ということも

ここで大切なのは、**頭の中だけで考えず、実際に手を動かして「書く」こと**。頭の中にあるものは習慣的なものなので、考えているだけだと同じことの繰り返しになってしまうからです。文字にして頭の外に出すことで、客観的に判断できるようになります。

日記をつけるのもいいでしょう。日記の内容はポジティブなものでもネガティブなものでもかまいません。思いつくまま書き出し、あとで整理をします。

のちのち読み返してみると「何をそんなに悩んでいたんだろう」と思うことがたくさんあるはずです。

One Point
自己卑下の人

「すみません」「私ってバカだから〜」が口ぐせになっている人がいます。このような自己卑下(自分を見下す)の言葉を繰り返し口にしていると、もともとの自己否定感がさらに強化され、"自己否定する自分はダメだ"と二重に否定してしまうこともあります。

否定的な口ぐせに気づいたら、その都度、修正していきましょう。

7 イライラすることが多い。ストレスをうまく解消する方法

ストレスを蓄積させないための5つの方法

　ストレス（→P134）とは外部から刺激を受けたときに生じる緊張状態のことです。
　ストレスを引き起こす要因（ストレッサー）は、**①物理的なもの（暑さ寒さ、悪臭、騒音など）、②生理的なもの（空腹、乾き、疲労など）、③心理的・社会的なもの（不安、怒り、緊張、葛藤、恐れなど）**があり、現代人の生活で特に問題となるのは③の人間関係からくるストレスです。
　競争意識が強い人、マルチタスクが得意な人、精力的に活動する人、短気な人はストレスを感じやすいといわれています。
　また、思考の偏り（考え方のくせ）によって自らストレスを生み出している場合もあります。特定の出来事や人物を拡大解釈し「いつも悪いことが起きる」「みんな同じだ」「絶対そうなる」と決めつける。「～するべきだ／べきではない」「～であって当然だ」という自分なりのルールが多い。何かよくないことが起こると「才能がないからだ」「努力が足りない」と自分を責める……そんな思考グセのある人は、**違う角度からものを見るようにする**と、かなりストレスが軽減できます。
　ストレスに対する解決法には、次のようなものが知られています。
①計画型：問題を明確にし、原因を探り、複数の解決策を考えて実行する。
②発散・解消型：欠勤、八つ当たり、趣味やギャンブルなど。
③隔離型：ストレスになる状況をつくらない、または距離を置く。

POINT		
	1	偏った考え方を修正し、違う角度からものを見る
	2	ストレス解消法は自分に合うやり方を選ぶ
	3	ストレスが溜まっている身体のサインに気づく

④リラクゼーション型：瞑想などで心を落ち着かせ、ありのままを受け入れる。

⑤社会的支援型：カウンセラーや医師といった専門家に助けを求める。

　どれがいちばんよいということはありません。自分の好きなやり方でかまわないので、こまめに対処してください。

ストレスサインに気づく

　胃の痛み、酒・タバコの急増、情緒不安定、無口・無表情、倦怠感などは「ストレスが溜まっているよ」という、身体からのサイン。許容量を超えたストレスはあらゆる不調の原因となります。たかがストレス、されどストレス。とにかく「溜め込まないこと」が肝心です。

　また、ストレス解消法としては、身近な人と何でもよいから好きなだけ雑談・話をする「おしゃべり療法」もおすすめです。

One Point
幸せホルモン

　自律神経を整えるセロトニンとオキシトシンは「幸せホルモン」と呼ばれ、ストレス軽減に役立ちます。

　セロトニンを増やすのに必要なのは日光＋反復運動。朝のウォーキングがおすすめですが、ガムを噛むだけでもリラックス効果が得られます。

　オキシトシンはパートナーや子ども、ペットとのスキンシップによって増加することが知られています。

8 つい余計なことを言ってしまう。無理にしゃべらなくても会話が続く方法

Before

相手に合わせて聞き役に回る

　盛り上がっていた会話が途切れ、ふっと沈黙が訪れることをフランスでは「天使が通った」といいます。よくあることですが、なかにはこのような沈黙を堪え難いと感じる人もいます。**「沈黙恐怖」**といって、社会不安のひとつです。

　沈黙恐怖のある人は「黙っているのは失礼だ」とか「会話が続かないのは自分が無能だからだ」という考えをもっているため、とにかく何か話さなければと焦ってしまい、言わなくていいことや言ってはならないことまでしゃべってしまう。その結果、周囲の信用を失ったのではないかと不安になり、ますます焦るという悪循環に陥ります。

　自分ひとりがしゃべるのではなく、相手から話を引き出すことを意識してみましょう。家族のこと、趣味、仕事、健康のこと、旅行の経験談など相手の関心事に興味を示してあげると、相手は「わかってくれた」と喜びを感じ、話がしやすくなります。**気持ちよくしゃべらせてあげて、聞き役に回りましょう。**これなら失礼にもならないし、批判されるどころか、むしろ好感度が上がります。

相手に合わせた行動をとる

　自分が会話を引っ張らなければならないという思い込みを捨て、主導権を相手に渡してしまうのです。気のきいたことを言わねばならない、と考えるのをやめましょう。

POINT	
1	自分ではなく相手にしゃべってもらう
2	相手から話を聞き出し、聞き役に回る
3	相手に合わせて同調ダンスを踊る

After

その代わり、相手の動きを観察することに意識を集中し、調子を合わせてみてください。

　たとえば、相手がお茶を飲んだら自分も飲みます。脚を組んだら自分も脚を組みます**(ミラーリング)**。また、相手の呼吸に自分の呼吸を合わせたり、声のトーン、テンポやスピードも合わせたりしていきましょう**(ペーシング)**。

　こうした**相互作用的同調行動(インタラクショナルシンクロニー)**は、「**同調ダンス**」と呼ばれる好ましい状態をつくり出します。同調ダンスとは、お互いの気持ちが通じ合うことで、うなずきや相づちのタイミング、話す速度、身振り・手振りなどが似てくることです。親しい間柄では自然に起こる現象ですが、意識的に行った場合でも相手の好意を得られることが実験でわかっています。

　優秀なセールスマンが顧客の心をつかむテクニックでもあり、恋愛テクとして応用されることもしばしばです。ただし、やりすぎは禁物。さりげなくやるのがコツです。

One Point
聞き上手・話し上手

話すこと、聞くことが上手になりたいと思っている人は多いでしょう。ギネスブックに認定された"営業の神様"ジョー・ジラードや、わずかな資金で起業した会社を数年で年収数十万ドルに押し上げたケン・デルマーは、聞き上手・話し上手のお手本です。

二人とも会話のヒント満載の著作を出しており、日本語に翻訳されているので、興味があれば一読してみるといいかもしれません。

9 せつない片思い。好意を見せて関心をひきつける方法

言葉に頼らず行動で「好き」を伝える

　遠くから黙って見つめているだけでは、相手に何も気づいてもらえません。ですから、まずは**意中の相手の視界に入ること。人間は繰り返し目にするものを好きになります**。単純接触効果と呼ばれる心理作用で、テレビCMにも利用されています（ただし、ごく短時間に10回以上繰り返し目にすると、かえって無反応になるという実験結果が出ています）。

　この段階をクリアしたら、さらに接近していきます。相手との物理的距離をパーソナルスペースといい、近くなればなるほど心理的な距離も近づきます。パーソナルスペースは、前後に比べて左右の幅が広い楕円形になっています。**真っ正面に立つと圧迫感が強いので、横から近づくのがおすすめ**。ただ、一挙に近づきすぎると警戒心を招くので、様子をみながら徐々に縮めていきましょう。おおむね45〜120cmが「友達」レベルとされています。また、**相手に話しかけるときは必ず視線を合わせること**。"目は口ほどに物を言う"はノンバーバルコミュニケーションのひとつで、気持ちが伝わりやすくなります。

　バレンタインデーなどを口実に、贈り物で気を引くという方法もあります。義理チョコより少しだけ高級なものにする、その人にだけメッセージカードを添えるなど"ちょっとした"特別感を漂わせるのがポイント。あまりに豪華な品物をあげると「裏があるのでは？」「お返しを期待しているのか？」と警戒させてしまいます。

POINT		
	1	繰り返し会うことが第一歩
	2	45〜120cmの距離で、話しかけるときは視線を合わせる
	3	会話や行動で自分の内面を知ってもらう

日常から自分を知ってもらうこと

　昨今の恋愛観では「告白」という儀式がたいへん重視されていますが、必ずしもそうではありません。ふつうの会話や行動を通して自分がどんな人間なのか相手に知ってもらいましょう（自己開示→P114）。**内面を知るほど好意をもちやすくなるという「熟知性の原則」**により、二人の関係を自然に深めることができます。

　しっかり好意を伝えても反応がない場合、相手は「自分とあなたが釣り合っていない」と感じているのかも（マッチング仮説）。わかりやすくいえば「三つ星レストランが好きな人はコンビニ弁当に魅力を感じない」ということ。**相手の価値観にそった服装や言動に自分を合わせていると、「好意の返報性の原則」（→P95）が働きます。**

One Point
視覚情報の重要性

　俳優の竹中直人氏は1980年代に"笑いながら怒る人"という芸でブレイクしました。

　このように、矛盾した情報を同時に受け取って板挟みになる状態を「ダブルバインド」といいます。相手の態度の判断の手がかりとしては、言語情報7％に対し視覚情報が55％、聴覚情報が38％であるといわれています（メラビアンの法則）。

10 やたらと頼りにされて困る。依存体質の人を遠ざける方法

冷静な対応で、必要以上の親近感を抱かせない

　アメリカの社会学者G・ホーマンズらが提唱した「社会的交換理論」によると、人間関係はビジネスと同じく**「ギブ&テイク」のバランス**で成り立っています。日本語では「持ちつ持たれつ」「お互い様」がこれに相当します。

　しかし、どちらか一方が相手に頼ってばかりだと、交換のバランスが崩れ、頼られるほうに不快感が生じます。

　依存（→P51）には「こいつを利用してやろう」という意識的なものと、本人自身がコントロールできない心情的な依存があります。前者はキッパリ断ればいいので、ここでは後者について見ていきましょう。

　依存的な性格をつくる原因は、親の過干渉だといわれています。自立心を妨げられ、親の意見に従うことが最善だと教えられたため、成人してからも**自分の判断に自信がもてず、常に不安を抱えていて、何かというと身近な人にすがりつきます。**そうしなければ見捨てられる、とさえ思い込んでいることも。

　誰かと一緒にいたい気持ち（親和欲求）が強いのも、依存的な人の特徴です。そこにはやはり不安があります。親和欲求は不安や孤独、緊張を感じると高まることがわかっています。公私の区別があいまいで、電話番号やメールアドレスを知りたがる、SNSでのしつこい友達申請などは親和欲求の表れであり、それだけ相手を慕っているということです。

POINT		
	1	親近感を高めない行動、言葉選びをする
	2	1対1で会う状況をできるだけ避ける
	3	100％親身になってあげなくてよい

第三者を巻き込んでみても

　ですから、依存をストップさせるには、**親近感を高めなければいいのです**。近寄ってくる気配がしたら忙しそうに歩き去る、1対1で会わないようにする。相談をもちかけられたら「そういうことならAさんのほうが詳しいよ」などと言って第三者を巻き込む。メールは振り分け機能を使う、LINEやSNSは「ほとんど見ないから気づかないかも」と予防線を張っておくなど、客観的かつ冷静な対応を。「私に聞くより自分でやったほうが早いと思う」など、親近感を高めない言葉選びも重要です。

　依存されがちな人は親切で相手を思いやる気持ちが強い傾向がみられます。しかし、依存してくる相手は案外、こちらが思っているほど傷つかないことも多いものです。

One Point
オープナーな人

　自分では意図していないのに相手の心を開いてしまう人を「オープナー」といいます。全体的にリラックスした雰囲気があり、ある意味"ヒマそう"に見えるのが特徴です。

　知らない人によく道を聞かれる人はオープナーである可能性が大。やたらに依存されないためにはヒマそうに見えないように、"忙しそうに"振る舞ってみると、声をかけられる回数が減るかもしれません。

11 ダメな自分が許せない。目標を達成し自信をつける方法

Before

小さな目標で大きな達成感を得る

「ダメな自分」「できない自分」というセルフイメージに苦しんでいる人は少なくありません。成功体験を積み重ねれば自信がもてるといわれても、なかなか変われない。その理由は、自分の中にある「成功」のハードルが高すぎるからです。

このハードルを心理学では**「要求水準」**といいます。何か行動するときに自分で決めた目標のことです。要求水準をクリアすると「アハ体験」（→P113）と呼ばれる達成感が得られ、**アハ体験が多いほど自尊感情（→P108）が高まる**といわれています。自分を卑下し、責めるのをやめて、健全な自己愛を育むには、自尊感情が絶対に欠かせません。要求水準が高すぎるとアハ体験が得られないため、自分に対する失望感や罪悪感ばかりが増えていきます。

ですから、**要求水準をできるだけ低く設定しましょう**。英語学習を例にとると、いきなり「TOEICで〇〇点を取る」とするのではなく、「練習問題を1問やる」とか「とりあえず机に向かう」のを目標にします。1秒でも実行できたら目標達成です。ガッツポーズで「よくやった！」と叫びましょう。

2016年にメジャー通算3000本安打を記録したイチロー選手は、インタビューで「達成感や満足感は味わえば味わうほど前に進める。小さなことでも満足感を得ることはすごく大事なことだと思う」と語っています。

思い切り自分を褒めたたえ、達成感に浸ってから、次の目標を立てましょう。一つひ

POINT	
1	アハ体験で達成感をたっぷり味わう
2	達成した自分を褒めてから次の目標に向かう
3	相対評価を絶対評価に変え、モチベーションを高める

とつの達成感をしっかり感じ取るプロセスを大切にしてください。

誰と比べて「ダメ」なのか？

そもそも「ダメな自分」とは、他者との比較に基づく相対的な評価にすぎません。努力して自己最高の点を取っても平均点次第で「ダメ」とされてしまう偏差値教育は、相対評価の典型といえます。

自己愛を高めるには、**相対評価を絶対評価に変える**必要があります。他の人とは関係なく、自分自身がどれだけ成長したかを評価する個人内評価は、モチベーションを高める方法として有効です。これを**「内発的動機付け」**といいます。

大きなことを成し遂げる事業家、芸術家、アスリートなどの多くは内発的動機付けで行動する人です。

One Point
ドリームキラー

「どうせ無理だよ」「できるわけない」などといって、夢や目標達成を邪魔する人をドリームキラーといいます（認知科学者・苫米地英人氏の命名による）。家族や同僚など身近にいることが多く、本人には自覚がありません。

対処法は、離れる・無視する・夢や目標を話さない。自己肯定感の低い人が自分で自分のドリームキラーになっていることもよくあります。

12 子どもの成績や部下の業績が悪い。上手に褒めて伸ばす方法

Before

長期的な効果が期待できる理想的な褒め方

　褒めるという行為は相手を評価することです。褒められた人は期待や信頼に応えようというモチベーション（動機付け）が上がり、成績や業績がアップします。「褒めて伸ばす」とはそういうことです。
　評価には4つの種類があります。
①他の人と比較して褒める「相対評価」
②比較しないで褒める「絶対評価」
③最終的な結果を褒める「結果評価」
④途中経過や変化を褒める「プロセス評価」
　動機付けにも2種類あり、賞状やご褒美など外的な要因である「外発的動機付け」、達成感や満足感など本人の内面的な要因である「内発的動機付け」に分けられます。
　これらのうち、もっともよくあるのが「相対評価＋結果評価＋外発的動機付け」の組み合わせ。"営業部でいちばん（＝相対）売り上げがよかった（＝結果）から皆の前で表彰（＝外発的）する"といった褒め方です。短期間で成果が出やすいのですが、自主性の欠如を招く危険があります。幼稚園児を使った実験では「ご褒美がもらえないなら、やらない」という傾向が顕著に表れました。
　褒め方としていちばん効果的なのは「絶対評価＋プロセス評価＋内発的動機付け」の組み合わせです。純粋に本人の努力や成長が評価されるので、褒められた人

POINT		
	1	絶対評価＋プロセス評価＋内発的動機付けが効果的
	2	具体性、タイミング、言葉選びが重要
	3	第三者からの褒め言葉という手段も効果がある

は自信がついて前向きになり、セルフイメージの向上に役立ちます。

褒めるタイミングも大切

　褒め上手になるには「さっきのプレゼン、商品説明がわかりやすくてよかったよ」のように、タイミングのよさと具体的な表現が大切です。目線の高さにも要注意。「やればできるじゃない」などは、褒めているつもりでも実際は相手を見下した言い方です。

　万能的な褒め言葉というものはありません。ただし、相手に好意があれば、自然に心を込めた褒め言葉が出てくるものです。

　また、相手を評価するだけの"資格"が自分にはあるかどうかという問題もあります。そんなときは「○○さんの企画を△△部長が褒めていたよ」と伝聞の形で言いましょう。**じかに褒められるより第三者の褒め言葉を聞くほうがうれしい、という心理作用（ウィンザー効果）**を利用した裏技です。

One Point
叱って伸びる人

　褒められて伸びる人がいる一方で、物事を前向きに捉えることができ、論理的に考える人、素直で誠実、真面目な人は、褒めるより叱ったほうが伸びるタイプかもしれません。

　「叱る」とは、相手の間違いを正しく指摘してアドバイスを与えること。感情にまかせて「怒る」こととは違いますので、混同しないように気をつけましょう。

第３部…心理学でわかる ひととの付き合い方〈実践編〉

おわりに

　近年、「コミュニケーションに悩んでいる」という人が増えていますが、本書を上手に活用すれば、その悩み解消の役に立つとの実感をもっていただけたでしょうか。

　十人十色というように、様々な個性をもった人に対して、コミュニケーション・スキルを臨機応変に使いこなしていかないと人間関係はうまくいきません。本書の第１部の性格・感情についての心理学的な解説が、自分と相手の個性を素早く正確に見抜いて、その場にふさわしい人間関係を築く際のヒントになったはずです。

　人付き合いでは、「どのような人なのだろうか」「何を考えているのだろうか」「私のことをどう思っているのだろうか」と気になります。このようなとき、私たちはいくつかの言葉を思い浮かべて、その相手を判断しようとします。本書の第２部「性格・感情辞典」の言葉たちは、人柄を理解し、どのようなコミュニケーションをとればよいのかを判断する、重要な手掛かりを与えてくれます。「人間関係がわずらわしい」と感じたとき、本書から関係する言葉を辞書的に拾い出して、臨機応変なコミュニケーション・スキルを見つけ出すことができるわけです。

　本書が、コミュニケーションの悩みを解消したり、コミュニケーション・スキルに磨きをかけたりする際に必要なバイブルになればと願います。

<参考文献>

『3分でわかる心理学 ― 知ってるだけでトクをする！』渋谷昌三　大和書房

『面白いほどよくわかる！心理学 ― 恋愛、ビジネス、心の病まで、すぐに役立つ大人の教科書』
　渋谷昌三　アスペクト

『面白いほどよくわかる！自分の心理学』渋谷昌三　西東社

『面白いほどよくわかる！他人の心理学』渋谷昌三　西東社

『面白いほどよくわかる！心理学の本』渋谷昌三　西東社

『心理学がイッキにわかる本』渋谷昌三　西東社

『外見だけで人を判断する技術 実践編 ― 他人のホンネを見抜くコツから、相手を動かすプロの
　技まで』渋谷昌三　PHP研究所

『心のチェックノート：本当の自分を見つけモヤモヤ気分をスッキリ晴らす』
　渋谷昌三／福西勇夫　法研

『コンプレックスという心理 ― 誰もがもっている深層心理との付き合い方』
　町澤静夫　日本実業出版社

『感情類語辞典』アンジェラ・アッカーマン／ベッカ・パグリッシ
　滝本杏奈訳　フィルムアート社

『性格類語辞典　ネガティブ編』アンジェラ・アッカーマン／ベッカ・パグリッシ
　滝本杏奈訳　フィルムアート社

『性格類語辞典　ポジティブ編』アンジェラ・アッカーマン／ベッカ・パグリッシ
　滝本杏奈訳　フィルムアート社

『「感情」の解剖図鑑：仕事もプライベートも充実させる、心の操り方』
　苫米地英人　誠文堂新光社

『図解雑学 見た目でわかる外見心理学』齋藤勇　ナツメ社

『気持ちが伝わる話しかた』森田汐生　主婦の友社

『性格分析が面白いほどわかる本』心の謎を探る会　河出書房新社

『心理学・入門: 心理学はこんなに面白い』サトウタツヤ／渡邊芳之　有斐閣

渋谷昌三（しぶや　しょうぞう）

1946年、神奈川県生まれ。学習院大学文学部を経て東京都立大学大学院博士課程修了。心理学専攻。文学博士。現在、目白大学社会学部及び同大学大学院心理学研究科教授を経て、現在は目白大学名誉教授。著書に『面白いほどよくわかる！自分の心理学』『面白いほどよくわかる！恋愛の心理学』（西東社）、『心理操作ができる本』『心理おもしろ実験ノート』（三笠書房）、『ワルい心理学―悪用厳禁』（日本文芸社）、『言いたいことを言いまくっても、好かれる方法』（宝島社）、『「めんどくさい人」の取り扱い方法』（PHP研究所）、『超一流の交渉力』（電波社）など多数。

装丁・本文デザイン	株式会社tobufune
DTP	有限会社中央制作社
本文イラスト	北谷彩香
執筆協力	岡林秀明／神田賢人／安藤智恵子
編集協力	有限会社ヴュー企画（野秋真紀子）
企画・編集	端香里（朝日新聞出版　生活・文化編集部）

心理学でわかる　ひとの性格・感情辞典

監　修　渋谷昌三
発行者　今田俊
発行所　朝日新聞出版
　　　　〒104-8011　東京都中央区築地5-3-2
　　　　電話(03)5541-8996(編集)　(03)5540-7793(販売)
印刷所　中央精版印刷株式会社

©2018 Asahi Shimbun Publications Inc.
Published in Japan by Asahi Shimbun Publications Inc.
ISBN　978-4-02-333219-5
定価はカバーに表示してあります。
落丁・乱丁の場合は弊社業務部（電話03-5540-7800）へご連絡ください。送料弊社負担にてお取り替えいたします。

本書および本書の付属物を無断で複写、複製（コピー）、引用することは著作権法上での例外を除き禁じられています。また代行業者等の第三者に依頼してスキャンやデジタル化することは、たとえ個人や家庭内の利用であっても一切認められておりません。